领悟思想的力量

韩庆祥 / 著

吉林人民出版社

这是一个需要理论而且一定能够产生理论的时代，这是一个需要思想而且一定能够产生思想的时代。我们不能辜负了这个时代。

——习近平

目　录

引论　马克思主义行、中国化时代化的马克思主义行

党的二十大报告提出"马克思主义行、中国化时代化的马克思主义行"这一重大论断。这一论断充分表明马克思主义、中国化时代化的马克思主义是"对"的理论，具有真理的力量；是"好"的理论，具有道义的力量；是"活"的理论，具有实践的力量；是"兴"的理论，具有推动的力量；是"行"的理论，具有引领的力量。因而，马克思主义、中国化时代化的马克思主义，是具有强大思想力量的科学理论。

面对"马克思主义行、中国化时代化的马克思主义行"这一重大论断，直面"领悟思想的力量"这一主题，人们不禁要问：究竟什么样的思想才能呈现出强大伟力？总结人类进步、世界历史、时代发展、人民实践和思想发展的一般规律和经验教训，我们可以从历史、人民、实践、国家和政党"五维框架"来理解和把握。一是从历史维度，这种思想能把握历史规律，站在历史正确一边，掌握历史主动，推动历史发展，因而是一种科学的思想，是"对"的思想，能呈现出真理的力量。二是从人民维度，这种思想能把握人民愿望，维护人民利益，站稳人民立场，掌握人民群众（或为人民群众所掌握），造福人民群众，因而是一种为人民立言的人民的思想，是"好"的思想，能呈现

1

出道义的力量。三是从实践维度，这种思想源于实践创造，立足实践基础，经过实践检验，注重自我完善，引领实践发展，因而是一种注重创新且行动着的思想，是"活"的思想，能呈现出实践的力量。四是从国家维度，这种思想能反映时代呼声，站在时代进步一边，解决国家富强、民族振兴问题，满足国家发展需要，因而是一种先进的思想，是"兴"的思想，能呈现出推动的力量。五是从政党维度，这种思想能体现"两个结合"，创立思想的主体具有人格魅力和积极影响，能走向人性深处，叩击人们心灵，能成为引领权力和资本的思想武器、行动指南，成为做好工作的"看家本领"，因而是一种为人们所喜爱、所认同的正确思想，是"行"的思想，能呈现出引领的力量。就中国而言，总体来说，这种思想能回答中国之问、世界之问、人民之问、时代之问，能为中国人民谋幸福，为中华民族谋复兴，为世界谋大同，为时代谋进步，为中国共产党谋强大，为马克思主义谋生机。

一、马克思主义、中国化时代化的马克思主义具有兴党强国伟力

中国共产党为什么能，中国特色社会主义为什么好，归根到底是马克思主义行，是中国化时代化的马克思主义行。马克思主义、中国化时代化的马克思主义具有"行"的可能性、"行"的必要性、"行"的必然性、"行"的现实性、"行"的主体性，具有兴党强国伟力。

（一）"行"在科学世界观和方法论

马克思主义是科学的世界观和方法论。

人们观察事物、观察世界，一般用两种"眼睛"：一种是人们的"肉眼"，人们以感性直观来观察事物、观察世界；另一种是"心

眼"，即人们的思想观念，人们以思想观念来观察事物、观察世界。前一种是日用自觉，人们能感觉到；后一种是日用不觉，经常用，但许多人并没有自觉地认识到。后一种"眼睛"，与哲学上的世界观有关。世界观也就是观世界，是人们观察事物、观察世界的根本思想观念，它讲的是用什么样的根本思想观念观察事物、观察世界，从根本上回答世界"是什么"的问题。

一般来讲，有什么样的世界观，就往往会有什么样的方法论。方法论，是人们改变世界的根本方法，它讲的是以什么样的根本方法改变世界，回答"怎么办"的问题。

马克思主义的科学世界观和方法论影响深远。之所以如此，就在于它以深刻的学理揭示人类社会发展的真理性，以完备的体系论证其理论的科学性，以鲜明的思想力量和实践力量彰显其重大意义。

从思想史来看，马克思主义是开放的、与时俱进的、不断发展着的理论。马克思主义的诞生是人类思想史上的一个伟大事件。它力求在"人类知识的总和"中，既摒弃一切错误的思想观念，尤其是哲学上的错误思想观念，不断发展和完善自身，又以海纳百川的开放胸襟，借鉴吸收一切人类优秀文明成果，尤其是哲学上的一切优秀成果。这就使马克思主义能成为世界上既具有真理性、道义性又具有实践性、引领性的先进的科学理论。马克思主义尽管诞生在一个半多世纪之前，但历史和现实都证明它是科学的理论，迄今依然有着强大生命力。马克思主义深刻揭示了自然界、人类社会、人类思维发展的普遍规律，反映了人类对理想社会的美好憧憬，不仅致力于科学"解释世界"，而且致力于积极"改变世界"，为人类社会发展进步指明了方向，因而是"伟大的认识工具"，是人们观察世界、分析问题的有力思想武器。历史和实践证明，随着时代发展、社会变迁，马克思主义愈发显示出科学思想的伟力，始终占据真理和道义的制高点。

从理论来看，马克思主义既以深刻的学理揭示人类社会发展的一般规律，即生产力决定生产关系、经济基础决定上层建筑，也以深厚的人文情怀表达对人类发展命运的关切。它不仅致力于批判公平正义缺失的资本主义制度，主张消灭阶级、消灭剥削，而且致力于解放全人类、解放无产阶级，实现每个人自由而全面的发展。

从实践来看，资本主义社会和社会主义社会的发展充分证明马克思主义的科学性、道义性与实践性、引领性。20 世纪和 21 世纪之交，西方思想界评出影响世界的千年伟人，马克思不仅入选，而且被评为"千年第一思想家"。"美国学者海尔布隆纳在他的著作《马克思主义：赞成与反对》中表示，要探索人类社会发展前景，必须向马克思求教，人类社会至今仍然生活在马克思所阐明的发展规律之中。实践也证明，无论时代如何变迁、科学如何进步，马克思主义依然显示出科学思想的伟力。"[1] 马克思主义是注重揭示人类社会发展一般规律（具有真理性），同时又关切人类发展命运、世界人民命运（具有道义性）的科学理论，是源于实践创造（具有实践性）、引领时代发展（具有引领性）的先进理论。这样的理论能使我们站在人类发展进步的一边，站在历史正确的一边。这充分表明：马克思主义在理论和实践上影响着整个世界。

我们党之所以选择马克思主义，就是因为马克思主义是真理，是科学的世界观和方法论。它既能把中国共产党武装起来，也能解决中国问题进而造福人民群众，还能在中国坚持和发展社会主义进而开创中国特色社会主义，所以中国化时代化的马克思主义行，首要的前提

---

① 习近平：《在哲学社会科学工作座谈会上的讲话》，人民出版社 2016 年版，第 10 页。

是马克思主义行。

（二）"行"在思想武器和行动指南

党取得重大成就，根本在于掌握马克思主义、中国化时代化的马克思主义。

马克思主义基本原理同中国具体实际相结合、同中华优秀传统文化相结合，产生了中国化时代化的马克思主义。

1. 马克思主义是立党立国、兴党兴国的根本指导思想

指导思想是一个政党的精神旗帜，是我们党坚定信仰信念、把握历史主动的根本所在。一个国家选择什么样的主义、选择什么样的指导思想，关键要看这种主义和思想能否完成这个国家所面临的主要历史任务和解决重大时代课题。近代以来，实现民族独立和人民解放、实现国家富强和人民幸福，是中国人民需要完成的主要历史任务。马克思主义为完成这一历史任务提供了全新选择，展示了光明前景。

中国共产党、中国人民选择马克思主义不是偶然的，而是在经历漫长和反复的探寻、比较、实践后的历史必然。

第一，马克思主义具有与中国革命具体实际相结合的历史机缘。

1840 年鸦片战争后，为挽救民族危亡，中华民族的先进分子前仆后继，探索救国救民的道路。各种主义和思潮也都在中国进行过尝试，"你方唱罢我登场"，最后改良主义、自由主义、社会达尔文主义、无政府主义等都败下阵来，宣告破产，都未能解决中国的前途和命运问题。十月革命一声炮响，给中国送来了马克思列宁主义。中国许多仁人志士、先进分子看到了一种能代表人类社会前进方向和中国发展前途的全新制度和主义，逐渐认识到，要改变中国命运，就必须选择马克思列宁主义所指引的革命道路，这便促成了 1921 年中国共产党的

诞生。

推翻"三座大山"的统治，实现民族独立、人民解放，是新民主主义革命时期中国人民最迫切的愿望。其中，占主导的话语是革命话语。没有革命的理论，就不会有革命的运动。作为超越资本主义的一种社会形态与制度，马克思主义所主张的社会主义，就是要通过无产阶级革命，建立一个消灭剥削、消灭压迫，进而人人平等、人人自由的理想社会，它维护的是最广大人民的根本利益。具有鲜明的革命性、人民性的马克思主义，契合当时中国人民翻身求解放的革命愿望，既给在苦难中挣扎的中国人民带来希望、指明方向，又能团结凝聚、组织动员中国人民为改变自己的命运而斗争。

第二，马克思主义同中华优秀传统文化具有高度契合性，也具有相互成就的根基。

在漫长的历史岁月中，中华优秀传统文化所积淀和蕴含的天下为公、民为邦本、为政以德、革故鼎新、选贤任能、天人合一、自强不息、厚德载物、讲信修睦、亲仁善邻等，与马克思主义注重的公平正义、倡导的集体主义、追求的共同富裕等思想精髓具有高度契合性。中华优秀传统文化为马克思主义在中国落地生根提供了文化基础，使马克思主义成为中国的（即"中国化"），而马克思主义也激活了中华民族历经万年所创造的中华优秀传统文化基因，使中华优秀传统文化迸发出强大的时代精神力量，进而使中华优秀传统文化成为当代的（即"时代化"）。

第三，马克思主义为我们提供了判断中国发展历史方位、把握中国社会主要矛盾、解决中国问题和探寻中国道路的科学方法。

"历史方位"蕴含"社会主要矛盾"，"社会主要矛盾"蕴含我们所要解决的"根本问题"和"工作重点"，而要解决根本问题，就必须找到"正确道路"。

我们党在不同历史时期，把马克思主义基本原理同中国具体实际相结合，运用马克思主义的科学世界观和方法论，从中国具体实际出发，既准确判断了中国所处的历史方位，又揭示了不同历史方位中的社会主要矛盾，如人民日益增长的物质文化需要同落后的社会生产之间的矛盾、中国特色社会主义新时代人民日益增长的美好生活需要和不平衡不充分的发展之间的矛盾。正是基于对历史方位和社会主要矛盾的准确判定，我们党抓住了在不同历史方位所要解决的影响中国发展命运的根本问题，并找到了解决这种根本问题的正确道路；正是运用马克思主义的科学世界观和方法论精准把握中国具体实际，才使得马克思主义在中国开花、结果，发挥着巨大的思想伟力。

2. 只有中国化时代化的马克思主义才能发展中国

新民主主义革命的胜利，使中华民族、中国人民获得了解放，人民企盼已久的中华人民共和国成立了，从此中华民族、中国人民站起来了。

新中国成立之初，经济文化发展水平比较落后，如何进行社会主义革命和建设，探索社会主义建设道路，进而解放和发展生产力，加快"四个现代化"建设步伐，是当时中国所面临的主要历史任务。我们党以中国化的马克思主义即毛泽东思想为指导，团结带领中国人民在实践中探索、在探索中实践，进行社会主义改造，开展社会主义建设，初步建立起独立的比较完整的工业体系和国民经济体系，取得了社会主义建设的重大成就。

改革开放后，我们党逐渐认识到，在中国社会主义初级阶段这样的社会历史条件下实现社会主义现代化没有现成的道路可循，必须把马克思主义基本原理同中国具体实际相结合，走中国特色社会主义道路。于是，我们党进一步发展了中国化的马克思主义，创立了邓小平理论，形成了"三个代表"重要思想、科学发展观。我们党运用这样的中国化的马克思主义，逐步深化对社会主义建设规律的认识，进一步成功开创、推进、拓展了中国特色社会主义道路，从而创造了举世瞩目的经济快速发展奇迹和社会长期稳定奇迹，实现了人民生活从温饱不足到总体小康、奔向全面小康的历史性跨越，推进了中华民族、中国人民从站起来到富起来的伟大飞跃。事实无可辩驳地证明，只有中国化的马克思主义才能发展中国。

中国特色社会主义进入新时代，我们党进一步注重马克思主义基本原理同中国具体实际相结合、同中华优秀传统文化相结合，"两个结合"开辟了马克思主义中国化时代化新境界。实现中华民族伟大复兴，是中华民族近代以来最伟大的梦想。为实现这一梦想，我们党以习近平新时代中国特色社会主义思想这一中国化时代化的马克思主义为指引，开启了全面建设社会主义现代化国家新征程，中华民族伟大复兴展现出前所未有的光明前景。党的十八大以来，以习近平同志为核心的党中央准确把握我国发展新的历史方位，顺应时代发展潮流，从理论和实践结合上系统回答了新时代坚持和发展什么样的中国特色社会主义、怎样坚持和发展中国特色社会主义，建设什么样的社会主义现代化强国、怎样建设社会主义现代化强国，建设什么样的长期执政的马克思主义政党、怎样建设长期执政的马克思主义政党等重大时代课题。我们党也勇于进行探索和创新，以全新的视野深化对共产党执政规律、社会主义建设规律、人类社会发展规律的认识，取得了重大理论创新成果，创立了习近平新时代中国特色社会主义思想，推动党和国家事业取得了历史性成就、发生了历史性变革，中华民族、中国人民正在迎来从富起来到强起来的伟大飞跃。这极大地增强了我们实现中华民族伟大复兴的信心和决心，续写了马克思主义中国化时代化新的精彩篇章。

当前，实现中华民族伟大复兴战略全局和世界百年未有之大变局历史性交汇，彼此交织互动、相互激荡，我国发展面临的内外部环境都发生了深刻复杂的变化。实现由大到强的转变，我们还将面临各种重大挑战、重大风险、重大阻力、重大矛盾，因此必须进行具有许多新的历史特点的伟大斗争。今天，面对社会思想观念和价值取向日趋活跃、主流和非主流并存、社会思潮纷纭激荡的新形势，如何巩固全党全国各族人民团结奋斗的共同思想基础，迫切需要中国化时代化的马克思主义更好发挥作用。尤其是在复杂变化的环境中，我们要保持战略定力，不断开辟马克思主义中国化时代化新境界，不断谱写马克思主义中国化时代化新篇章，增强中国特色社会主义道路自信、理论自信、制度自信、文化自信。在前进道路上，不管遇到什么样的惊涛骇浪，我们都要毫不动摇地坚持和发展中国化时代化的马克思主义，为实现中华民族伟大复兴目标笃定前行。

我们党的历史，就是一部运用马克思主义认识和改造中国且引领中华民族伟大复兴的历史，是实现从站起来、富起来到强起来伟大飞跃的历史。历史和实践告诉我们，"我们要赢得优势、赢得主动、赢得未来，必须不断提高运用马克思主义分析和解决实际问题的能力"[①]。一个始终走在时代前列的马克思主义执政党，必定是在思想理论上不断创新、创造的党，必定是坚持以理论创新引领实践创新的党。只有始终用马克思主义立场观点方法分析解决问题，才能使我们党永远立于不败之地。中国化时代化的马克思主义告诉我们"干什么"、"为什么干"、

_____

① 习近平：《在纪念马克思诞辰 200 周年大会上的讲话》，人民出版社 2018 年版，第 24 页。

"怎么干"，指引我们要把握历史规律，掌握历史主动；要把握人民愿望，掌握人民群众；要立足实践创造，注重自我完善；要反映时代呼声，解决实际问题；要走向人性深处，掌握思想武器，因而是我们的行动指南。我们党运用中国化时代化的马克思主义武装全党、教育人民、解决问题、指导实践、推进工作、走向成功，这表明中国化时代化的马克思主义行。习近平同志指出，"回顾党的百年奋斗史，我们党之所以能够在革命、建设、改革各个历史时期取得重大成就，能够领导人民完成中国其他政治力量不可能完成的艰巨任务，根本在于掌握了马克思主义科学理论，并不断结合新的实际推进理论创新"[1]，在于"始终坚持解放思想、实事求是、与时俱进、求真务实，使马克思主义在中国焕发出强大生命力，使党掌握了强大的真理力量"[2]。

中国化时代化的马克思主义行，是从中国共产党百年奋斗的重大成就和历史经验中得出的重要结论；而马克思主义行、中国化时代化的马克思主义行，其中一个前提，就是中国共产党"能"，中国共产党注重理想信念、理论武装、思想建党，注重筑牢信仰之基、补足精神之钙、把稳思想之舵，因而它不仅把马克思主义基本原理同中国具体实际相结合、同中华优秀传统文化相结合的能力行，而且不断推进马克思主义中国化时代化的能力也行。

二、强国建设、民族复兴离不开科学的思想理论

马克思主义、中国化时代化的马克思主义更具时代价值和现实意义。

---

① 习近平：《开辟马克思主义中国化时代化新境界》，《求是》2023 年第 20 期。
② 《不断攀登新的思想高峰——深入学习和全面贯彻习近平新时代中国特色社会主义思想述评》，《人民日报》2023 年 8 月 4 日。

　　恩格斯说："一个民族要想站在科学的最高峰，就一刻也不能没有理论思维。"①认识事物、认识世界并掌握科学技术，离不开哲学方法论的指引。哲学方法论是获取知识并掌握科技的重要方法，如果哲学方法论出现错误，就难以获得正确知识、掌握科学技术。恩格斯在《自然辩证法》中指出："经验的自然研究已经积累了庞大数量的实证的知识材料，因而迫切需要在每一研究领域中系统地和依据其内在联系来整理这些材料。同样也迫切需要在各个知识领域之间确立正确的关系。于是，自然科学便进入理论领域，而在这里经验的方法不中用了，在这里只有理论思维才管用。"②马克思也指出："理论在一个国家实现的程度，总是取决于理论满足这个国家的需要的程度。"③就是说，一个国家的发展是需要理论指引的。"拿破仑曾经说过：世界有两种力量：利剑和思想；从长而论，利剑总是败在思想手下。"④利剑当然重要，正像毛泽东同志所说，枪杆子里面出政权。同时思想也很重要，甚至在一定条件下，思想比利剑更重要。因为谁来使用利剑、如何用好利剑打胜仗，更需要正确的思想指引，即党指挥枪。枪杆子里面出政权之后，要治国理政，更需要正确的思想理论引领。这就使我们想到了古希腊哲学家柏拉图所说的话："除非哲学家成为我们这些国家的国王，或者那些我们现在称之为国王和统治者的人能够用严肃认真的态度去研究哲学，使政治权力与哲学理智结合起来，而把那些现在只搞政治而不研究哲学或者只研究哲学而不搞政治的碌碌无为

① 中共中央马克思恩格斯列宁斯大林著作编译局编译：《自然辩证法》，人民出版社 2015 年版，第 43 页。
② 中共中央马克思恩格斯列宁斯大林著作编译局编译：《自然辩证法》，人民出版社 2015 年版，第 41—42 页。
③ 中共中央马克思恩格斯列宁斯大林著作编译局编译：《马克思恩格斯选集》第一卷，人民出版社 2012 年版，第 11 页。
④ 习近平：《习近平外交演讲集》第一卷，中央文献出版社 2022 年版，第 102 页。

之辈排斥出去，否则，我亲爱的格老孔，我们的国家就永远不会得到安宁，全人类也不能免于灾难。"[1]

新时代中国正在经历着广泛而深刻的历史性变革，也正在进行着人类历史上最为宏大壮阔而独特的实践创新。这种前无古人的伟大实践，必将需要中国化时代化的马克思主义指引，也必将为开辟马克思主义中国化时代化新境界提供强大动力和广阔空间。习近平同志强调："这是一个需要理论而且一定能够产生理论的时代，这是一个需要思想而且一定能够产生思想的时代。我们不能辜负了这个时代。"[2]

从哲学上讲，人有两种基本力量，即思想力量（认识世界）和实践力量（改变世界）。马克思也曾讲过"批判的武器"和"武器的批判"，拿破仑还强调世界上有利剑和思想两种力量。

在当今世界，思想日趋成为时代的声音，思想的力量显得日趋重要。这就体现出马克思那句话的意义："光是思想力求成为现实是不够的，现实本身应当力求趋向思想。"[3]本书就专门集中而系统地阐释思想的力量，力求构建"思想力量论"。

思想的力量究竟有多大？回答这个问题确有难度。从人类活动根本上就是认识世界和改变世界而言，思想的力量非常强大，认识世界需要思想，改变世界也需要思想。思想是有行动的逻辑和有逻辑的行动，是茫茫大海中的一盏灯，它既可以帮助人们认识世界，也可以帮助人们改变世界。从这个意义上，人类活动是以思想为"总开关"，

---

[1] 柏拉图：《柏拉图全集》第二卷，王晓朝译，人民出版社 2003 年版，第461–462 页。

[2] 习近平：《在哲学社会科学工作座谈会上的讲话》，人民出版社 2016 年版，第8 页。

[3] 中共中央马克思恩格斯列宁斯大林著作编译局编译：《马克思恩格斯选集》第一卷，人民出版社 2012 年版，第 11 页。

它引领人类去认识世界和改变世界。马克思主义哲学强调要发挥人的主观能动性，而思想恰恰是人的主观能动性的首要体现，就是说，要正确发挥人的主观能动性，必须首先有正确的思想，这样的思想是以"能动性"的"反作用"呈现出来。

中国化时代化的马克思主义作为一种思想力量，对强国建设、民族复兴，对推动中国历史进步，具有十分重要的作用。

有一种思想力量叫解放思想，即冲破思想禁锢、破除思想僵化、放下思想包袱。思想的力量体现在解放思想上。强国建设、民族复兴需要思想解放。思想解放一小步，实践和发展迈开一大步。1978年，正是通过"真理标准"大讨论解放思想、更新观念，使我们党觉醒了，并大大推动了我国改革开放和社会主义现代化建设实践新步伐。新时代所提出的"'第二个结合'是又一次的思想解放"，也必将推进强国建设、民族复兴。

有一种思想力量叫思想路线。思想的力量体现在确立党的正确思想路线上。强国建设、民族复兴需要坚持正确的思想路线。"文化大革命"所走的弯路和1978年以后中国特色社会主义事业的蓬勃发展，正反两方面的经验证明必须坚持实事求是的思想路线。新时代强国建设、民族复兴，更需要进一步坚持实事求是这一党的正确思想路线。

有一种思想力量叫思想引领。思想的力量体现在正确的指导思想上。有了正确的指导思想引领，我们的党就能正确引领强国建设、民族复兴；而错误的指导思想，则会把国家和人民带向深渊。一百多年来，中国共产党之所以能够完成近代以来各种政治力量不可能完成的艰巨任务，就在于始终把马克思主义这一科学理论作为自己的指导思想和行动指南。

有一种思想力量叫思想方法。思想的力量体现在领导干部用正确思想作出科学决策上，体现在分析解决问题上。强国建设、民族复兴需要科学决策。新时代，领导干部要提高思想水平，进而作出科学决策、做好工作，其前提之一，就是要拥有正确的思想方法，掌握科学的世界观和方法论。分析和解决问题的立场观点方法，是我们称之为思想力量的东西。掌握了马克思主义的科学世界观和方法论，就掌握了思想武器，就掌握了分析和解决问题的工具。只有具备理论思维和正确思想，才能确定科学的工作思路，才有助于推进强国建设、民族复兴。正因如此，习近平同志强调，领导干部要掌握好马克思主义哲学这一"看家本领"。

有一种思想力量叫思想认识。思想的力量体现在统一思想认识上。强国建设、民族复兴需要统一思想认识。强国建设、民族复兴重大战略部署以后，领导干部就是决定性因素，领导干部的思想认识是否统一，决定着执行力和行动效果。正因如此，党的十八届三中全会闭幕之后，新一届中央领导集体强调要凝聚改革共识，把共识看作奋进的动力与合力。

有一种思想力量叫思想影响。思想的力量体现在思想影响时代发展和推进强国建设、民族复兴上。思想是时代的声音，也是时代发展与强国建设、民族复兴的助推器。一位杰出的思想家可能不会给你做出一块面包，但他的思想却会影响整个世界、整个社会。马克思主义就影响了中国，改变了一个时代。中国化时代化的马克思主义更使新时代中国焕发生机活力。

有一种思想力量叫思想武装。思想的力量体现在用思想自觉武装人民上。马克思指出，"人是能思想的存在物"[1]，"真正的人＝思维

---

[1] 中共中央马克思恩格斯列宁斯大林著作编译局编译：《马克思恩格斯全集》第一卷，人民出版社1956年版，第409页。

着的人的精神"①。理论一经被群众掌握，就会变成推进强国建设、民族复兴的强大力量。同样，思想若被人民群众所掌握，也能变成物质力量。只有掌握好的思想方法，才能达到高的思想水平，从而提升科学决策水平。

有一种思想力量叫思想治国。思想的力量体现在思想治国并树立党中央的权威上。强国建设、民族复兴需要思想治国。党中央的权威既体现在实践上推动社会进步，增进人民福祉，使人民过上美好生活，也体现在有一套治国理政的科学思想体系。只有用科学思想理论武装的党，才能在执政中既清醒又自觉、既有方向又有动力。以习近平同志为核心的党中央具有治国理政的新理念新思想新战略，能赢得人民群众的认同。

有一种思想力量叫思想强国。思想的力量体现在思想强国上。强国建设、民族复兴需要注重思想强国。物质是"体"和"形"，思想是"魂"和"神"，一个国家没有物质富足就没有国际地位；同理，一个国家物质富足而精神懈怠、思想贫乏，也不会有国际地位，因为掌握不了话语权。当今西方发达国家影响世界的，不仅是其科技、军事和资本，也有其社会思潮及价值观念、思想观念。因此，在强国建设、民族复兴新时代新征程上，我们也要注重"道济天下"，建设思想强国。

有一种思想力量叫思想支撑。思想的力量体现在思想满足强国建设、民族复兴的需要上。当一种思想理论能支撑强国建设、民族复兴时，这一思想理论的力量就充分显示出来。新时代，我国正处在一个需要思想和思想家的时代。我们这样一个大的政党、大的国家要站在

---

① 中共中央马克思恩格斯列宁斯大林著作编译局编译：《马克思恩格斯全集》第三卷，人民出版社 1960 年版，第 56 页。

世界的高峰，要全面建成社会主义现代化强国，就一刻也离不开思想的力量。今天，我们到了该提升中华民族理论思维水平并唱响中国思想的时候了。今天，我国的全面深化改革处于攻坚期、深水区，国内、国际形势复杂多变，要涉险滩、啃硬骨头。正如习近平同志所说："我们党在中国这样一个有着13亿人口的大国执政，面对着十分复杂的国内外环境，肩负着繁重的执政使命，如果缺乏理论思维的有力支撑，是难以战胜各种风险和困难的，也是难以不断前进的。"①

有一种思想力量叫思想建党、理论强党。思想的力量体现在我们党善于做思想工作，善于进行思想斗争，注重思想教育，解决思想问题，保持思想纯洁，从而彰显思想政治的力量。强国建设、民族复兴需要注重思想建党、理论强党。中国共产党成立以后，最为注重的首先是思想建党、理论强党，解决思想问题，与错误思想作斗争。不解决思想问题，我们党就难以保持先进性和纯洁性，也难以具有感召力、凝聚力、战斗力。

有一种思想力量叫注重思想作风。强国建设、民族复兴需要良好的思想作风。思想是一种修养，是一种品德，也是一种作风。我们不仅需要提升思想水平、思想修养、思想品德，还需要提升思想作风，让思想绽放出美丽的花朵。如果思想水平较高而思想作风较差，就会影响党风和社会风气，就会给强国建设、民族复兴事业造成重大损失。

法国思想家帕斯卡尔指出："我们全部的尊严就在于思想。"② 既然思想的力量如此强大，那么在强国建设、民族复兴新时代新征程中如何重塑思想的力量呢？

---

① 习近平：《坚持历史唯物主义不断开辟当代中国马克思主义发展新境界》，《求是》2020年第2期。

② ［法］帕斯卡尔：《思想录》，何兆武译，商务印书馆1985年版，第158页。

第一，要解决思想认识问题。要从思想上认识到，国家之间的竞争也是意识形态、思想观念的竞争，认识到只有把握历史规律、把握人民愿望、立足实践创造、解决实际问题、走向人性深处的思想，才能呈现出真理的力量、道义的力量、实践的力量、推动的力量、引领的力量。新时代，我们要自觉地用中国化时代化的马克思主义引领强国建设、民族复兴。第二，我们党治国理政，推动强国建设、民族复兴，也要运用哲学思想和哲学思维，因为最深邃、最精髓的思想汇聚在哲学中。正确的哲学思想和方法可以帮助人们客观地认识事物，正确驾驭和处理复杂的矛盾关系，认识事物的本质和规律，把握社会历史发展状况和人的发展状况。第三，意识形态主管部门要善于用习近平文化思想支撑宣传，把传播思想作为一种具有影响力、渗透力的宣传，把习近平文化思想作为行动指南和实践要求。第四，媒体要注重传播正确思想，而不能仅仅为了赚钱而注重"吸眼球"。那些用低俗、媚俗的内容和形式吸引眼球，不注重传播正确的价值观、思想观念，以及有形无神、有体无魂的歪风，都要坚决刹住。第五，高等院校既要注重传授知识，培养"文化人"，也要立德树人，即注重培养具有理论思维能力、思想判断能力和创造思想能力的人才，培育有理想、有道德、有教养的"文明人"。哲学社会科学之最大功能，就是生产思想、传播思想，从而引领时代。知识分子既要成为"猫头鹰"，对人们的社会活动和社会现象进行反思，也要成为"雄鸡"，提出具有前瞻性的理念、思想，用理念、思想引领社会发展，并勇于承担公共职责或社会职责，努力透过物象世界把握观念世界，用观念世界引领物象世界的发展，为经济社会发展提供具有正能量的思想产品。第六，领导干部要善于在观念世界中把握物象世界，运用正确思想、理论思维分析问题并确定工作思路，用思想力量引导其工作和生活。

三、新时代新征程更加彰显思想的力量

党的十八大以来，中国特色社会主义进入新时代。新时代，一定意义上是以新思想为标识的。在新时代，要更加清醒地认识到，前进道路上我们将面临十分严峻的国内外环境，风险考验会越来越复杂，甚至会遇到难以想象的惊涛骇浪，如果缺乏科学的思想理论支撑，是难以战胜各种风险和困难的。因此，新时代更需提升我们的思想理论水平，发挥思想的力量。

（一）思想正成为新时代党中央治国理政的坚实力量

中国共产党始终把马克思主义作为立党立国、兴党兴国的根本指导思想。自 1921 年中国共产党成立以来，中国共产党人就不断把马克思主义基本原理同中国具体实际相结合、同中华优秀传统文化相结合，创立了中国化时代化的马克思主义。掌握马克思主义科学理论，是我们党在各个历史时期取得重大成就的根本所在；不断推进马克思主义中国化时代化，是更好指导新时代强国建设、民族复兴的根本所在。

新时代，党中央更加善于自觉主动地运用思想和理论伟力治国理政。党中央善于用思想的力量治国理政，主要体现在把马克思主义哲学作为治国理政的"看家本领"，不断开辟马克思主义中国化时代化新境界，不断谱写中国化时代化的马克思主义新篇章，不断推进理论创新。习近平同志在新时代治国理政实践中，既注重以显著的制度优势推进国家治理体系和治理能力现代化，突出法治的作用，大力推进全面依法治国，把它作为治国理政的基本方式，又注重坚持党的全面领导和全面从严治党相统一，把它看作治国理政的根本遵循，也注重整合一切社会力量及其积极因素，充分发挥亿万人民的创造伟力，把

它作为治国理政的力量源泉，还注重运用思想理论的力量，用新时代中国特色社会主义思想治国理政，把它作为治国理政的重要思想指引。正因如此，习近平同志特别注重学习马克思主义哲学，运用马克思主义理论，特别强调要用新时代中国特色社会主义思想武装全党、指导实践，不断从马克思主义中汲取治国理政的思想滋养，注重用思想理论指导治国理政实践。

具体来讲，运用思想的力量治国理政，可以从以下五个方面来理解：一是坚持"用习近平新时代中国特色社会主义思想武装全党、指导实践"。我们党举旗定向，把习近平新时代中国特色社会主义思想作为全面推进强国建设、民族复兴的行动指南，使党和国家各项事业取得了历史性成就，发生了历史性变革。二是坚持"中央政治局集体学习制度"。党的十八大以来，中央政治局就治国理政中需要关注的重大理论和实践主题，持续不断地进行集体学习，力求从理论和实践的结合上理清思路、解决问题、推进工作，进而推动党和国家各项事业的发展。三是致力于"建设学习型政党、学习型社会、学习型组织"。不仅注重中央政治局的集体学习，而且注重"中心组"的学习，注重全民阅读，使广大党员干部、人民群众及时掌握党的创新理论。四是进行"主题教育"。党的十八大以来，围绕党的创新理论，我们党组织并开展了一系列主题教育，当前正在进行的习近平新时代中国特色社会主义思想主题教育，成效较为显著。五是注重"大思政课"建设。全国高校都成立了马克思主义学院，把"思政课"作为体现党和国家意志的主体课程，使党的创新理论进教材、进课堂、进头脑。

（二）全面建成社会主义现代化强国更需要理论指导

全党深入开展的学习贯彻习近平新时代中国特色社会主义思想主

题教育表明，在新时代，作为当代中国马克思主义、21世纪马克思主义，作为中华文化和中国精神时代精华的习近平新时代中国特色社会主义思想，正在展现出更为强大的真理力量，彰显出其思想对全面建成社会主义现代化强国的指导意义。因为在全面建成社会主义现代化强国、实现中华民族伟大复兴新实践新征程中，我们遇到的新的矛盾难题、障碍阻力、风险挑战会日趋复杂严峻，越是在这样严峻的情境下，就越需要运用科学的世界观和方法论确准历史方位，抓准社会主要矛盾，把准根本问题，找准正确道路和解决方案。

为此，党的十八大以来，党中央进行的历次集中教育活动，都以加强思想教育、强化理论武装开头，推动党内集中教育环环相扣、步步深入，目的都是推进强国建设、民族复兴。2013年党的群众路线教育实践活动突出的是"理论武装"；2015年"三严三实"专题教育，把学习"习近平总书记系列重要讲话精神"作为重中之重；2016年"两学一做"学习教育，把"党的思想建设"放在首位；2019年"不忘初心、牢记使命"主题教育，把"理论学习有收获"作为首要目标；2021年党史学习教育，把"悟思想"列为明确要求；2023年开展的"学习贯彻习近平新时代中国特色社会主义思想主题教育"，更是把"学思想"作为首要目标。这六次党内主题教育明确告诉我们：坚持科学思想理论武装是马克思主义政党的先进之源，扎实有效地加强思想理论武装是一个政党成熟的重要标志，加强思想理论武装是党内政治生活的首要任务，是保证全党步调一致的前提，也是强化思想引领实践之伟力的必然要求；同时也告诉我们，一个民族要走在时代前列，就必须注重思想教育和思想引领。

党的二十大以来，我们党不断深化对理论创新的规律性认识，进一步加强理论创新力度，在新时代新征程上取得了更为丰硕的理论创新成果，为全面建成社会主义现代化强国提供了理论指引。2023 年 6 月 30 日，中共中央政治局就开辟马克思主义中国化时代化新境界进行第六次集体学习。习近平同志在主持学习时强调，开辟马克思主义中国化时代化新境界的重大任务，是当代中国共产党人的庄严历史责任。党的二十大报告在总结历史经验基础上，提出并阐述了"两个结合"、"六个必须坚持"等推进理论创新的根本路径和科学方法，为继续推进党的理论创新提供了根本遵循。以"六个必须坚持"为核心内容的习近平新时代中国特色社会主义思想的世界观和方法论，更具时代意义和实践价值，是大力推进中国式现代化、指引全面建成社会主义现代化强国、实现中华民族伟大复兴，使大国成为强国的行动指南。"六个必须坚持"，实际上就是关于我国发展起来以后使大国成为强国，即全面建成社会主义现代化强国的世界观和方法论，必须坚持人民至上、必须坚持自信自立、必须坚持守正创新、必须坚持问题导向、必须坚持系统观念、必须坚持胸怀天下，都是直面全面建成社会主义现代化强国、实现中华民族伟大复兴的。大国成为强国即实现强起来，不仅是硬实力强起来，也是软实力强起来，即思想理论强起来。越是大力推进中国式现代化，越是接近于全面建成社会主义现代化强国、实现中华民族伟大复兴的目标，就越需要以实现强起来的思想理论做指引。

本书以"不断推进马克思主义中国化时代化"为主线，以"领悟思想的力量"为主题，力求以至简之框架、厚重之内容、平实之文风、通俗之语言、大气之文章，专门而系统地分析和阐述"思想力量何以重要"、"思想力量具体何在"、"思想力量如何彰显"以及"什么是思想的力量"、"思想的力量是如何形成的"、"什么样的思想才能呈现出强大伟力"等关于思想力量的基本观点、基本理论、基本原理。

第一章
立思想之潮头：思想力量何以重要

我们经常讲到"理论"，究竟什么叫理论？这是一个人们熟知却非真知的问题。理论，是与实践相对应的范畴，始于常识，基于实践经验，发端于对事物发展规律的揭示，成于对事物发展规律的逻辑化阐述。常识、实践经验、事物发展规律、逻辑阐述，是创立、形成理论的基本要素。其中，实践是理论之源，事物发展规律是理论之基，逻辑阐述是理论之标识。深入来说，理论，是人们通过概念、判断、推理等思维类型，以及论题、论据、论证的逻辑推导过程，来理解和把握事物发展规律的逻辑体系。通俗来说，理论，既指人们关于事物知识的理解和阐述，可用于解释事物之间的本质联系，用来解释客观事物、客观世界的本质和规律，又指由实践经验概括出来的科学知识和系统结论。

思想与理论既区别又联系。思想是理论的"芯片"（"思想芯片"），理论的伟力主要在于其所蕴含的思想力量。

这是一个需要思想的时代，因而应立思想之潮头：党长期执政需要思想基础；实现民族复兴需要思想引领；把握历史主动需要马克思主义；凝聚民心民力需要思想武装；解答"四大之问"需要中国理论。这，正是我们强调的思想力量和理论伟力之所在，也回答了"思想力量何以重要"。

第一节　巩固党长期执政需要思想基础

这是指思想力量对政党执政所具有的重要性，表现为思想建党、理论强党。就我们党而言，思想力量的重要性，首先体现在它是巩固中国共产党长期执政的思想基础。

作为马克思主义政党的中国共产党如何能长期执政，是新时代所要解答的一个重大时代课题。党的十九届六中全会所讲的新时代要解答的三个"重大时代课题"之一，就是"建设什么样的长期执政的马克思主义政党、怎样建设长期执政的马克思主义政党"。中国共产党要长期执政，既离不开经济、政治、文化、社会、群众基础，也离不开思想基础或理论基础。毛泽东同志强调："指导我们思想的理论基础是马克思列宁主义。"[①] 要巩固中国共产党长期执政地位，思想理论基础是至关重要的，它关乎党的根本性质、政治立场、前进方向和执政思路。

一、中国共产党的历史是一部党的思想理论引领的历史

中国共产党的历史，是一部党的思想理论引领的历史，是马克思主义不断中国化时代化的历史，思想理论力量在中国共产党发展壮大的历史进程中充分彰显出来。

中国共产党自诞生那天起，就高举马克思列宁主义伟大旗帜，把

---

① 《中华人民共和国第一届全国人民代表大会第一次会议文件》，人民出版社1955年版，第4页。

马克思列宁主义作为我们党的指导思想的理论基础，始终坚持马克思主义基本原理不动摇，为中国共产党执政打好坚实的理论基础。毛泽东同志指出："如果我们党有一百个至二百个系统地而不是零碎地、实际地而不是空洞地学会了马克思列宁主义的同志，就会大大地提高我们党的战斗力量。"①他多次强调，他对马克思主义的信仰，最早就是通过阅读《共产党宣言》等马克思列宁主义著作建立起来的。他说，这些书"特别深刻地铭记在我的心中，使我树立起对马克思主义的信仰。我接受马克思主义、认为它是对历史的正确解释，以后，就一直没有动摇过"②。在革命斗争实践中创立，且在《矛盾论》、《实践论》等著作中呈现出来的毛泽东思想，指引着中国革命从胜利走向胜利。毛泽东同志是一位伟大的哲学家、思想家，他撰写的《矛盾论》、《实践论》等哲学名篇，至今仍具有重要的指导意义。

邓小平同志特别强调要坚持四项基本原则，其中就包括坚持马列主义、毛泽东思想。江泽民同志、胡锦涛同志反复强调要坚持马克思列宁主义这一指导思想。党的十一届三中全会以后创立的邓小平理论，党的十三届四中全会以后形成的"三个代表"重要思想，党的十六大以后形成的科学发展观，都指引着我国改革开放和社会主义现代化建设，使中国大踏步赶上了时代。

新时代，我们党继承和发展马克思列宁主义、毛泽东思想、邓小平理论、"三个代表"重要思想、科学发展观，用习近平新时代中国特色社会主义思想引领新时代中国特色社会主义伟大实践，引领全面建设社会主义现代化国家，且迈向实现中华民族伟大复兴新征程，取得了历史性成就，发生了历史性变革。

---

① 《毛泽东选集》第二卷，人民出版社1991年版，第533页。
② 《毛泽东一九三六年同斯诺的谈话》，人民出版社1979年版，第39页。

中国共产党之所以能够历经艰难困苦而不断发展壮大，其中一个重要原因，就是它始终重视思想建党、理论强党。作为不断发展壮大的世界第一大政党，既需要统一思想，又需要提高思想水平和思想修养，更需要树立正确的思想和保持良好的思想作风。思想不统一，党就会缺乏凝聚力，就会分化乃至分裂；思想水平不高，党就会缺乏领导力，会显得能力不足；思想错误，党就会缺乏战斗力，会遭到挫折和失败；思想作风不正，党就会缺乏感召力，会出现这样或那样的问题或错误。在新民主主义革命时期、社会主义革命和建设时期，都出现过这样的情况，如陈独秀的右倾和王明的"左"倾错误，如党的八大形成的正确路线未能完全坚持下去，先后出现"大跃进"运动、人民公社化运动等错误，反右派斗争被严重扩大化等。"毛泽东同志对当时我国阶级形势以及党和国家政治状况作出完全错误的估计，发动和领导了'文化大革命'，林彪、江青两个反革命集团利用毛泽东同志的错误，进行了大量祸国殃民的罪恶活动，酿成十年内乱，使党、国家、人民遭到新中国成立以来最严重的挫折和损失，教训极其惨痛。"[1] 其中，思想认识上的错误是主要原因。可见，作为一个世界大党，还需要理论强党。理论上的坚定清醒是一个政党政治上坚定清醒的前提。建设一个长期执政的马克思主义政党，必须具有一种行之有效的党的建设重要思想做指导，必须具备马克思主义理论基础。可以说，注重思想建党、理论强党，是中国共产党的鲜明特色和光荣传统。习近平同志指出："回顾党的奋斗历程可以发现，我们党之所以能够不断历经艰难困苦创造新的辉煌，很重要的一条就是我们党始终重视思想建党、理论强党，坚持用科学理论武装广大党员、干部的头脑，

---

[1] 《中共中央关于党的百年奋斗重大成就和历史经验的决议》，人民出版社2021年版，第13-14页。

使全党始终保持统一的思想、坚定的意志、强大的战斗力。"①

坚定不移地把马克思列宁主义作为中国共产党执政的理论基础，具有理论上的坚定性，与马克思主义理论的科学性和真理性、人民性和实践性、开放性和时代性直接相关。马克思主义的科学性和真理性，在于它是科学的世界观和方法论，科学揭示了人类社会发展的一般规律和资本主义社会发展的基本规律，科学论证了社会主义取代资本主义的历史必然性，为无产阶级解放和人类解放提供了科学的思想理论武器。马克思主义的人民性和实践性，在于它代表最广大人民的根本利益，是为人民立言、为人民代言的理论。习近平同志强调："要注重从人民群众的创造中汲取理论创新智慧。"②实践是理论之源。马克思主义的实践性，是说一切划时代的理论都是社会实践发展需要的产物，绝不能脱离所在时代的实践，必须不断总结实践经验，将其凝结和上升为理论。我们推进理论创新是实践基础上的理论创新，而不是坐在象牙塔内的空想，必须在实践中发现真理、发展真理，用实践检验真理。时代是思想之母。马克思主义的开放性和时代性，就在于马克思主义是一种开放的、包容的、发展着的理论，是立足实际、放眼世界、面向未来的理论。用以观察时代、把握时代、引领时代的理论，必须与时俱进地发时代的声音，反映时代发展的要求。

正因如此，党的十九届六中全会通过的《中共中央关于党的百年奋斗重大成就和历史经验的决议》（以下简称《决议》）指出："马克思主义的科学性和真理性在中国得到充分检验，马克思主义的人民性和实践性在中国得到充分贯彻，马克思主义的开放性和时代性在中

---

① 习近平：《习近平谈治国理政》第二卷，外文出版社 2017 年版，第 67 页。
② 2023 年 6 月 30 日，习近平总书记在二十届中共中央政治局第六次集体学习时的讲话。

国得到充分彰显。"①

二、坚持马克思主义在意识形态领域的指导地位

新时代，思想力量和理论伟力还体现在坚持马克思主义在我国意识形态领域的指导地位。

（一）提升党执政的指导力需要思想力量

习近平同志强调："意识形态工作是党的一项极端重要的工作。"②从意识形态角度看，马克思主义对中国共产党执政具有决定性意义。

一个政党执政，对一个国家和这个国家的人民来说，是天大的事。中国共产党执政，对全面建设社会主义现代化国家、实现中华民族伟大复兴，对实现人民对美好生活的向往，是至关重要的，是关乎国家、民族、人民命运的大事。

中国共产党要掌好权、执好政，确立正确的指导思想尤为关键。1840 年，西方现代化潮流对中国产生了强烈冲击。自 1921 年中国共产党诞生，我们一改过去被动防御性的回应为积极主动应对。这种历史主动性主要体现在三个方面：一是有了中国共产党的领导，有了一个强有力的领导力量和组织力量。二是有了马克思列宁主义的指导思想，有了明确的奋斗目标和理想信念。三是找到了一条有助于解决中国问题的正确道路。其中，作为指导思想的马克思列宁主义是最为紧要的：没有马克思列宁主义同中国工人运动相结合，就不可能产生中国共产党；没有马克思列宁主义与中国具体实际相结合，党就不可能在各个

---

① 《中共中央关于党的百年奋斗重大成就和历史经验的决议》，人民出版社 2021年版，第 63 页。

② 习近平：《习近平著作选读》第一卷，人民出版社 2023 年版，第 147 页。

历史时期找到解决中国问题的正确道路。正是由于确立了马克思列宁主义这一指导思想，也正是由于有毛泽东思想、邓小平理论、"三个代表"重要思想、科学发展观、习近平新时代中国特色社会主义思想这种中国化时代化的马克思主义的指引，我们党才真正找到了正确的前进方向，确立了正确的奋斗目标，具有了坚定的理想信念，提升了党执政的指导力。所以，马克思主义是立党立国、兴党兴国的根本指导思想。这一指导力量，被历史和实践证明是非常重要的。

（二）毫不动摇地坚持马克思主义在意识形态领域的指导地位

1. 坚持马克思主义在意识形态领域的指导地位是"根本制度"

民族复兴，既包括硬实力的崛起，也包括软实力的提升。提升文化软实力的根本关键和集中体现，是加快构建中国特色哲学社会科学，包括以马克思列宁主义为指导，坚持以人民为中心的发展思想，构建中国特色哲学社会科学自主知识体系、学术体系和话语体系。没有软实力的复兴，不是真正的复兴，也难以真正得到世界的认同。

习近平同志在哲学社会科学工作座谈会上的讲话，是繁荣发展哲学社会科学的思想武器和行动指南，是重视软实力的集中体现。中国特色哲学社会科学与意识形态密不可分，是意识形态的重要组成部分和表现形式。马克思主义是我们党的指导思想，必须毫不动摇地坚持马克思主义在意识形态领域的指导地位，这是中国特色社会主义的根本制度。

要深刻认识坚持马克思主义在哲学社会科学领域指导地位的极端重要性，可以从理论、历史、现实三个维度理解和把握。

从理论来看，坚持以马克思主义为指导，是当代中国特色哲学社会科学区别于其他哲学社会科学的根本标志。能否坚持以马克思主义为指导，事关中国特色哲学社会科学的性质和地位，事关中国特色哲学社会科学的方向、目标和未来，事关构建中国特色哲学社会科学的成效。中国特色哲学社会科学要明确且坚定以马克思主义为指导，并把它作为一种根本制度确定下来。

从历史教训来看，东欧剧变、苏联解体首先是从思想解体开始的，说到底，是在意识形态上、从根本上动摇了马克思主义的指导地位。当时苏联党内一些占据领导地位或要职的人从思想上不坚持马克思主义在哲学社会科学领域的指导地位，动摇了对马克思主义的信仰，接受了西方新自由主义，由此进一步动摇了对苏联共产党的信心，再加上一些外部势力的渗透，最终导致苏联解体。因此，坚持以马克思主义为指导，是巩固我们党长期执政的思想基础，是维护国家长治久安的必然要求。所以，中国共产党自诞生以来，就自觉地把马克思主义作为立党立国、兴党兴国的根本指导思想。正是由于拥有马克思主义科学理论指导，才使得我们党把握历史主动，并得以长治久安。

从我国现实来看，成功的实践与存在的问题都昭示我们，必须坚持马克思主义在哲学社会科学领域的指导地位。从问题来看，随着利益主体、思想观念、思维方式呈现多样化，各种思想观念碰撞交锋日趋激烈，思想分化也日趋严重。不仅如此，在社会上还存在一些妄图淡化马克思主义指导地位的邪说谬论：有些人认为马克思主义已经过时了，不具有指导意义；有些人不信马列信鬼神；在有的领域，马克思主义被边缘化、空泛化、标签化，在一些学科中"失语"、教材中"失踪"、论坛上"失声"。这种状况必须引起高度重视并加以解决，必须进一步加强和巩固马克思主义在哲学社会科学领域的指导地位。

2. 积极拓展马克思主义在哲学社会科学领域指导地位的有效途径

马克思主义在哲学社会科学领域的指导地位体现在各个领域、各个方面，必须积极拓展马克思主义在哲学社会科学领域指导地位的有效途径。

一是用"真懂真信"巩固马克思主义的指导地位。只有理解了的东西才能更深刻地感觉它。有些人之所以说马克思主义过时了、缺乏生命力，对马克思主义产生这样或者那样的误解，其中一个原因，就是对马克思主义缺乏全面准确深刻的认知，或者一知半解，或者人云亦云。因此，首先要学懂、弄通、真信马克思主义。

二是用"当代中国实践的成功"巩固马克思主义的指导地位。马克思主义的影响力主要来自它所指导的实践的成功。我们党正是在解决中国问题的过程中，确定了中国道路，创立了中国理论，完善了中国制度，发展了中国文化，从而确证和检验了马克思主义、中国化时代化的马克思主义这一真理的力量。

三是用"不断推进马克思主义中国化时代化"巩固马克思主义的指导地位。在构建中国特色哲学社会科学过程中，我们不能被西方设置的议题和抛出的理论所左右，不能"耕了西方地、荒了中国田"。我们只有在认识当代中国所处的时代、所面对的现实和所从事的实践中发挥马克思主义的指导作用，进一步发展马克思主义，才能真正使马克思主义入脑入心。我们既要让马克思主义说中国话，也要让马克思主义说时代话，还要让马克思主义说大众话，换言之，就是使马克思主义"中国化"和"化中国"，使马克思主义形成"中国派"。

四是用"掌握话语权"巩固马克思主义的指导地位。习近平同志指出："要着力推进国际传播能力建设，创新对外宣传方式，加强话语体系建设，着力打造融通中外的新概念新范畴新表述，讲好中国故事，传播好中国声音，增强在国际上的话语权。"①这就明确提出了建设中国特色哲学社会科学的话语体系问题。

从学理角度讲，中国特色哲学社会科学的话语体系，是由一系列具有内在逻辑关系的要素构成的系统，包括话语基础、话语议题、话语理念、话语标识、话语思想、话语方式、话语自信、话语传播、话语权九个层面。

坚实的"话语基础"，指的是话语背后的硬实力，它是话语的"基础"，拥有硬实力，就有了话语的底气，讲的是"话语之实"或"言之有基"，回答的是"凭什么说"的问题，彰显的是硬实力。这叫作"有底气可说"。

明确的"话语议题"，指的是话语明确表达的主题，每一种话语都有其表达、诉说的主题，讲的是"话语之题"或"言之有题"，回答的是"说什么"的问题，彰显的是"议题设置力"。这叫作"有题可说"。

核心的"话语理念"，指的是话语背后的"核心理念"，亦即根本、大道，它蕴含哲学根基，讲的是"话语之本"或"言之有道"，回答的是"何谓话语芯片"的问题，彰显的是"芯力"。这叫作"有道可言"。

鲜明的"话语标识"，指的是话语体系中所具有的标识性概念、论断、命题，是话语体系的"细胞"，每一种话语体系都具有一些标识性概念、论断、命题，讲的是"话语之标"或"言之有符"，回答的是"用什么来说"的问题，彰显的是"言语力"。这叫作"有话可说"。习近平同志指出："要善于提炼标识性概念，打造易于为国际

---

① 中共中央文献研究室编：《习近平关于社会主义文化建设论述摘编》，中央文献出版社 2017 年版，第 197–198 页。

社会所理解和接受的新概念、新范畴、新表述，引导国际学术界展开研究和讨论。"①

科学的"话语思想"。话语的背后是道。它指的是一种话语体系背后严密而完整的思想理论支撑。话语体系就是对思想理论及其内在逻辑的系统表达，讲的是"话语之理"或"言之有理"，回答的是"如何使理论得到表达"的问题，展现的是"思想力量"。这叫作"有理可讲、有话会说"。

通透的"话语方式"，指的是用什么样的话语表达方式解释所要解释的内容，"解释"的是话语表达方式的内核，讲的是"话语解释"或"言之有意"，回答的是"怎样把话说好"的问题，彰显的是"解释力"。这叫作"把话说好且听得懂"。这里，要突出共识性、通识性表达。话语只有具有共识性、通识性表达，人们才能听得懂、易接纳、去认同。要把别人听不懂的话语转换为听得懂的话语，把容易引起误解的话语转换成清晰明白的话语，把只有自己才明白的话语转换成大家都能明白的话语，把过于复杂的语言转换成简洁明了的语言，把枯燥的"理论说教"转化为群众喜闻乐见的"审美语言"，把抽象晦涩的话语转换成大众话语，把"方言"转换成"普通话"。当然，要内外有别，在不同场合讲不同的话语。

坚定的"话语自信"，指的是话语表达主体在话语表达中的语气、语调、气质是否充满自信，讲的是"话语之神"或"言之有信"，回答的是"话语如何具有感染力"的问题，展现的是"灵性力"。这叫作"说话有神"。

有效的"话语传播"，指的是所讲的话语有内涵、有概括、有通

---

① 习近平：《在哲学社会科学工作座谈会上的讲话》，人民出版社 2016 年版，第 24 页。

识，便捷、快速、受听、有效，讲的是"话语之力"或"言之有效"，回答的是"话语如何受听"的问题，彰显的是"传播力"。这叫作"讲了有人听"。

拥有的"话语权"，指的是话语体系的最高目的，讲的是定义权、解释权、主导权等，回答的是"影响力如何"，彰显的是"掌控力"。话语权很重要，有了话语权，就会控制局面。这叫作"一语值千金"。

其中，话语议题、话语理念、话语标识、话语思想是最为重要的。

五是用"全面贯彻落实习近平新时代中国特色社会主义思想"巩固马克思主义在意识形态领域的指导地位。要用习近平新时代中国特色社会主义思想特别是习近平文化思想引领我国意识形态建设，引导广大党员干部不断增强"四个意识"、坚定"四个自信"、做到"两个维护"，深刻领悟"两个确立"的决定性意义。

三、用马克思主义提升党治国理政的能力

提升中国共产党的执政能力，是一个重大理论和实践问题。提升中国共产党执政能力的途径是多方面的，其中一个重要方面，就是用马克思主义特别是中国化时代化的马克思主义这一思想理论的力量来提升。这里着重谈谈党的十八大以来，以习近平同志为核心的党中央如何运用马克思主义哲学思维来提升治国理政的能力。

（一）治国理政需要马克思主义哲学思维

中国共产党治国理政实践需要马克思主义理论来引领。这里所讲的马克思主义理论，首要指马克思主义哲学，马克思主义哲学是马克思主义理论的根基和精髓。习近平同志指出："首先要认真学习马克思主义理论，这是我们做好一切工作的看家本领，也是领导干部必须

普遍掌握的工作制胜的看家本领。"①

1.党的十八大以来党中央治国理政具有高度的哲学自觉

党中央治国理政之所以重视哲学，源于对哲学、思想、领导者、执政之关系的深刻认知和理性自觉。

（1）源于正确的思想。正确行动离不开正确思想。治理国家的领导者，首先应当具有掌握好权力的哲学智慧和思想，应当把拥有哲学智慧和思想作为胜任本职工作的基本资质和条件。这意味着，只有具备哲学思维、拥有哲学智慧且把握事物的本质和发展规律、找到至真至善之道的人，才能真正掌握好党和国家的权力，才能真正做好工作，才有能力治国理政。因此，领导干部特别是高级干部要学哲学、用哲学。

（2）源于对思想力量的深切认知。当今时代，在治国理政实践中，除了要充分发挥政党领导力量、人民主体力量、市场配置力量及其合力外，还要注重发挥思想的力量。思想力量作为"总开关"，影响着人们的实践活动。有好的思想才会有好的思路，有好的思路才会有发展的宽广大路。有思想，有助于把握事物的本质和发展规律。思想是时代的声音，思想能影响时代、影响世界、影响实践、影响发展。不仅如此，思想一旦被人们所掌握，就会变成强大的物质力量。正因如此，习近平同志强调各级领导干部要学哲学、用哲学。这有利于理解我们党现阶段提出并实施的思想理论和路线方针政策，有利于深入理解全面深化改革的重要性和紧迫性，有利于准确把握全面深化改革中的重大关系。由此，党的各级领导干部特别是高级干部，要原原本本学习和研读经典著作，努力把马克思主义哲学作为自己的"看家本领"。

---

① 习近平：《习近平谈治国理政》第一卷，外文出版社 2018 年版，第 404 页。

（3）源于其政治自觉和执政自觉。中国共产党是马克思主义政党，马克思主义是具有指导地位的意识形态；在马克思主义科学体系中，马克思主义哲学是科学的世界观和方法论，是整个马克思主义得以产生和发展的哲学基础；要巩固党的执政基础和执政地位，就必须巩固马克思主义的指导地位；各级领导干部要执好政、用好权，就必须掌握马克思主义的世界观和方法论。

2. 党的十八大以来党中央治国理政注重运用哲学思维的力量

2013年12月3日，第十八届中央政治局就历史唯物主义基本原理和方法论进行第十一次集体学习；2015年1月23日，第十八届中央政治局就辩证唯物主义基本原理和方法论进行第二十次集体学习。习近平同志在主持学习时强调："辩证唯物主义是中国共产党人的世界观和方法论，我们党要团结带领人民协调推进全面建成小康社会、全面深化改革、全面依法治国、全面从严治党，实现'两个一百年'奋斗目标、实现中华民族伟大复兴的中国梦，必须不断接受马克思主义哲学智慧的滋养，更加自觉地坚持和运用辩证唯物主义世界观和方法论，增强辩证思维、战略思维能力，努力提高解决我国改革发展基本问题的本领。"[1]党的十八大以来，党中央在治国理政实践中特别注重运用马克思主义的世界观和方法论，尤其是用战略思维、历史思维、辩证思维、系统思维、创新思维、底线思维、法治思维来分析解决治国理政中的一系列根本问题，深得马克思主义哲学智慧的滋养。

（1）战略思维重全局和长远。战略思维，就是对具有根本性、全局性、长远性、整体性的问题和关系进行科学谋划的思维方式。它意味着时间维度上的长远考虑，跳出眼前从长远看眼前；空间维度上的

————————

[1] 2015年1月23日，习近平总书记在十八届中共中央政治局第二十次集体学习时的讲话。

全局谋划，跳出局部从全局看局部；系统观念上的整体布局，跳出部分从整体看部分；本质特征上的深度思考，跳出现象从本质看现象。它致力于解决根本性问题，努力占据发展的制高点，进而具有战略定力。

习近平同志指出："战略问题是一个政党、一个国家的根本性问题。战略上判断得准确，战略上谋划得科学，战略上赢得主动，党和人民事业就大有希望。"①

党中央运用战略思维来分析解决经济新常态的战略意义问题。习近平同志提出的经济发展新常态理念，在哲学上体现了数量与质量、速度与效益、发展与代价的辩证关系，正确处理这些关系，对中国经济持续健康发展具有战略意义。

党中央运用战略思维来分析解决走和平发展道路的战略意义。习近平同志强调，走和平发展道路，是我们党根据时代发展潮流、世界发展趋势和我国根本利益作出的战略抉择。实现中国梦必须有和平的国际环境。纵观世界历史，依靠武力对外侵略扩张最终都是要失败的。我们要统筹国内国际两个大局，夯实走和平发展道路的基础，走出一条和衷共济、合作共赢的新路子。我们要把中国机遇转变为世界机遇，把世界机遇转变为中国机遇。走和平发展道路，是中国人民对实现自身发展目标的自信和自觉，要广泛宣传我国坚持走和平发展道路的战略思想。当今世界，中国发展离不开世界，世界发展也离不开中国，各国相互联系、相互依存的程度日趋加深，中国的前途命运与世界的前途命运紧密联系在一起。因而，习近平同志从战略高度强调要把国内发展与对外开放联系起来，把中国发展与世界发展联系起来，把中国人民利益与各国人民共同利益结合起来。

① 习近平：《习近平谈治国理政》第二卷，外文出版社 2017 年版，第 10 页。

党中央运用战略思维，既思考和谋划了实现中华民族伟大复兴战略全局和世界百年未有之大变局，也思考和谋划了"五位一体"总体布局和"四个全面"战略布局，推动了我国经济社会发展。

（2）历史思维重逻辑和必然。历史思维，重历史过程、历史逻辑、历史必然和历史合理性，它把对象和事物置于历史发展过程中进行思考，注重揭示事物发展的必然进程及其内在逻辑。

党中央运用历史思维来分析解决中国特色社会主义的历史必然性和价值合理性问题。党的十八大以来，党中央治国理政的主题是坚持和发展中国特色社会主义。习近平同志强调："中国特色社会主义，是科学社会主义理论逻辑和中国社会发展历史逻辑的辩证统一，是根植于中国大地、反映中国人民意愿、适应中国和时代发展进步要求的科学社会主义。"[1]这里讲的中国社会发展的历史逻辑，就是历史思维的体现，它把中国特色社会主义置于中国历史发展的必然进程进行思考，着力揭示中国特色社会主义产生的历史必然性和价值合理性，从而坚定对中国特色社会主义的道路自信、理论自信、制度自信、文化自信。

党中央运用历史思维来分析解决国家治理现代化的历史必然性问题。党的十八大以来，治国理政所要完成的历史任务，是推进国家治理体系和治理能力现代化。新中国成立以来，尤其是改革开放以后，在积极开创、推进和拓展中国式现代化的起飞阶段，首要任务是解放和发展社会生产力，即"做大蛋糕"。"蛋糕做大"以后，中国式现代化进入了邓小平同志所称为的"发展起来以后"阶段，进入"表达诉求期"。当今，民众表达诉求日趋觉醒和增强，但由于受主客观条件的限制，其诉求难以完全得到满足，进而产生了各种矛盾，进入矛

---

[1] 习近平：《习近平谈治国理政》第一卷，外文出版社 2018 年版，第 21 页。

盾突发期。有些人缺乏问题意识和担当精神，遇到矛盾绕着走，结果使矛盾"堆成山"，成为"难啃的硬骨头"。因而，这一时期也是攻坚克难期。如何破解"表达诉求、矛盾突发、攻坚克难"这一新的历史起点上的难题？习近平同志强调，要通过全面深化改革来解决。全面深化改革的总目标，就是发展和完善中国特色社会主义制度，推进国家治理体系和治理能力现代化，为实现国家治理现代化提供制度模式，提升治理能力。这里讲的治理，首要就是治理国家公共权力与正确处理党、国家、社会、公民的关系，而国家治理的现代制度模式就是：在中国共产党领导下，党政主导，社会参与，协商共治，法德并举，能力现代。这种治理模式，有利于破除权力高度集中而又缺乏有效制约的体制弊端。显然，推进国家治理体系和治理能力现代化是在中国式现代化推进到一定历史阶段的背景下提出的，它试图为解决新的历史起点上的矛盾、难题和问题提供一整套制度设计和治理体系。

（3）辩证思维重本质和规律。辩证思维，就是注重矛盾分析，抓住矛盾，尤其是主要矛盾；注重矛盾双方的相互作用，在注重矛盾双方对立的时候不忽视二者的统一，在注重矛盾双方统一的时候不忽视二者的对立；注重全面、联系和发展地看问题；注重透过表象揭示事物的本质和发展规律。

党中央运用辩证思维来正确处理党的政治建设中的一系列重大关系。2019 年 2 月，中共中央发布《关于加强党的政治建设的意见》，强调在党的政治建设中必须坚持辩证思维方法。重视辩证思维，是总结党的历史发展进程中的经验教训而得出的重要结论，是正确处理中国特色社会主义建设当中一系列重大矛盾关系的内在要求。在加强党的政治建设历史进程中，必然遇到一系列重大关系，如何正确处理好这些关系，事关党的政治建设成效。

　　一要运用辩证思维处理好政治建设中解放人和约束人之间的关系。改革开放 40 多年的历史，就是解放人的历史。解放人，激发人的创新活力和社会动力，使我国经济社会获得了长足的进步和发展。但在解放人的过程当中，由于政治建设、法治建设、道德建设等没有紧跟上去，也出现了一些问题。基于这种情况，党的十八大以来，党中央更加重视对人的约束问题。对人的约束，主要就是强调德治、法治、自治、政治。德治约束人的内心，法治约束人的外部行为，自治注重自我约束和自律，政治强调党员干部要讲政治，恪守党的纪律。德治、法治、自治、政治这四个"治"，是十八大以来党解决"宽、松、软"问题的基本方式。

　　二要运用辩证思维处理好"坚持党的全面领导"和"坚持全面从严治党"的关系。党的十八大以来，党中央治国理政的突破口和切入点就是加强党的建设，把抓好党建作为最大的政绩。为什么一定要坚持党的全面领导？中国共产党领导是中国特色社会主义最本质的特征，是中国特色社会主义制度最大的优势。作为本质特征和最大优势意味着：只有读懂中国共产党，才能读懂中国特色社会主义；要读懂中国特色社会主义，首先要读懂中国共产党。为什么要坚持全面从严治党？党要领导一切，就必须把一切领导好；党要把一切领导好，就必须把自身建设好；党要把自身建设好，就必须坚持全面从严治党。全面从严治党的目的是让党自身硬，即硬在政治，硬在信念，硬在精神，硬在能力，硬在作风，硬在纯洁，硬在思想。坚持党的全面领导和全面从严治党是辩证关系：只有坚持党的全面领导，才能真正做到全面从严治党；只有坚持全面从严治党，才能把党的全面领导真正落到实处。

　　三要运用辩证思维处理好"民心"和"忠诚"的关系。"忠诚"对于政治建设而言是非常重要的，同时政治建设也要紧扣"民心"这个最大的政治。"忠诚"是"民心"的前提和基础，每一个党员只有从内心忠诚于党、忠诚于人民，全心全意为党和人民的事业而奋斗，才能使党赢得广大人民群众的拥护，从而真正"赢得民心、汇聚民力"。加强党的政治建设，就是要让每个党员都能做到忠诚、干净和担当。"民心"这个最大的政治，是党的政治建设的着力点，也是中国共产党执政的政治基础。因此，辩证地处理好政治建设中的"忠诚"和"民心"的关系，对党的政治建设至关重要。

四要运用辩证思维处理好"政治过硬"和"本领高强"之间的关系。党的十九大报告对领导干部提出了"政治过硬"、"本领高强"的高标准要求。政治建设的目的之一，就是使领导干部政治过硬，它表达了党的先进性要求。政治过硬，就要增强"四个意识"、坚定"四个自信"、做到"两个维护"，深刻领悟"两个确立"的决定性意义。政治建设除了党的先进性维度外，还有执政能力维度。这两个维度是相互作用、相互贯通、相互成就的有机整体，不能割裂开来。如果只讲本领高强而不讲政治过硬，可能能力越大坏事越大；如果只讲政治过硬而不讲本领高强，就会显得力不从心。所以，党的十九大报告提出，"既要政治过硬，也要本领高强"①。

五要运用辩证思维处理好政治建设和经济建设的关系。我们党一直重视政治建设，但有些地方或部门由于片面强调以经济建设为中心，而对政治建设一定程度上有所放松，导致政治生活中出现了"宽、松、软"现象。党的十八大之后，我们党把政治建设放在党的建设的首位，因为政治建设是党自身的根本性建设。当然，在重视政治建设的同时，决不能忽视党所领导的经济建设。在党的十九大报告中，在习近平总

① 习近平：《决胜全面建成小康社会 夺取新时代中国特色社会主义伟大胜利——在中国共产党第十九次全国代表大会上的报告》，人民出版社2017年版，第68页。

书记系列重要讲话中，反复强调党的基本路线是我们党和国家的生命线，是人民的幸福线。所以，一定要处理好党的政治建设和经济建设的关系，使政治建设和经济建设相互促进、相互成就。

六要运用辩证思维处理好政治建设中"制度建设"和"思想建设"之间的关系。邓小平同志在 1980 年 8 月 18 日关于《党和国家领导制度的改革》的讲话中，把制度建设放在非常重要的地位，强调制度建设是一种带有根本性的、事关长远的建设，"制度好可以使坏人无法任意横行，制度不好可以使好人无法充分做好事，甚至会走向反面"[①]。这句话的核心就是要重视制度建设。党的十八大以来，在强调制度建设的同时，思想建设的重要性更加凸显出来。我们要用辩证思维处理好制度建设和思想建设的关系，在制度建设中不要忽视思想建设，在思想建设中也不要忽视制度建设。这两个建设是相互制约、相互成就的。

党中央运用辩证思维分析解决协调推进"四个全面"战略布局中的关系问题。协调推进"四个全面"战略布局，是党中央治国理政总体方略的顶层设计，是治国理政的总体遵循，也是当前和今后一个时期党和国家各项工作的主攻方向、重点领域。我们可以从三个方面来理解"四个全面"战略布局所体现的辩证思维：第一，从整体讲，"四个全面"是当前党和国家事业发展中必须解决好的主要矛盾。我们既要注重总体谋划，又要注重牵住"牛鼻子"。第二，从"四个全面"之间的辩证关系讲，全面建成社会主义现代化强国是"奋斗目标"，全面深化改革和全面依法治国是顺利实现奋斗目标的两条"根本路径"，全面从严治党则是全面深化改革和全面依法治国并顺利实现奋

[①] 邓小平：《邓小平文选》第二卷，人民出版社 1994 年版，第 333 页。

斗目标的"根本保证"。①第三，从每一个"全面"来讲，也体现着辩证思维。全面建成社会主义现代化强国，要处理好经济、政治、文化、社会、生态和党的建设之间的辩证统一关系；全面深化改革，必须坚持辩证思维，既要考虑全面，也要抓住重点，确定主攻方向，还要辩证处理改革发展稳定的关系，处理好解放思想与实事求是、顶层设计与摸着石头过河、胆大与心细、部分与整体、局部与全局的辩证关系；全面依法治国，既要吸收一切法治精神中的合理因素，又要根据中国国情推进依法治国，尤其要辩证看待党和法的统一关系，看待法治和德治的统一关系；全面从严治党，还要处理好"伟大事业"和"伟大斗争"之间的辩证关系。

此外，党中央还运用辩证思维正确处理中国式现代化建设进程中的其他一些重大关系，如辩证看待弘扬中华优秀传统文化、坚持社会主义文化和吸收一切人类优秀文明成果之间的关系，辩证看待国家、社会、公民之间的关系，等等。

（4）系统思维重结构和整体。

习近平同志强调："系统观念是具有基础性的思想和工作方法。"②坚持系统观念，是以习近平同志为核心的党中央在对新时代党和国家各项事业进行战略谋划时提出的，是推动社会主义现代化国家建设和各领域工作的具有基础性的思想和工作方法。

界定系统观念的理论内涵，是坚持系统观念的前提。唯物主义辩证法认为，任何事物都处在各种各样的普遍联系当中，事物及其各要素交互作用、相互影响、相互制约，构成的一种具有稳定结构和特定

---

① 习近平总书记2021年"七一"重要讲话之后，我们党便把"全面建成小康社会"转换为"全面建成社会主义现代化强国"。

② 中共中央宣传部编：《习近平新时代中国特色社会主义思想学习纲要（2023年版）》，学习出版社、人民出版社2023年版，第301页。

功能的有机整体，就是系统；对客观存在的系统的认识反映在人们头脑中，就形成系统观念。系统观念蕴含存在论、认识论、方法论和实践论，具有丰富的理论内涵：系统观念是一种基础观念，是一种结构观念，是一种整体观念，是一种战略观念，也是一种辩证观念，还是一种秩序观念。

系统观念是具有基础性的思想方法和工作方法。思想方法是人们分析问题的方法，工作方法是人们解决问题、做好工作的方法。系统观念是其他思想方法和工作方法的基础。习近平同志强调要树立战略思维、历史思维、辩证思维、创新思维、法治思维、底线思维等，这些思维都以系统观念为基础。以习近平同志为核心的党中央在治国理政实践中善于运用系统观念，这集中体现在统筹推进"五位一体"总体布局、协调推进"四个全面"战略布局上。

（5）创新思维重大势和变革。创新思维，就是对事物做全新思考，力求寻找新思路，打开新局面。

运用创新思维，可以思考转变经济发展方式与构建新发展格局问题。习近平同志指出："实施创新驱动发展战略，是立足全局、面向未来的重大战略，是破解经济发展深层次矛盾和问题、增强经济发展内生动力和活力的根本措施。"① 当前，从全球范围看，科学技术越来越成为推动经济社会发展的主要力量，创新驱动是大势所趋。正在出现的新一轮科技革命、产业变革与我国加快转变经济发展方式形成历史性交汇，为我们实施创新驱动发展战略提供了难得的重大机遇。我们必须紧紧抓住和用好新一轮科技革命和产业变革的机遇，不等待、不观望、不懈怠。从国内看，创新驱动是形势所迫。我国经济总量已

---

① 中共中央宣传部、国家发展和改革委员会编：《习近平经济思想学习纲要》，人民出版社、学习出版社 2022 年版，第 105 页。

跃居世界第二位，社会生产力、综合国力、科技实力迈上了一个新台阶。同时，我国发展中不平衡、不充分、不协调、不可持续问题依然突出，人口、资源、环境压力越来越大，物质资源必然越用越少，而科技人才需求却会越来越多。我们要推动新型工业化、信息化、城镇化、农业现代化同步发展，就须及早转入创新驱动发展轨道，把科技创新潜力更好地释放出来，充分发挥科技进步和创新的作用，这些都要求充分发挥创新思维的作用。

（6）底线思维重主动和应对。底线思维，就是凡事从坏处准备，积极主动应对，努力争取最好结果。

精神懈怠、能力不足、脱离群众、消极腐败"四种危险"削弱我们党的执政基础，不破除这"四种危险"，就会动摇党的执政地位。因此，习近平同志以底线思维直面并力求破解"四种危险"，且以无所畏惧的勇气，首先把破解"四种危险"并使自身硬作为治国理政的突破口。

一定意义上讲，一个政党最大的危机是缺乏危机意识和忧患意识，一个国家最大的问题是缺乏问题意识。习近平同志强调："在充分肯定我国经济发展成绩的同时，也要看到，我国经济运行正面临着一些困难，特别是出现了一些可能引发经济下行和风险增大的边际变化。我们必须审时度势，全面把握和准确判断国内国际经济形势变化，坚持底线思维，做好应对各种新挑战的准备。"①习近平同志还多次强调："我们党要团结带领人民有效应对重大挑战、抵御重大风险、克服重大阻力、解决重大矛盾，必须进行具有许多新的历史特点的伟大

---

① 2014 年 7 月 29 日，习近平主持召开党外人士座谈会时的讲话。

斗争。"① 今天，我们党面对的形势格外严峻，所处的环境格外复杂，面临的任务格外艰巨。这里的"伟大斗争"，就其实质来讲，是指我们党要有效应对"严峻挑战"、经受"四大考验"、破解"四种危险"并完成"艰巨任务"，就丝毫不能放松警惕、无动于衷和消磨斗志，必须以底线思维来面对，以壮士断腕的决心、刮骨疗毒的勇气和勇于革新的斗志攻坚克难。

此外，习近平同志还注重用法治思维治国理政，把法治看作是党治国理政的基本方式，把全面依法治国看作是党治国理政的基本方略。

由上可以看出，哲学思维的力量在党中央治国理政实践中发挥着十分重要的作用。

（二）治国理政需要科学的思想方法和工作方法

党的十八大以来，以习近平同志为核心的党中央之所以在治国理政实践中取得巨大成就，其重要原因之一，就是基于马克思主义哲学思维，具有治国理政的科学思想方法和工作方法。可从认识世界、构建世界、改造世界三个层面，来理解党的十八大以来以习近平同志为核心的党中央治国理政的科学思想方法和工作方法。

1. 认识客观实际的方法——根据实际情况确定工作方针

认识客观实际的方法，属于认识世界的范畴。

中国共产党治国理政，首先要认识和把握它所面对的客观实际，因为正确认识和把握客观实际是作出正确决策的前提。习近平同志指出："社会存在决定社会意识。我们党现阶段提出和实施的理论和路线方针政策，之所以正确，就是因为它们都是以我国现时代的社会存

---

① 习近平：《决胜全面建成小康社会 夺取新时代中国特色社会主义伟大胜利——在中国共产党第十九次全国代表大会上的报告》，人民出版社 2017 年版，第 15 页。

在为基础的。党的十八届三中全会对我国全面深化改革作出了总体部署，是从我国现在的社会存在出发的，即从我国现在的社会物质条件的总和出发的，也就是从我国基本国情和发展要求出发的。"① 这段重要论述的核心，就是要"把握阶段特征、主观符合客观"，它体现了根据实际情况确定工作方针的方法论。

认识客观实际的方法主要包括：一是实事求是。实事求是是我们党的基本思想方法和工作方法。我们党是靠实事求是起家和兴旺发展起来的。二是调查研究。调查研究是谋事之基（分析问题）、成事之道（解决问题），是做好领导工作的一项基本功。三是正确认识"过去、现在、未来"，准确把握当代中国所处的历史方位。"明者因时而变，知者随事而制。"认识和把握当代中国所处的历史方位，是明确治国理政方法论的基础。

2.确立战略目标和总体方略的方法——坚持总体谋划和重点突破相统一

确立战略目标和总体方略的方法，属于构建世界的范畴。

党的十八大以后，党中央治国理政思考的问题是：我国发展起来以后所要实现的具有战略性的奋斗目标是什么？实现目标的根本路径和总体方略（从哲学上来讲就是与目标相对应的手段）是什么？依据习近平同志相关重要讲话，我们党所构建的图景是：以新发展理念为引领，通过统筹推进"五位一体"总体布局、协调推进"四个全面"战略布局，以"两步走"的总的战略安排，全面建成社会主义现代化强国，实现中华民族伟大复兴。

党中央确立治国理政战略目标和根本路径的思想方法，可从以下

① 中共中央文献研究室编：《习近平关于全面深化改革论述摘编》，中央文献出版社 2014 年版，第 11 页。

三方面来理解：一是坚持"顶层设计"和"摸着石头过河"相统一。新时代党中央治国理政，需要对所要实现的奋斗目标进行顶层设计。因为这不仅关乎中国共产党人对未来美好社会的构建，而且关乎如何在遵循当代中国社会历史发展规律、全面深刻把握当代中国发展的现实逻辑和反映当代中国实践发展新要求的基础上，来准确确定我们党的奋斗目标。在对我们党的奋斗目标进行顶层设计的同时，在确定实现这一奋斗目标的手段上，既要进行顶层设计，也要摸着石头过河，在实践中进行探索，在实践中进行总结，在实践中不断完善，在实践中进行选择。二是坚持"全局—长远—根本"相统一。寻求全面建成社会主义现代化强国、实现中华民族伟大复兴的根本路径和总体方略，既要把握全局，也要把握长远，还要把握根本。新发展理念、民族复兴蓝图和推进国家治理现代化等，体现的就是坚持"全局—长远—根本"相统一。三是坚持统筹兼顾和轻重缓急相统一。确定我们党的奋斗目标和路径方略，既要坚持统筹兼顾，做到全面把握，又要注意轻重缓急，做到重点把握。

3. 执行落实的方法——打铁必须自身硬

选定了奋斗目标和路径方略，接下来就是如何实践、怎样实现的问题。一是要坚持遵循历史规律与坚持人民主体地位相统一。实现我们党的奋斗目标，既要遵循历史发展规律，按照客观规律办事，又要坚持人民主体地位，坚持以人民为中心，走群众路线，充分发挥人民群众的主观能动性，充分发挥亿万人民的创造伟力。"政之所要，在乎民心。"群众路线是我们党永葆青春活力和战斗力的传家宝，是我们党的根本工作方法。我们应当自觉拜人民为师，向能者求教，向智者问策，充分尊重人民所表达的意愿、所创造的经验、所拥有的权利、所发挥的作用，多干群众急需的事，多干群众受益的事，多干打基础的事。二是抓住关键少数且刚性执行。要改造客观世界，首先要改造主观世界。改造主观世界，首先是改造关键少数人即领导干部的主观世界。抓住这关键少数，"落实"就会事半功倍。在抓住关键少数的同时，具有刚性的抓落实能力尤为关键。抓落实是领导工作一个极为重要的环节。真抓才能攻坚克难，实干才能梦想成真。针对以往我们存在的执行力不足问题，党的十八大以来，党中央要求领导干部树立"功成不必在我"的理念，注重"一分部署、九分落实"；要具有钉钉子精神，要抓铁有痕、踏石留印；要树立"真抓"的工作作风，学会"会抓"的本领方法，在落实的认识上要讲求"深"，在落实的要求上要讲求"新"，在落实的步骤上要讲求"韧"，在落实的举措上要讲求"实"。三是注重抓住社会主要矛盾和基本矛盾，从中揭示所要解决的根本问题，进而确立我们工作的重点。这是实现顺利落实、打开工作新局面的方法，也是运用矛盾分析方法分析问题、解决问题的方法。它既注重把握事物的主要矛盾，从主要矛盾中确定所分析解决的问题，并把解决问题作为工作重点，又注重把握社会基本矛盾，从对生产力和生产关系、经济基础和上层建筑矛盾运动的分析中，寻求既影响社会发展活力又影响社会和谐的矛盾一方，集中精力解决矛盾这一方所存在的问题。抓住主要矛盾，树立问题意识，把握工作重点，也是党中央治国理政的重要方法。

（三）树立党的权威需要思想力量

一个政党要掌好权、执好政，乃至要长期执政，树立执政权威是至关紧要的。树立党的权威的途径是多方面的，党的执政成就、党的执政形象、广大人民群众的认同、国际社会的影响、造福人民且为人民立言的具有引领力的思想理论等，都是树立党的权威的主要途径。

其中，造福人民且为人民立言的具有引领力的思想理论，是其中一个不可或缺的重要途径。

用思想理论树立党的权威，这一思想理论必须坚持人民至上。只有为人民立言、为人民代言的理论，才能真正为人民群众所喜爱、所认同、所拥有、所掌握，也才能真正树立起党的权威。

用思想理论树立党的权威，这一思想理论必须立足于实践且既具有真理性又体现道义性。一切具有真理性又体现道义性的思想理论，都是满足实践发展需要的产物。用以观察实践、把握实践、引领实践的理论，必须反映实践发展要求，必须不断总结实践经验，将其凝结为时代的思想精华。

用思想理论树立党的权威，这一思想理论必须是被实践证明具有成效的理论，它能引领党带领人民真正走上全面建成社会主义现代化强国新征程。只有被实践证明是科学且有效的思想理论，才能正确指导实践，使实践走向成功。

用思想理论树立党的权威，这一思想理论必须能达到武装全党的目的。中国共产党是需要思想理论武装的党，我们要用思想理论把中国共产党武装成一个强大且得到人民拥护的政党，武装成既具有战斗力又具有先进性、纯洁性的政党，武装成能战胜一切风险挑战且带领人民前进的政党，武装成既能确定奋斗目标又能实现这一目标的政党。只有这样的政党，才是真正具有权威的政党。

用思想理论树立党的权威，这一思想理论必须能使中国共产党解答中国问题和世界问题，具有中国意义和世界意义。一种思想理论的有效性，在于这一思想理论既能解决好中国问题和人民群众急难愁盼问题，也能解答世界问题和时代问题。这样的思想理论具有中国意义和世界意义，用它来武装全党，必能树立起党的权威。

第二节　实现民族复兴需要思想引领

这是指思想力量对一个国家和民族发展具有的重要性。

关乎大党独有的难题，首要是党长期执政的问题；而关乎国家和民族的前途问题，首要是强国建设、民族复兴。新时代新征程的中心任务，就是团结带领全国各族人民全面建成社会主义现代化强国、实现第二个百年奋斗目标，以中国式现代化全面推进中华民族伟大复兴。习近平新时代中国特色社会主义思想，就是全面建成社会主义现代化强国、实现第二个百年奋斗目标，以中国式现代化全面推进中华民族伟大复兴的行动指南，这充分显示出思想引领的伟力。

一、实现强起来需要思想强起来

从哲学上讲，整个世界从根本上可以划分为物质世界和精神世界。精神世界具有相对独立性，也具有强大的反作用，其地位和作用不可低估。只有把物质世界和精神世界统一起来的世界，才是一个完整的世界。一个国家的强大，既是经济、科技、军事、金融的强大，也是思想理论及其话语权的强大。只有物质上强大而没有精神强大，不是真正意义的强大。没有物质世界的强大，一个国家发展就缺乏坚实的物质基础和物质支撑，思想、理论、精神也很难强大起来；没有精神世界的强大，一个国家发展就缺乏灵魂、气质、品格、格局，其物质强大也不会持久。思想理论的强大，自然是物质硬件强大基础上的延续和发展。思想的力量就是在"反作用"、"能动作用"意义上讲的。

世界上许多强大的国家在思想理论上也多有建树，其思想理论在当今世界具有重大影响。比如美国专家学者提出的"文明冲突论"、

"文化软实力论"、"历史终结论"、"新实用主义"等便是如此。其中一些思想理论带有"病毒"，在世界上具有副作用，但其影响力依然存在。德国一些思想家、理论家提出了一系列思想理论，其中许多思想理论影响也比较深远。从德国古典哲学到马克思、恩格斯所创立的唯物主义历史观和实践的唯物主义，至今依然具有强大的世界影响力。历史地看，杜威的实用主义，尼采的生命哲学和宇宙观，柏格森的生命哲学和现代非理性主义，胡塞尔的现代现象学，雅斯贝尔斯的存在主义，海德格尔的存在主义，等等，至今依然具有较大影响力。"20世纪以来，社会矛盾不断激化，为缓和社会矛盾、修补制度弊端，西方各种各样的学说都在开药方，包括凯恩斯主义、新自由主义、新保守主义、民主社会主义、实用主义、存在主义、结构主义、后现代主义等，这些既是西方社会发展到一定阶段的产物，也深刻影响着西方社会。"①

中国特色社会主义进入新时代，我们党致力于使大国成为强国，就必须谋求思想理论的强大，掌握话语权，把理论创新置于实现强起来的应有位置。因此，当代中国应从"原材料供应国"向"思想理论供应国"提升，构建"学术中国"、"思想中国"、"理论中国"，构建中华民族的"思想自我"、"理论自我"、"学术主体"，为解释世界提供"中国思想"、"中国理论"，掌握解释当今世界的话语权，并引领时代发展，或者说，它内在要求注重"中国理论建构"，彰显"中国思想力量"，即构建具有原创性、标识性、代表性的中国理论、中国思想，而且这些理论、思想能解决中国问题和人类问题，能洞察时代、把握时代、引领时代。如果精神文化或思想理论方面还

---

① 习近平：《在哲学社会科学工作座谈会上的讲话》，人民出版社2016年版，第4页。

没有强起来，那就不是真正的强起来，也就不会真正得到世界的认同。因此，新时代呼唤涌现杰出的政治家、经济学家、文学家、历史学家、哲学家、艺术家、社会学家，呼唤理论家、思想家。习近平同志指出："一个国家、一个民族不能没有灵魂。文化文艺工作、哲学社会科学工作就属于培根铸魂的工作，在党和国家全局工作中居于十分重要的地位，在新时代坚持和发展中国特色社会主义中具有十分重要的作用。"[①] 这意味着，一个日趋强大起来的中国，必须在理论上强起来，在思想上站起来。胡锦涛同志指出："应对激烈的国际综合国力竞争，在不断增强我国的经济实力的同时增强我国的文化创造力、民族凝聚力，增强中华文明的影响力，迫切需要哲学社会科学发展具有中国特色的学科体系和学术思想。"[②]

习近平新时代中国特色社会主义思想，是新时代我们党注重建构"中国思想"、"中国理论"的具有标识性的重大成果。这一思想是在党的伟大创造实践中创立并已经被实践证明了的真理，为我们进行新的伟大斗争、建设伟大工程、推进伟大事业、实现伟大梦想提供了思想理论基础，为维护世界和平发展、合作共赢贡献了中国智慧和中国方案。

例如，提出的"历史方位"和"社会主要矛盾"，推动了中国特色社会主义进入新时代；强调的"民族复兴"，助推中华民族迎来从站起来、富起来到强起来的伟大飞跃；提出的"人民至上"和"坚持以人民为中心的发展思想"，使人民生活得到改善，人民群众获得感、幸福感、安全感更加充实、更有保障、更可持续，共同富裕取得新成

---

① 新华月报编：《新中国 70 年大事记：1949.10.1—2019.10.1》，人民出版社 2020 年版，第 1945 页。

② 习近平：《在哲学社会科学工作座谈会上的讲话》，人民出版社 2016 年版，第 3 页。

效，实现了小康这个中华民族的千年梦想，为全球减贫事业作出了重大贡献；提出并贯彻的"新发展理念"，是新时代我国发展壮大的必由之路，它使我们着力构建新发展格局，推进高质量发展，实施供给侧结构性改革，制定一系列具有全局性意义的区域重大战略，我国经济实力实现历史性跃升；提出的统筹推进"五位一体"总体布局、协调推进"四个全面"战略布局，使中国特色社会主义制度更加成熟定型，国家治理体系和治理能力现代化水平明显提高，形成更大范围、更宽领域、更深层次对外开放格局；提出的"积极发展全过程人民民主"，使社会主义民主政治制度化、规范化、程序化全面推进，社会主义协商民主广泛开展，人民当家作主更为扎实；提出的"习近平文化思想"，使社会主义核心价值观进一步得到广泛传播，中华优秀传统文化得到创造性转化、创新性发展，文化事业日益繁荣，网络生态持续向好，意识形态领域形势发生全局性、根本性转变；提出的"习近平生态文明思想"，使生态文明制度体系更加健全，污染防治攻坚向纵深推进，生态环境保护发生历史性、转折性、全局性变化；提出并贯彻的"总体国家安全观"，使平安中国建设迈向更高水平；提出的"构建人类命运共同体"，推动构建新型国际关系，赢得了广泛国际赞誉，我国的国际影响力、感召力、塑造力显著提升；提出的深入推进"全面从严治党"，坚持打铁必须自身硬，从制定和落实中央八项规定开局破题，开展了史无前例的反腐败斗争，不敢腐、不能腐、不想腐一体推进，使反腐败斗争取得压倒性胜利并全面巩固，消除了党、国家、军队内部存在的隐患，确保党和人民赋予的权力始终用来为人民谋幸福，党找到了自我革命这一跳出治乱兴衰历史周期率的第二个答案，风清气正的党内政治生态不断形成和发展；提出的大力推进中国式现代化、创造人类文明新形态，为创新发展21世纪马克思主义奠定了坚实基础，为解释并改变 21 世纪的世界提供了中国智慧、中国理论、中国方案，等等，这些都是新时代以来党的思想理论引领的成果。

二、全面建设文化强国需要思想指引

建设文化强国也是新时代新征程强国建设、民族复兴的一项重大任务，意义重大，影响深远。建设文化强国的核心，是建设思想理论强国。建设思想理论强国，需要从"立"和"破"两方面入手。

（一）加快构建中国特色哲学社会科学自主知识体系

这是从"立"的方面来讲的。

思想理论对内可透击人心，对外可影响世界。既然思想理论的力量如此重要，那就要自觉主动构建中国特色哲学社会科学的自主知识体系，进而构建中国思想、中国理论。

关于构建中国特色哲学社会科学自主知识体系，习近平同志作出重要论述。他强调："哲学社会科学是人们认识世界、改造世界的重要工具，是推动历史发展和社会进步的重要力量，其发展水平反映了一个民族的思维能力、精神品格、文明素质，体现了一个国家的综合国力和国际竞争力。一个国家的发展水平，既取决于自然科学发展水平，也取决于哲学社会科学发展水平。"[1] 哲学社会科学的命运往往随着时代发展和实践需要而"潮起潮落"。如果一种思想理论能够真正解决时代问题，体现时代发展和实践需要，那么这种思想理论自然会有一个好的发展命运。中国特色哲学社会科学及中国思想理论只有捕

---

[1] 习近平：《在哲学社会科学工作座谈会上的讲话》，人民出版社 2016 年版，第 2 页。

捉到当代中国的迫切问题，把中国人民的最美好、最珍贵、最深刻的智慧精髓都汇集在自己的理论体系中，并成为新时代的人民的产物，才能真正满足新时代中国发展的需要，并最大限度地实现自身的历史使命。作为一个身处全球化时代的后发型现代化的发展中国家，新时代中国特色社会主义现代化建设实践，特别需要具有原创性的中国哲学社会科学做理论指导和思想引领。

中国式现代化建设没有现成的经验可以借鉴。习近平同志指出："当代中国的伟大社会变革，不是简单延续我国历史文化的母版，不是简单套用马克思主义经典作家设想的模板，不是其他国家社会主义实践的再版，也不是国外现代化发展的翻版，不可能找到现成的教科书。"[1]因此，在新时代中国，要谱写和奏响中国特色哲学社会科学的交响曲，我们应运用需求侧和供给侧原理及其关系的分析框架，来研究现实需求和理论供给的矛盾，重点解决理论供给不足问题，为构建"中国理论"、提出"中国主张"而不断探究、做好准备。

一要思想认识到位。要充分认识到思想的力量，使专家学者把精力放到构建中国理论、中国思想上来。我们必须为世界贡献既能解决中国问题也能解决人类问题的中国理论，贡献具有世界影响的中国理论家和思想家。哲学社会科学工作者肩负着建构理论、启迪思想、陶冶情操、温润心灵的重要职责使命，必须具有对党、国家和人民的情怀。这种情怀，首先是"用心"，与党、国家和人民心连心，把党、国家和人民的事业放在心上，把人民对美好生活的追求放在心上。其次是"用情"，把做好哲学社会科学工作这一职业当作事业，即以真挚的职业情怀关心党、国家和人民，把党和国家的事业发展书写好，

---

[1] 习近平：《在哲学社会科学工作座谈会上的讲话》，人民出版社2016年版，第21页。

把当代中国人民的精彩生活表达好、展示好，为人民述学立论、建言献策。最后是"用功"，集中体现为提升推进哲学社会科学研究中国化时代化大众化的功力。马克思说："理论只要彻底，就能说服人。所谓彻底，就是抓住事物的根本。"①就新时代中国而言，事物的根本就在于抓住"中国化时代化"这根弦。要构建中国的思想理论，必须提升理论功力，彰显理论功效。

二要对研究的问题、方法、思路把握到位。

（1）需要以习近平新时代中国特色社会主义思想为理论基础。我们要从学理上建构中国的思想理论，习近平新时代中国特色社会主义思想是根本遵循，也是理论基础。

（2）需要理清"六大逻辑"。理论创新是实践基础上的理论创新，哲学社会科学工作者要走出"象牙塔"，深入实际、深入人民群众调查研究，全面深入理解和把握近代以来中国发展的历史逻辑，理解和把握中国共产党成立以来发展壮大的历史逻辑，理解和把握新中国成立以来发展的历史逻辑，理解和把握我国改革开放和社会主义现代化建设的历史逻辑，理解和把握党的十八大以来中国特色社会主义进入新时代的发展逻辑，进而理解上述"逻辑"中所蕴含的中国人民的奋斗逻辑，从而把中国历史、中国现实与中国问题搞清楚，把中国奇迹背后的中国道路、中国理论、中国制度、中国文化的优势搞清楚，把好中国脉、开好中国方。只坐在"象牙塔"里，面对的都是问题，而走出"象牙塔"，就能找到解决问题的办法，才能真正为党立心、为人民立言。

（3）需要贯通"中外马"。历史是最好的教科书，也是最好的

---

① 中共中央马克思恩格斯列宁斯大林著作编译局编译：《马克思恩格斯选集》第一卷，人民出版社1995年版，第9页。

清醒剂。因而，既要具有历史思维，从中国的历史、文化、传统中寻找血脉、基因和源流，也要汲取一切人类优秀文明成果，还要以马克思主义立场观点方法把握时代发展趋势，不忘本来、吸收外来、面向未来。

（4）需要基于中国式现代化。近代以来，西方哲学社会科学知识体系总体上是基于"西方中心论"建构起来的。中国式现代化实质上是为解构"西方中心论"而出场的，它是构建中国自主知识体系的基点和内核。走自己的路，是党的全部理论和实践的立足点。这是一种全称判断。一定意义上也可以说，中国式现代化是新中国成立以来，尤其是中国特色社会主义进入新时代以来我们党全部理论和实践的立足点。要从中国奇迹的背后揭示出中国式现代化的优势，从中国式现代化中发掘中国奇迹的密码。简言之，中国奇迹要到中国式现代化中去寻找。因为中国式现代化蕴含着领航者（谁在领航）、历史方位（我们在何处）、战略目标（走向何方）、总体方略（走法如何）和推动力量（何以推动）等五大核心要素，而领航者、对历史方位的判断、对战略目标（方向）的确定、对总体方略的选择、对推动力量的整合，从根本上推动着中国发展，进而促进中国走向成功。正因如此，中国式现代化应成为中国理论的发源地和实践基础。我们必须用中国理论来阐释中国式现代化，要围绕和基于中国式现代化的五大核心要素来构建中国理论，构建中国自主知识体系，提炼出中国自主知识体系的标识性范畴。偏离这五大核心要素来构建中国的思想理论与中国自主知识体系，将缺乏实践基础和目标导向。

三要组织建设到位。应重视中国思想理论构建；要坚持党的解放思想、实事求是的思想路线，且采取切实有效的制度安排加强国家高端智库建设，真正把智库建成能为党和国家发展全局提供行之有效的理念、思想、战略、方略、布局的思想库。

四要制度安排到位。要通过制度安排，使一些知名专家学者到能体现我国发展水平的地方挂职锻炼，深入了解和把握新时代中国发展的现实逻辑、发展水平、发展经验。同时，建立有效的制度，支持知名专家学者建立学术共同体，从我国发展经验中提炼概括出中国理论。

五要激励机制到位。切实提高专家学者，尤其是知名专家学者的社会地位和待遇，激励其为构建中国思想理论作出贡献。

六要传播渠道到位。畅通传播渠道，优化传播方式，是增强中国思想影响力的有效措施。中国特色哲学社会科学要能够影响实践、影响世界并具有吸引力，离不开畅通的传播渠道和富有感染力的传播方式。第一，传播者要真懂。如果传播者没有真懂理论，这对理论传播来说无疑是一个短板。第二，传播者要精准把握理论的实质和精髓，将理论化繁为简且作出简明扼要的概括，便于人们记忆、理解和传播。第三，传播者要注重贴近人民大众的现实生活实际，精准掌握人民大众的利益诉求和精神需求，找准理论与人民大众需求的结合点，便于人们认知认同。第四，传播者要借助具象的、感性的、有形的载体和方法以有效传播理论，便于人们理解。第五，传播者要在语言等方面采取人民大众喜闻乐见的方式，寓教于乐，既避免教而不乐，也避免乐而不教。

（二）思想的力量必须用思想力量来摧毁

这是从"破"的方面来说的。

改革开放以来，西方的器物、技术、资本、管理等都对中国产生了较大影响，但影响最大、最深刻、最持久的，当属西方的思想理论。一段时间以来，我国学术界、理论界唯西方马首是瞻，凡事言必西方，我国的经济学、政治学、社会学、法学、新闻学等学科，受西方影响相对比较大。当然，向西方学习，有利于拓宽我们的学术研究视野和学术研究空间，提升我们的理论思维水平，对此应当肯定。但是这也给我国意识形态领域带来极大挑战，西方某些带有"病毒"的思想理论，侵蚀着我们的思想长城、精神长城、心理长城，毒害着我们的头脑和思想，给我国意识形态领域带来极大风险。

马克思曾经讲过，"物质的力量只能用物质力量来摧毁"，同理，或一定意义上，思想的力量只能用思想力量来摧毁。要摧毁西方某些带有"病毒"的错误的思想理论力量，其中一个最好的办法，就是提升我们在思想理论上的"免疫力"。这个"免疫力"，就是要积极构建我们中国自己的思想理论，构建立足中国国情、解决中国问题和世界问题、促进中国成功、影响世界的科学思想体系。这一思想体系的"芯片"，就新时代而言，主要是习近平新时代中国特色社会主义思想。我们必须用习近平新时代中国特色社会主义思想来破除西方一些思想理论及其"病毒"的消极影响。当我们自身肌体的免疫力增强了，就有助于抵抗外部世界、周围环境的病毒；当我们自身的思想理论"免疫力"增强了，就会增强我们自己的理论判断力、理论鉴别力、理论抵抗力，坚定理论自信，从而有利于抵御西方那些带有"病毒"的思想理论的侵蚀。

三、全面实现人民对美好生活的向往需要思想滋养

实现中华民族伟大复兴的本质内涵之一，就是实现人民幸福。实现人民幸福，需要精神支撑、思想滋养。

（一）坚持人民至上理念

马克思、恩格斯创立的唯物主义历史观、政治经济学、科学社会主义，本质上就是关于人类解放、无产阶级解放和人的自由而全面发展的理论。他们创立的唯物主义历史观，是关于现实的人及其历史发展的科学，它把以往的西方哲学从"天国"（形而上学）降到"人间"（对现实的描绘），从注重抽象的人走向关切现实的人，为解放全人类、解放无产阶级和实现每个人自由而全面的发展奠定了坚实基础；他们创立的政治经济学，就是关于生产和分配的理论，是关于生产力和生产关系的理论，生产、生产力致力于"做大蛋糕"，生产关系致力于"分好蛋糕"，体现公平正义，使劳动人民获得应得的劳动成果；他们创立的科学社会主义，实质上就是关于无产阶级解放条件的学说，目的是促进每个人自由而全面的发展。

毛泽东思想是关于使中国人民站起来的理论。站起来是富起来的前提。毛泽东思想三大活的灵魂是实事求是、群众路线、独立自主。实事求是，是为了从中国具体实际出发准确把握国情，精准作出科学决策，从而做推进国家发展、实现人民幸福的正确的事；群众路线，就是为人民立言理论的实践性表达；独立自主，是为了使中华民族、中国人民站起来，具有独立性、自主性。

邓小平理论，实质上就是使中国人民富起来的理论。这种理论强调解放和发展社会生产力，提高人民生活水平，解决人民日益增长的物质文化需要同落后的社会生产之间的矛盾，使人民过上富裕的好日子。"三个代表"重要思想，代表的是最广大人民的根本利益，它是进一步使中国人民富起来的理论。科学发展观的核心是以人为本，使全体人民共享发展成果，因而也是把人民放在重要位置，进一步使中国人民富起来的理论。

习近平新时代中国特色社会主义思想，本质上是实现人民对美好生活的向往进而实现强起来的理论。这一理论坚持人民至上、坚持以人民为中心的发展思想，聚焦解决人民日益增长的美好生活需要和不平衡不充分的发展之间的社会主要矛盾，把实现人民对美好生活的向往作为出发点和落脚点。习近平同志反复强调"民心是最大的政治"[①]，"江山就是人民、人民就是江山，打江山、守江山，守的是人民的心"[②]，"人民是党执政兴国的最大底气"[③]，"人民群众是我们力量的源泉"[④]。习近平同志不仅这么说，也这么做。以习近平同志为核心的党中央带领全国各族人民打赢了脱贫攻坚战，解决了14亿多人口的绝对贫困问题。在这个基础上，又进一步把实现全体人民共同富裕作为奋斗目标，作为中国式现代化的本质特征和本质要求，而且注重实现全体人民精神生活共同富裕，不断促进人的全面发展。习近平同志还把使人民过上幸福生活作为"国之大者"。今天，中国人民正在逐步向实现美好生活迈进，逐步向强起来飞跃。

（二）促进人民精神生活共同富裕

全面实现人民对美好生活的向往，既包括物质生活，也包括文化生活及其蕴含的精神生活。实现人民精神生活共同富裕并过上美好生

---

① 2016 年 1 月，习近平在中国共产党第十八届中央纪律检查委员会第六次全体会议上的讲话。

② 习近平：《在庆祝中国共产党成立 100 周年大会上的讲话》，人民出版社 2021 年版，第 11 页。

③ 《中共中央关于党的百年奋斗重大成就和历史经验的决议》，人民出版社 2021 年版，第 66 页。

④ 在十八届中央政治局常委同中外记者见面时的讲话（2012 年 11 月 15 日），《人民日报》2012 年 11 月 16 日。

活，主要包括三方面内容，这三方面都需要思想滋养和理论支撑。

1. 丰富人民精神世界

精神世界，是指人们的意识活动及其活动结果的总和。它包括四个层面，即心理层面（自我意识）、思维层面（认知水平）、伦理层面（道德品质）、精神层面（理想信念），体现在个体身上，就是指人的自我意识状况、认知水平状况、道德品质状况、精神境界状况。丰富人民精神世界，是指一个人能够保持健康的心态、较高的认知、良好的道德修养，具有理想信念和精神追求，不随波逐流。

改革开放之初，由于历史发展的必然性，也由于人民日益增长的物质文化生活需要同落后的社会生产之间的社会主要矛盾，我国把提高人民群众的物质生活水平置于首位，这有其历史必然性和合理性，也为丰富人民精神世界提供了物质基础。当中国人民过上殷实的物质生活以后，就自然把丰富人民精神世界的问题提到更重要的位置。

中国特色社会主义进入新时代，我国发展步入新的历史方位。以习近平同志为核心的党中央坚持中国特色社会主义文化发展道路，坚定文化自信，围绕举旗帜、聚民心、育新人、兴文化、展形象建设社会主义文化强国，把在新的历史起点上继续推动文化繁荣、建设文化强国、建设中华民族现代文明作为新时代新的文化使命，激发了全民族的文化创新创造活力。其一，我们党注重建设具有强大凝聚力和引领力的意识形态，广泛践行社会主义核心价值观。我们以此凝聚人心、汇聚民力，深入开展社会主义核心价值观宣传教育，用社会主义核心价值观铸魂育人，把社会主义核心价值观融入法治建设、融入社会发展、融入日常生活，着力培养担当民族复兴大任的时代新人。其二，我们党推动理想信念教育常态化制度化，持续抓好党史、新中国史、改革开放史、社会主义发展史宣传教育，引导人民知史爱党、知史爱国，不断坚定中国特色社会主义共同理想，完善思想政治工作体系，推进大中小学思想政治教育一体化建设。其三，我们党注重提高全社会文明程度，实施公民道德建设工程，弘扬中华传统美德，加强家庭家教家风建设，加强和改进未成年人思想道德建设，推动明大德、守公德、严私德，提高人民道德品质和文明素养。其四，我们党弘扬以伟大建党精神为源头的中国共产党人精神谱系，用好红色资源，在全社会弘扬劳动精神、奋斗精神、奉献精神、创造精神、勤俭节约精神，培育时代新风新貌。其五，我们党加强精神引领，深化全民阅读活动，弘扬诚信文化，健全诚信建设长效机制，发挥党和国家功勋荣誉表彰的精神引领、典型示范作用，推动全社会见贤思齐、崇尚英雄、争做先锋。综上所述，都旨在丰富人民的精神世界。

2.增强人民精神力量

精神力量，主要指从人的心理状态、思想观念、思维活动和理想信念中产生自信自强的激情、能量和活力，它包括文化、思想、思维、信念、志向、胆识、意志等要素。

这种精神力量的核心，是人们完成理想目标的定力和动力，它能够驱使人们克服困难、战胜自我，实现个人发展和社会进步。精神力量是一种无形的巨大能量和力量，既可以激发人们的内在动力和活力，引领人们朝着积极向上的方向前行，也可以推动社会发展进步，还可以从心理和灵魂上给人以肯定，从而带来心灵的安宁和幸福。由此，人们应当在工作和生活中注重培育并增强自己的精神力量，提升文化水平，塑造健康人格，提高认知能力，提高思想水平，培育积极向上的情感，铸就钢铁般的意志，坚定理想信念，培育创新能力，增强自我控制和自我完善能力，从而使自己成为一个充满朝气活力、勇毅前行的有"精气神"的人。

3. 共同富裕更要精神富裕

"仓廪实而知礼节，衣食足而知荣辱。"回顾党的百年奋斗史，我们的精神生活是紧跟物质生活提高而丰富的。中国特色社会主义进入新时代，以习近平同志为核心的党中央把逐步实现全体人民共同富裕摆在更加重要的位置，推动区域协调发展，打赢脱贫攻坚战，全面建成小康社会，在实现物质生活极大丰富的同时，为促进精神富裕创造了良好条件。

促进人民精神生活共同富裕，必须实现精神自信自强。这主要体现为：丰富且良好的欲望，真挚且高尚的情感，持续且向上的激情，全面且深刻的认知，积极且完美的德性，崇高且深邃的审美情趣，正向且健康的价值观，神圣且自觉的信仰，主动且有效的心态调适，等等。

促进人民精神生活共同富裕，需要从哲学角度进行全面深入的阐释。

首先，促进人民精神生活共同富裕是"为了谁"。促进人民精神生活共同富裕，是为了使人民过上真正的美好生活。马克思主义就是关于人类解放、无产阶级解放和人的自由而全面发展的学说。马克思、恩格斯所创立的理论，要而言之，就是为了实现人类解放、无产阶级解放，促进每个人自由而全面的发展，使劳动人民过上幸福生活。马克思青年时期就立志为人民幸福而工作。在《青年在选择职业时的考虑》这篇中学毕业论文中，马克思开心见诚地指出，"人们只有为同时代人的完美、为他们的幸福而工作，才能使自己也达到完美"，"如果我们选择了最能为人类福利而劳动的职业，那么，重担就不能把我们压倒，因为这是为大家而献身；那时我们所感受到的就不是可怜的、有限的、自私的乐趣，我们的幸福将属于千百万人"。① 这是马克思的肺腑之言。在标志马克思主义问世的《共产党宣言》中，马克思、恩格斯更是掷地有声，"无产阶级的运动是绝大多数人的、为绝大多数人谋利益的独立的运动"，在未来社会"生产将以所有的人富裕为目的"。②

在我国社会主义初级阶段，社会主义的本质就是解放生产力，发展生产力，消灭剥削，消除两极分化，最终达到共同富裕。坚持以人民为中心的发展思想，强调实现共同富裕，是社会主义的内在本质要求。

其次，促进人民精神生活共同富裕"依靠谁"。促进人民精神生活共同富裕必须依靠全国各族人民共同团结奋斗。从理论逻辑看，唯物史观的一条基本原理，就是强调人民群众是历史的主人，是历史的创造者和推动者，是物质财富和精神财富的创造者。促进全体人民精神生活共同富裕，是中国特色社会主义建设的一个重要目标，也是全体人民共同的事业，离开人民群众，不仅中国特色社会主义伟大事业难以顺利推进，实现人民精神生活共同富裕也将是一句空话。这里，坚持以人民为中心与促进人民精神生活共同富裕，是形影相追的关系。

最后，促进人民精神生活共同富裕成效的评价尺度"是什么"。评价实现人民精神生活共同富裕的根本尺度，是人民群众的满意度和感受度。理论上，坚持以人民为中心，必须把人民群众的满意度作为衡量实现人民精神生活共同富裕成效的根本尺度；实践上，坚持以人民为中心，就要把人民群众的感受度即获得感、幸福感、安全感，作

---

① 中共中央马克思恩格斯列宁斯大林著作编译局编译：《马克思恩格斯全集》第四十卷，人民出版社1982年版，第7页。

② 任仲文编：《何为中国式现代化》，人民日报出版社2022年版，第98页。

为评判实现人民精神生活共同富裕成效的根本标准。这里，首先要正确把握"话语表达与人民感受"的关系。这里的"话语表达"，主要讲的是人们在"文中"、"嘴上"所说的所谓事实；"人民感受"，指的是人民群众在自己的工作和生活中对"事实"及其实效的真真切切的具体实在感受。当今，一些人在促进人民精神生活共同富裕问题上，口号喊得多，实际行动措施少。我们真切期待真正全面而深入落实好"民本逻辑"，坚持人民至上，关切人民呼声，关怀他者，把人民群众在精神生活共同富裕问题上能更多地"感受到"，作为衡量实现人民精神生活共同富裕成效的一个根本尺度。

规矩绳墨，人心如秤。实现人民精神生活共同富裕不仅是经济问题，同时也是关系民心进而关乎党的执政基础的重大政治问题。实现全体人民精神生活共同富裕，必将使我们党拥有不竭的力量源泉，在推动全体人民精神生活共同富裕上取得实质性进展。

第三节　把握历史主动需要马克思主义

这是指思想力量对社会历史发展具有的重要性。

全面系统总结中国共产党百年奋斗的重大成就和历史经验可以发现，我们党是否把握社会历史主动，直接决定着党和国家事业的兴衰成败，而能否把握社会历史主动，关键在于是否坚持马克思主义科学理论的指导。思想主动是最大的主动，思想的力量见之于能否把握社会历史主动问题上。我们要以思想的力量激扬奋进的力量，以思想的主动把握社会历史的主动。

一、拥有历史主动精神需要马克思主义理论指导

最典型的案例，当属中国共产党是如何积极主动应对西方现代化运动和潮流冲击的。

（一）西方现代化的演进逻辑

现代化运动是自西方工业革命开启的，工业革命、市场经济、资本逻辑和政治民主等，是西方开启现代化运动的标志性符号。马克思、恩格斯的《德意志意识形态》、《共产党宣言》等著作，分析、揭示、阐述了西方现代化运动和潮流开启的内在机理。《德意志意识形态》主要揭示、分析和阐述了生产力、资本、世界市场、普遍交往（世界交往）所开辟的世界历史，使地域性历史转变为世界历史。[1]《共产党宣言》主要揭示、分析和阐述了生产工具、大工业、世界市场、世界交往"创造出一个世界"，一个具有"统一性"的世界。[2]西方开启的现代化运动和潮流极大地推动了生产力发展和人类文明发展，促进地方历史、民族历史转变为世界历史。马克思、恩格斯在《共产党宣言》中指出："资产阶级在它的不到一百年的阶级统治中所创造的生产力，比过去一切世代创造的全部生产力还要多，还要大。"[3]然而，西方现代化发展历程却逐渐导致无产阶级和资产阶级的对立、先发型现代化国家和后发型现代化国家的对立，导致人和自然的疏离、人和社会的

---

[1] 中共中央马克思恩格斯列宁斯大林著作编译局编译：《马克思恩格斯选集》第一卷，人民出版社 2012 年版，第 166–169 页。

[2] 中共中央马克思恩格斯列宁斯大林著作编译局编译：《马克思恩格斯选集》第一卷，人民出版社 2012 年版，第 401–406 页。

[3] 中共中央马克思恩格斯列宁斯大林著作编译局编译：《马克思恩格斯选集》第一卷，人民出版社 2012 年版，第 405 页。

疏离、人和人的疏离、人的身心疏离。马克思从资本批判和理性批判展开"资本现代性批判"，注重对以理性为基础的现代性的全面颠覆。马克思走向人本逻辑，后现代主义走向经典现代性的反题即多元逻辑，坚持注重感性、独特性、个体性、"多元论"和"非决定论"的世界观，本质上是对"不确定时代"的概括，动摇了"西方中心论"的哲学根基。

（二）中国对西方现代化的应对

现代化运动作为一种世界潮流，将各国卷入其中，实现现代化成为世界各国面临的共同命运，"它使未开化和半开化的国家从属于文明的国家，使农民的民族从属于资产阶级的民族，使东方从属于西方"[①]。西方一些现代化理论以"传统—现代"为解释框架看待先发型现代化国家和后发型现代化国家之间的关系，强调在实现现代化问题上，后发型现代化国家必须依附于先发型现代化国家，其中蕴含着"西方中心论"的逻辑。西方现代化潮流冲开了中国大门，对清朝末年的中国产生强烈冲击，也加速了晚清的没落。面对冲击，由于思想局限、政治局限、阶级局限和历史局限，也由于西方的影响，近代中国开始的是一次次被动式的防御性的回应。

第一次回应是洋务运动，主要是在"器物"层面对西方现代化的回应。清朝末年遭遇了西方现代化潮流的冲击，西方的洋枪洋炮打开了中国的大门。以曾国藩、李鸿章、左宗棠、张之洞为主要代表，强调引进西方的武器装备，学习西方的科学技术，兴办洋务，兴办军工企业和钢铁工业，生产洋枪洋炮和舰船。与之相应，也提出了理论主

---

① 中共中央马克思恩格斯列宁斯大林著作编译局编译：《马克思恩格斯选集》第一卷，人民出版社 2012 年版，第 405 页。

张，即张之洞强调的"西学为用"。洋务运动在性质上是晚清内部部分官僚为了挽救其封建统治，从器物层面向西方学习的自救自强的改革运动。

第二次回应是戊戌变法，主要是在"制度"层面对西方现代化潮流的回应，是君主立宪的改良主义。戊戌变法运动的代表人物是康有为、梁启超、严复、谭嗣同等主张君主立宪的改良主义者。戊戌变法在性质上是资产阶级的爱国救亡的政治改良运动，其目的是学习资本主义的政治、经济、社会、文化、教育等制度以取代封建专制的政治体制，在一定程度上从制度层面推动了中国的现代化。但由于改良者不敢否定封建专制，对帝国主义抱有幻想，戊戌变法最终以失败告终。这说明仅依靠资产阶级自上而下的改良道路来实现中国现代化是行不通的。

第三次回应是辛亥革命。它与戊戌变法有异曲同工之处，都以西方文明为借鉴对象，都是在"制度"层面对西方现代化潮流的回应。但也有区别，戊戌变法主要是从局部对封建专制政治制度进行带有资本主义性质的改良，而辛亥革命则依靠早期现代化的中坚力量——既具有强烈爱国主义精神又接受西方政治观念的新式知识分子，提出了系统的、契合现代化发展需要的、以实现民族独立和政治民主化为目标的政治纲领和"三民主义"。它最终推翻了封建君主专制制度，为中国从农耕文明向工业文明转变提供了契机，促进了经济现代化，也为中国经济发展指出了走向工业化和现代化的道路。辛亥革命的教训，就是没有认识到仅仅依靠新式知识分子在半殖民地半封建的中国历史条件下建立资产阶级共和国是行不通的，必须重新寻找新的救国救民的正确道路。

第四次回应是五四运动，主要是在"文化"层面的回应。五四运动是一场以青年学生为主，广大群众、市民、工商人士等阶层共同参与的反对帝国主义、封建主义的爱国运动。其积极意义，是为马克思主义在中国的传播创造了条件，为推进中国现代化提供了思想文化基础。

第五次回应是中国共产党诞生及其对"道路"的探寻。这种回应，一改过去几次那种被动防御性的回应为积极主动的应对。这次回应，首要是在"思想"层面，那就是积极主动地推进马克思主义中国化，把马克思列宁主义基本原理同中国具体实际相结合，把马克思列宁主义作为中国共产党的指导思想，具有了先进思想引领。历史表明，社会历史大变革的时代，一定是人类思想大发展的时代，人类社会历史的每一次重大转折和跃迁，都离不开思想作为先导。马克思主义的诞生就是人类思想史上一个伟大的事件，中国共产党在中国历史转折的重要时期选择了马克思列宁主义。其次是在"领导组织"层面，马克思列宁主义与中国工人运动相结合产生了中国共产党，具有了先进组织领导。再次是建立起马克思主义中国化同"中国道路"的本质联系，从根本上积极探寻解决中国问题的中国道路。其中，正是有了马克思列宁主义，才使我们党掌握了历史主动。

在马克思列宁主义指引下，中国共产党对"中国道路"的探寻，经历了从"走自己的路"，到"中国特色社会主义道路"，经"中国式现代化新道路"，再到"中国式现代化"的历史演进，最终从自己的实践生成中确立了"道路主体性"，走出了"东方从属于西方"的框架，且为人类实现现代化提供了新的选择。

中国特色社会主义进入新时代，站在历史正确的一边并进一步把握社会历史主动，就必须与时俱进地继续深入推进马克思主义中国化时代化。只有善于运用马克思主义的立场、观点、方法观察时代、把握时代、引领时代，牢牢掌握意识形态工作领导权，才能为开创党和国家事业新局面提供坚强思想保证和强大精神力量。纵观百年党史，我们党之所以能够领导人民在一次次求索、一次次挫折、一次次开拓中完成中国其他各种政治力量不可能完成的艰巨任务，根本在于坚持把马克思主义基本原理同中国具体实际相结合、同中华优秀传统文化相结合，坚持解放思想、实事求是、与时俱进、求真务实，及时回答中国之问、世界之问、人民之问、时代之问，不断推进马克思主义中国化时代化，从而进一步掌握历史主动。

总结中国实现社会主义现代化的历程可以看出，中国共产党对西方现代化运动和潮流的积极主动应对，其中最为根本的，就是中国共产党拥有马克思主义、中国化时代化的马克思主义这一先进思想做引领，用马克思主义的科学世界观和方法论分析解决问题，从而使党掌握了"看家本领"，提升了党的领导力，把握了中国实现社会主义现代化的历史主动。

二、总结历史经验需要哲学思维

这里的历史经验，主要指中国共产党百年奋斗积累起来的社会历史发展经验。

我们党善于运用哲学总结历史经验。党的十九届六中全会通过的《决议》，其核心内容之一，是运用唯物史观和正确党史观，系统总结党百年奋斗的重大成就和历史经验。其中，如何运用哲学思维总结社会历史发展经验，是一个十分重要并需要进一步探究的问题。这里体现出哲学思想的力量。

总结党的百年奋斗历史经验，首先需要一种"解释方法"或"分析框架"。这种"解释方法"或"分析框架"就是坚持正确的党史观。

正确的党史观之所以"正确"，在于它以唯物史观为哲学基础。唯物史观是分析一切社会历史最根本并具有总体性的方法论，它在党史领域的具体运用，内在要求坚持正确党史观。唯物史观和正确党史观是系统总结党百年奋斗的历史经验必须坚持的哲学方法论，也是《决议》所讲的十条历史经验的哲学基础。这十条历史经验的哲学基础，就是唯物史观和正确党史观。

（一）大历史观与历史经验

习近平同志在全党党史学习教育动员大会上正式提出大历史观。他指出，要"树立大历史观，从历史长河、时代大潮、全球风云中分析演变机理、探究历史规律，提出因应的战略策略，增强工作的系统性、预见性、创造性"，并强调要"进一步把握历史发展规律和大势，始终掌握党和国家事业发展的历史主动"。[①]

基于习近平同志的重要论述，可以从历史时间、历史空间、历史主题、历史规律四个层面来理解大历史观的基本含义。首先，在历史时间上，大历史观跳出特定的历史发展阶段，把特定历史发展阶段置于历史发展的过去、现在、未来之大的历史长河当中进行思考分析，这是基于长远视野的长远史观；其次，在历史空间上，大历史观跳出特定的历史空间，把特定的历史空间放在世界历史发展的进程中进行思考分析，这是基于宽广视野的世界史观；再次，在历史主题上，大历史观跳出具体的历史细节和片段，用历史发展主题统领各种历史细节和片段，这是基于完整视野的整体史观；最后，在历史规律上，大历史观跳出历史现象，走向历史深处，从历史发展的本质与规律把握历史现象，这是基于纵深视野的规律史观。

① 习近平：《在党史学习教育动员大会上的讲话》，《求是》2021年第7期。

我们要结合大历史观来理解和把握《决议》提出的十条历史经验。总体来讲，这十条历史经验都是基于长远视野、宽广视野、整体视野、纵深视野，从我们党的百年奋斗历程中提炼概括出来的。具体来说，基于长远视野、整体视野看待党的百年奋斗历程，这十条历史经验不仅贯穿党的百年奋斗历程的始终，而且都聚焦于、服务于实现中华民族伟大复兴战略全局，还在党的百年奋斗历程中具有根本性、全局性，贯穿于我们党百年奋斗历程的全过程、各方面。

（二）历史辩证法与历史经验

历史辩证法，既要求我们全面、系统地看待党史，又要求我们用发展的眼光看待党史，把党的百年奋斗历程看作一个聚焦于、服务于实现中华民族伟大复兴战略全局的有机的系统整体，不能片面地只见树木不见森林，只抓历史细节、历史片段而漠视甚至否定整体，在注重全面、系统、整体看待历史的同时，要抓住发展中的重点、主流、本质、根本，不能局限于历史细节、历史片段、历史碎片而不能自拔，不能割断历史，更不能用支流否定主流、用局部否定整体、用历史表象否定历史根本、用党在某一历史时期的某种失误否定党的本质。如果这样做，那就是历史虚无主义，是一种错误的历史观。

《决议》所讲的十条历史经验，都是运用历史辩证法总结概括出来的，都体现着全面性、系统性和整体性，并贯穿党百年奋斗的全过程、各方面。从抓重点、抓主流、抓本质、抓根本的角度看待我们党的百年奋斗历程积累的历史经验，都是贯穿我们党百年奋斗历程中的根本、主流，体现了我们党的本质。

（三）历史比较法与历史经验

这里所讲的历史比较法，是指在关乎"政党"、"人民"与"道路"、"理论"、"制度"、"文化"等具有根本性的重大问题上进行历史比较。比较辨真伪，比较辨是非，比较辨善恶，比较辨优劣。通过比较，就能识别道路、理论、制度、文化的优劣，识别哪一个政党是具有先进性和坚强领导核心、领导力的政党。

《决议》提炼概括的十条历史经验都具有比较优势，体现了历史比较法。坚持党的领导，表达了中国共产党是当今世界上最强大的政党，它具有鲜明的政治领导力、思想引领力、群众组织力、社会号召力。坚持人民至上，表达的是中国共产党是世界上所有政党中最讲"人民至上"的，它在本质上就是"人民政治"，把民心看作最大的政治，把人民答应不答应、欢迎不欢迎、拥护不拥护作为评价的根本标准。坚持理论创新，表明的是世界上只有中国共产党，才真正把马克思主义基本原理同中国具体实际相结合、同中华优秀传统文化相结合，创新发展了马克思主义，创立和形成了民族化的马克思主义及其理论创新成果，并把这种理论创新成果作为指导思想，不断推进马克思主义中国化时代化。坚持自我革命，体现的是中国共产党具有高度的战略清醒和战略自觉，勇于自我革命，敢于"拿手术刀"并"刀刃向内"，向自身存在的突出问题开刀，反对形式主义、官僚主义，致力于保持自身的先进性和纯洁性。

（四）历史主客体统一方法与历史经验

历史主客体统一方法，是指坚持社会历史主体和历史客体的有机统一，既要看到二者的区别，也要看到二者的联系。

　　唯物史观强调，社会历史是从事历史活动的人所创造和推动的，社会历史是千百万人民群众的事业。同时，社会历史也是一个自然历史过程，有自身的发展规律。因此，社会历史是主客体的统一而推进发展的。这就要求我们在总结社会历史发展经验的时候，运用历史主客体辩证法，从主客体辩证统一的关系上进行总结，既要看到社会历史发展的"客观"方面，也要看到社会历史发展的"主体"方面。

　　我们要不断推进自身进步，肩负历史使命，更好地实现历史目标，完成历史伟业，就应当更加自觉主动地从主观、主体方面入手，认真总结经验教训。唯有归因向内，才能向外成长。我们主张多从自身找原因，这有助于我们自觉主动完善自身、发展自身，进而把事业做好；反之，如果我们总是把出现的教训归结到"客观"原因上去，而不从主观找原因，这不仅是推卸责任，而且会错过"悔过自新"、"完善自身"、"不断成长"的机会。

　　此外，还需要运用系统观念来总结历史经验。系统观念之本质特征，就是要注重事物的系统、整体，注重事物内部各要素之间的关系、秩序。《决议》提炼概括的十条历史经验，就是运用系统观念的结果。这十条历史经验是一个有机的系统整体，彼此之间相互贯通、相互作用。要理解和把握其中某一条历史经验，一定要结合其他九条历史经验。如果把其中任何一条历史经验从其他九条历史经验中割裂出去，那么这条历史经验就是抽象的，是难以真正有效发挥作用的。

三、谋大局、应变局、开新局需要创新思维

　　新时代社会历史发展的一个重要特征，就是注重谋大局、应变局、开新局。2023年4月，习近平同志在主持召开二十届中央全面深化改革委员会第一次会议时强调："今年是全面贯彻党的二十大精神的开

局之年也是改革开放 45 周年和党的十八届三中全会召开 10 周年。实现新时代新征程的目标任务,要把全面深化改革作为推进中国式现代化的根本动力,作为稳大局、应变局、开新局的重要抓手,把准方向、守正创新、真抓实干,在新征程上谱写改革开放新篇章。"①

要做好谋大局、应变局、开新局的工作,就必须坚持战略思维、历史思维、系统思维、辩证思维,尤其是创新思维。

一是坚持战略思维。战略思维,用大众化的语言来表达,就是避免坐井观天、洞穴思维。谋大局、应变局、开新局是一个局面问题,缺乏战略思维,是难以谋划大局、应对变局和打开新局的。要跳出局部从全局看局部,不局限于局部,具有宽广视野。

二是坚持历史思维。谋大局、开新局,不能忘记过去,不能忘记本来,必须考虑过去的基础,现在是过去的延续;应变局必须立足"现在";开新局既不能忘记本来,也需要汲取过去的经验教训,更需要前瞻"未来"。历史思维讲的是谋大局、应变局、开新局的历史必然性及其内在历史逻辑。

三是坚持系统思维。谋大局、应变局、开新局,首先要搞清楚影响谋大局、应变局、开新局的基本要素;然后把这些要素调整为一种最佳的顺序、比例、关系,即结构。同时,还要把谋大局、应变局、开新局三者看作一个系统整体,使它们之间彼此理解、互相成就。

四是坚持辩证思维,就是讲对立与统一,这实际上是一种逆向思维、互补思维、换位思考。谋大局,就要辩证处理好事物之间、事物各要素之间的对立统一关系;应变局,就要辩证处理好事物发展变化过程中所出现的各个要素、各种事物之间的辩证关系;开新局,就要辩证处

---

① 2023 年 4 月 21 日,习近平在二十届中央全面深化改革委员会第一次会议上的讲话。

理好影响事物发展前景的各个要素、各个事物之间的辩证关系。同时，还要进一步辩证地处理好谋大局、应变局、开新局之间的统一关系。

五是坚持创新思维。创新思维，就是破除旧规、开创新局的思维。谋大局的目的是应变局、开新局，应变局的目的也是开新局，开新局需要谋大局、应变局。这里，开新局就至关重要了。要开好新局，就需要在谋大局、应变局中，以创新思维对未来发展作出全方位的思考，并以创新思维开展实际行动。缺乏创新思维，是不可能谋大局、应变局，尤其是开新局的。

第四节　凝聚民心民力需要思想武装

这是指思想力量在面对人民上具有的重要性。

人民群众是需要组织起来的。组织民众，既需要有强有力的政治组织和领导力量，也需要有一种为人民立言、代言的思想理论，用这种思想理论武装人民，就能够凝聚民心民力，统一全体人民的思想意志，激励广大人民群众为伟大的事业共同奋斗。

一、破除思想僵化需要思想武器

历史的进程从哪里开始，思想的进程就从哪里开始。一部人类发展史，从某种意义上说就是一部思想发展史，就是一部在思想解放中不断打开人类文明进步大门、增强人类文明发展动力的历史。中国共产党是一个高度重视思想解放的马克思主义政党，它在一次又一次的思想解放中拓展通向真理的道路，推动党和国家事业的发展。习近平同志指出："冲破思想观念的障碍、突破利益固化的藩篱，解放思想是首要的。"①

在一定历史发展时期，总会有一部分人存在思想僵化问题，思想僵化会阻碍国家发展和社会进步。由此，就需要解放思想，而解放思想，就需要思想武器和理论武装。

在新民主主义革命时期，党内出现了关于中国革命道路问题的争论，这种争论在当时党内和社会上产生了重大影响。这就是：是从书本中寻求中国革命道路的答案，还是从马克思主义同当时中国具体实际的结合中探寻中国革命的道路？这种争论虽然是在党内进行的，但它对人民群众是有影响的。在革命道路问题上，错误的结论需要人民群众识别，正确的结论需要得到人民群众支持，这里有一个对人民群众的思想引导问题。当时的争论存在两种观点：一种是以王明为代表，主张从书本中寻求中国革命道路的答案，提出中国革命的道路是城市武装暴动；另一种是以毛泽东同志为主要代表，强调中国革命的道路只能是农村包围城市、武装夺取政权。这两种观点在广大人民群众中都有一定影响。以毛泽东同志为主要代表的中国共产党人从思想理论和实践探索两个方面积极探寻中国革命道路：思想理论方面，就是通过认真深入学习、研究马克思主义经典著作，强调从普遍性和特殊性、理论和实践的结合中探寻中国革命道路；实践探索方面，就是注重从中国客观存在的具体实际出发探寻中国革命道路。同时，以毛泽东同志为主要代表的中国共产党人还积极主动用马克思列宁主义教育、引导人民群众，对人民群众作出有效的解释，最终使广大人民群众接受了以毛泽东同志为主要代表的中国共产党人的理论观点，接受了毛泽东思想。这里，广大人民群众接受以毛泽东同志为主要代表的中国共产党人的理论观点和毛泽东思想从而解放思想，对确立正确的中

---

① 习近平：《论坚持全面深化改革》，中央文献出版社 2018 年版，第 42 页。

国革命道路发挥着重要作用。

在社会主义革命和建设时期，党内出现了关于社会主义建设道路问题的争论。这就是：是从传统苏联式的社会主义出发寻求中国社会主义建设道路的答案，还是从当时中国的具体实际出发探寻中国社会主义建设道路？这种争论虽然也在党内进行，但对广大人民群众也有影响。基于此，当时毛泽东同志写了《论十大关系》等重要论著，阐发了正确的思想，并用正确思想武装、教育、引导广大党员干部乃至人民群众。广大党员干部、人民群众逐渐接受了这种正确思想，从而使"走自己的路"成为主导。

在改革开放和社会主义现代化建设新时期，党内出现了关于现代化建设道路问题的争论。当时这种争论主要在党内进行，后来延展到社会上。其主要有两种观点：一种观点认为，西方最先迈入现代化社会，走在现代化的潮头，在现代化建设上取得了重大成果，为我们树立了榜样，中国要走向现代化，就要走西方现代化之路；另一种观点强调，虽然中国要搞现代化，但所建设的是社会主义现代化，中国的现代化道路要从中国具体实际出发去探寻，这就是要坚定不移走中国特色社会主义现代化道路，以中国特色社会主义道路实现社会主义现代化。具体来讲，这就是当时在所有制和市场经济问题上"姓社姓资"的争论。这场争论在社会同时也在人民群众中产生较大影响，广大专家学者、人民群众都关注这场争论。当时，党内教条主义、本本主义的僵化思想较为严重。在这场争论中有两种基本观点：一是坚持"两个凡是"，从毛泽东的语录和言论中找结论。二是强调实践是检验真理的唯一标准，注重从社会实践及其实际效果中找结论。这场争论是通过全国"真理标准"大讨论开启的，且异常激烈。在这种情境下，以邓小平同志为主要代表的中国共产党人坚持"真理标准"或"实践标准"，提出了判断"姓社姓资"的根本标准，即"三个有利于"，以求用具有实践效果的标准打破"两个凡是"的思想禁锢；提出"实践是检验真理的唯一标准"，对推动全党全国人民的思想解放进而凝聚民心民力发挥了积极推动作用，也推动了国家发展和社会进步。实践和事实表明：思想解放的力量对推动国家发展和社会进步，对凝聚民心民力，是十分重要的。

党的十八大以来，中国特色社会主义进入新时代。新时代，党的创新理论更加丰富和完善，思想力量进一步彰显，马克思主义中国化时代化也进一步加强。新时代注重强国建设、民族复兴与和平发展、合作共赢，以及丰富人民精神世界、增强人民精神力量的具体实际，把中华优秀传统文化的时代价值和世界意义彰显出来。因此，在新时代，主要是围绕如何对待中华传统文化、如何理解马克思主义基本原理同中华优秀传统文化相结合展开了热烈讨论。在这一问题上，传统观点认为：中华传统文化是为传统封建专制服务的，目的是维护封建统治秩序，虽然其中不乏一些值得汲取的合理因素，但其过于注重权力、奉行官本位的思想观念却是糟粕，难以支撑新时代的强国建设、民族复兴，反而是一种障碍。这一传统观点不仅影响了许多人，而且根深蒂固。究竟如何看待和评价中华传统文化？这需要正确的思想引导。党的十八大以来，以习近平同志为核心的党中央依据新时代中国具体实际，重新认识、评估和对待中华传统文化，提出一系列重要思想观点，如：坚定文化自信；要对中华优秀传统文化实行创造性转化和创新性发展；坚持和发展马克思主义必须同中华优秀传统文化相结合；只有植根本国、本民族历史文化沃土，马克思主义真理之树才能根深叶茂；中华优秀传统文化源远流长、博大精深，是中华文明的智慧结晶；中华优秀传统文化同科学社会主义价值观主张具有高度契合性，马克思主义与中华优秀传统文化能相互成就；中华优秀传统文化是"根脉"；中华文明具有连续性、创新性、统一性、包容性、和平性特质；要构建中国式现代化的文化形态，建设中华民族现代文明，创造人类文明新形态；等等。基于上述认识和理解，习近平同志又进一步强调，"'第二个结合'是又一次的思想解放"。这就破除了过去人们对中华传统文化以及对中华优秀传统文化的片面、肤浅的认识和理解，提升了中华优秀传统文化在推进马克思主义中国化时代化，在推进理论创新、理论建设中的时代地位和作用。

这里，"解放思想"、"冲破思想僵化"就彰显了思想的力量。

二、解决思想分化问题需要统一思想

解决思想分化问题同样需要理论武装和思想武器，即需要统一思想。习近平同志指出："解放思想的过程就是统一思想的过程，解放思想的目的是更好统一思想。思想统一了，才能最大限度凝聚改革共识，形成改革合力。"①

回顾党的百年奋斗历程可以发现，中国共产党之所以能够历经艰难困苦不断发展壮大，一个重要原因，就是我们党始终重视思想建党、理论强党，使全党始终保持统一的思想、坚定的意志、协调的行动、强大的战斗力。这也是思想建党的一个核心内容。习近平同志强调："保证党的团结统一是党的生命，也是我们党能成为百年大党、创造世纪伟业的关键所在。"②在党的历史上，在重大历史关头和面对复杂局面时，党中央历来号召"全体同志必须群策群力，统一思想、统一

---

① 中共中央文献研究室编：《习近平关于全面深化改革论述摘编》，中央文献出版社 2014 年版，第 38 页。

② 习近平：《习近平著作选读》第二卷，人民出版社 2023 年版，第 554 页。

意志、统一行动"①。如果没有"三个统一",我们党和国家的事业就不可能取得成功。

1978 年,我国实行改革开放。要实行改革开放,就必须打破僵化思想观念的束缚进而解放思想。当时我们强调较多的,就是解放思想、解放人、解放生产力,为人松绑。解放思想,确实大大推进了改革开放。

"开放",在当时许多领域,尤其是经济领域和思想领域意味着某种"放开"。"放开",使我们敢闯敢干敢为天下先,杀出了一条血路,迈开了现代化建设的步伐,而且也带来了经济繁荣和社会进步。

这里需要展开说明的是,由于当时是一种主张"放开"的大环境,所以对人的约束和管控就相对弱一些,这便使"放开"在有些人那里变成了"放松",即放松了对人的世界观、人生观、价值观的教育;也由于当时的法治、德治、自治没有完全跟进,结果在一些人身上,"放松"却演变为"放任",甚至"放纵"和"放肆",这就严重影响了政治生态、社会生态与社会秩序,使社会上出现了思想分化和社会失序的情境,如党内的政治生态、军队的政治生态和自然生态等都遭到破坏,社会上也出现思想分化。思想一旦出现分化,就会动摇党执政的思想根基。

党的十八大以来,党中央着力解决党内和社会上出现的思想分化问题。解决这一问题的根本途径,总的来说,就是用习近平新时代中国特色社会主义思想武装全党,用中国式现代化理论破除对西方现代化和"西方中心论"的迷思,用创造人类文明新形态理论破解"文明冲突论",用全人类共同价值破除"普世价值",用构建人类命运共

---

① 中共中央文献研究室编:《建国以来重要文献选编》(第十三册),中央文献出版社 1996 年版,第 511 页。

同体理念超越单边主义，用中国理论阐释中国道路，进而用中国理论统一思想。

怎么才能做到进一步统一思想呢？这需要展开分析。

西方意识形态的背后是"西方中心论"。朝鲜战争结束后，美国开始总结反思，并悟出一个道理：战场上消灭不了你的身，就要用文化消灭你的心。1953年，以美国杜勒斯为代表的一批智囊开始谋划文化攻心战略。其文化攻心术大致分为四个步骤，这四个步骤环环相扣、步步深入，具有严密逻辑：第一步，让中国人崇拜西方标准。他们制定了许多标准，标榜这是世界上最先进、最文明的，让中国人崇拜这些标准。1978年以后，确实有些人在某些方面崇拜西方标准，向西方标准看齐。第二步，用西方标准裁判中国，让中国自己得出结论："西方的月亮比中国的圆。"一段时间以来，确实有些人在一些领域用西方标准裁剪中国，说中国这也不行、那也不好；有些人完全成了西方的学徒，失去了中国的独立性、自主性、主体性，缺乏民族自信；有些人读西方的书比较多（一定意义上当然是必要的），而对中国文化的经典读得不多，对党的创新理论读得不多，对中国发展的现实逻辑和中国问题研究得不够深入。第三步，既然认为"西方的月亮比中国的圆"，那就会产生历史虚无主义、文化虚无主义，于是就用历史虚无主义、文化虚无主义否定中国的历史、文化、传统，否定领袖、否定英雄，甚至否定党的领导。在党的十八大以前，历史虚无主义、文化虚无主义在中国一些领域较为盛行，其实质就是造成我们的思想分化，动摇我们党执政的思想根基。第四步，就是借助渗透和打压"不战而胜"。

对此，我们必须时刻保持警醒并积极应对和击碎其"西化"和"分化"图谋。党的十八大以来，以习近平同志为核心的党中央特别强调加强党的意识形态建设工作。2016 年 5 月 17 日，中央召开哲学社会科学工作座谈会，习近平同志发表了重要讲话。该讲话有三个核心论点：一是从政治期待、时代期待来讲，强调这是一个需要理论而且一定能够产生理论的时代，是一个需要思想而且一定能够产生思想的时代，不能辜负了这个时代。二是从现实角度来讲，习近平同志在对 30 多年来中国哲学社会科学领域所取得的成就给予高度肯定的同时，又讲到了我国学术界、理论界存在的问题，即某些理论在解答中国实践、中国经验、中国问题时显得"肌无力"，马克思主义在某些领域失去话语权。三是习近平同志用"加快"二字，强调加快构建中国特色哲学社会科学的紧迫性，强调要积极构建中国理论。从政治角度讲，我们所要构建的中国理论之核心，就是习近平新时代中国特色社会主义思想。我们需要用这一思想统一思想。

三、团结奋斗需要共同思想基础

强国建设、民族复兴，需要全国各族人民团结奋斗，而要使全国各族人民像石榴籽一样紧紧抱在一起，就需要为广大人民群众的团结奋斗奠定共同思想基础。这种共同思想基础，对全国各族人民团结奋斗而言，能彰显出强大的思想力量。

人民群众是需要组织起来、统一行动的。其中首要的，就是用先进的思想理论把广大人民群众组织起来、凝聚起来。中国特色社会主义进入新时代，我们的奋斗目标就是强国建设、民族复兴。为此，就必须注入强大的思想力量。

思想理论之所以重要，是因为思想理论具有伟力。其一，思想理论是行动的指南。我们每个人每天都在行动，要从事许多实践活动。人的正确行动和活动不是盲目自发的，而是自主自觉的，人的自主自觉活动来自思想理论的指导，且只有具有正确思想理论指导的行动和实践活动才能取得成功。其二，人们的思想水平、理论思维水平影响着人们的行动和活动水平。其三，解释世界和改变世界都需要思想理论指引。人类活动千差万别、千头万绪、错综复杂，但归根结底，从哲学上讲就是认识（解释）世界和改变世界。认识（解释）世界是改变世界的前提。要正确认识和解释事物和对象，认识和解释世界，就必须树立科学的思想观念。其四，人们的一切活动都需要思想理论支撑，从事活动的人都需要思想理论武装。人们时时刻刻都在从事经济活动、政治活动、文化活动、社会活动以及意识形态活动等，人们所从事的各种活动都需要思想理论支撑。其五，思想理论的影响力深刻而长远。人们一旦掌握一种思想理论，就会对其活动产生叩击心灵的深远影响。

正因为思想具有如此的力量，所以需要为人们的团结合作奠定共同的思想基础，进而凝聚思想共识。

第五节　解答"四大之问"需要中国理论

这是指思想力量对解答"四大之问"从而开辟马克思主义中国化时代化新境界的重要性。

思想力量和理论伟力，不仅体现在被广大人民群众所掌握并成为人民群众手中的思想武器，从而变成强大物质力量，而且体现在它能解答中国之问、世界之问、人民之问、时代之问。

习近平同志多次强调要不断回答中国之问、世界之问、人民之问、时代之问，要对此作出符合中国实际和时代要求的正确回答，并从总体上为解答"四大之问"指明方向、提供思路。回答"四大之问"意义重大，涉及不断开辟马克思主义中国化时代化新境界，进而始终保持马克思主义的蓬勃生机和旺盛活力的问题。迄今为止，我国理论界对"四大之问"还没有给出一个相对精准和完整的解释。因此，我们需要结合习近平同志的相关重要论述，进一步全面深入准确地揭示和阐释"四大之问"的基本含义及其实质。

一、"中国之问"之解

"中国之问"内涵丰富，习近平同志对此做过重要论述，我国理论界也在探究。作为一个重要表述，当今还需要进一步明确"中国之问"的具体内涵。

习近平同志指出："当代中国正在经历人类历史上最为宏大而独特的实践创新，改革发展稳定任务之重、矛盾风险挑战之多、治国理政考验之大都前所未有，世界百年未有之大变局深刻变化前所未有，提出了大量亟待回答的理论和实践课题。"[①]"我们要增强问题意识，聚焦实践遇到的新问题、改革发展稳定存在的深层次问题、人民群众急难愁盼问题、国际变局中的重大问题、党的建设面临的突出问题。"[②]这里，习近平同志主要从宏观上为揭示"中国之问"提供了方向和思路，即从坚持和发展中国特色社会主义、从新时代党和国家事业发展面临的一系列重大理论和实践问题上提出了"中国之问"。

依据习近平同志的相关重要论述，以及我国理论界的研究成果，"中国之问"注重的是"中国化"叙事，强调马克思主义必须同中国具体实际相结合。它具有以下五层内涵：一是在新时代坚持和发展什

[①] 习近平：《习近平谈治国理政》第四卷，外文出版社 2022 年版，第 29-30 页。

[②] 习近平：《高举中国特色社会主义伟大旗帜　为全面建设社会主义现代化国家而团结奋斗——在中国共产党第二十次全国代表大会上的报告》，人民出版社 2022 年版，第 20 页。

么样的中国特色社会主义、怎样坚持和发展中国特色社会主义。二是在新时代建设什么样的社会主义现代化强国、怎样建设社会主义现代化强国。三是在新时代建设一个什么样的长期执政的马克思主义政党、怎样建设一个长期执政的马克思主义政党。四是在新时代要解决什么样的社会主要矛盾及其蕴含的根本问题、怎样解决这一社会主要矛盾及其蕴含的根本问题，不断满足什么样的人民日益增长的美好生活需要、怎样满足人民日益增长的美好生活需要。五是在新时代应具备什么样的精神状态、怎样培育这种精神状态。

毫无疑问，就"新时代党和国家事业发展面临的重大理论和实践问题"而言，新时代坚持和发展什么样的中国特色社会主义、怎样坚持和发展中国特色社会主义，其实质讲的是"中国之路"，简称"道路之问"。这是"中国之问"的第一个内容。

新时代党和国家事业发展面临的一系列重大理论和实践问题，也可以从新时代的社会主要矛盾入手来揭示。新时代的社会主要矛盾，是人民日益增长的美好生活需要和不平衡不充分的发展之间的矛盾。怎样满足人民日益增长的美好生活需要，解答的是如何使人民过上美好幸福生活，简称"福民之问"。这是"中国之问"的第二个内容。

社会主要矛盾中所讲的不平衡不充分的发展，实质上是解决国家和民族"强不强"的问题，这是"强国之问"，与建设什么样的社会主义现代化强国、怎样建设社会主义现代化强国这一重大时代课题直接相关。这是"中国之问"的第三个内容。

打铁必须自身硬。无论是坚持和发展中国特色社会主义，还是建设社会主义现代化强国和使人民群众过上美好幸福生活，都需要建设一个长期执政的强大的马克思主义政党，这实质上是解决中国共产党如何使自身强大的问题，以及解决党的建设面临的突出问题，此可谓

"强党之问"。这是"中国之问"的第四个内容。

不仅如此，在回答举什么旗、走什么路、实现什么样的奋斗目标问题上，还有一个具备什么样的精神状态问题，即要具有永不懈怠、踔厉奋发、勇毅前行的精神状态，简称"精神之问"。这是"中国之问"的第五个内容。

解答"中国之问"，必须从中国基本国情出发，由中国人自己来解答。回答并指导解决问题，是理论的根本任务。今天我们所面临的问题的复杂程度、解决问题的艰巨程度明显加大，这对理论创新提出了全新要求。我们要增强问题意识，不断提出真正解决问题的新理念新思路新办法。习近平新时代中国特色社会主义思想，就是由中国人来解答我们中国自己的问题的理论，是解答"中国之问"的新理念新思路新办法。这一思想还要继续随着时代和实践的发展而不断创新，不断谱写马克思主义中国化时代化新篇章。

二、"世界之问"之义

关于"世界之问"，习近平同志有许多重要论述，我国理论界也在探究。

习近平同志指出，"当今世界正在经历百年未有之大变局。这场变局不限于一时一事、一国一域，而是深刻而宏阔的时代之变"①，"大变局带来大挑战，也带来大机遇，我们必须因势而谋、应势而动、顺势而为"②。就是说，当今世界正经历百年未有之大变局，世界进入新的动荡变革期，不稳定性不确定性更加突出，人类面临许多共同的风险挑

---

① 习近平：《习近平谈治国理政》第四卷，外文出版社 2022 年版，第 483 页。
② 中共中央党史和文献研究院编：《十八大以来重要文献选编》（下），中央文献出版社 2018 年版，第 10 页。

战。习近平同志又指出：当前，最迫切的任务是引领世界经济走出困境。世界经济长期低迷，贫富差距、南北差距问题更加突出。究其根源，是经济领域三大突出矛盾没有得到有效解决。一是全球增长动能不足，难以支撑世界经济持续稳定增长。二是全球经济治理滞后，难以适应世界经济新变化。三是全球发展失衡，难以满足人们对美好生活的期待。这些问题反映出，当今世界经济增长、治理、发展模式存在必须解决的问题。① 由此他强调："世界怎么了、我们怎么办？这是整个世界都在思考的问题，也是我一直在思考的问题。"② 党的十九届六中全会通过的《决议》指出，"党始终以世界眼光关注人类前途命运，从人类发展大潮流、世界变化大格局、中国发展大历史正确认识和处理同外部世界的关系"③，"必须坚持胸怀天下。中国共产党是为中国人民谋幸福、为中华民族谋复兴的党，也是为人类谋进步、为世界谋大同的党。我们要拓展世界眼光，深刻洞察人类发展进步潮流，积极回应各国人民普遍关切，为解决人类面临的共同问题作出贡献"④。

依据习近平同志上述相关重要论述，以及我国理论界研究相关成果，"世界之问"强调的是拓展"世界"眼光、"全球"视野，深刻洞察人类发展进步潮流，积极回应世界各国人民普遍关切，注重马克思主义必须同人类发展进步共命运。具体来说，"世界之问"有三大内涵：一是人类面临哪些共同问题，究竟遭遇哪些共同的风险挑战，人类发展的前途命运如何，中国如何为人类谋进步。二是世界究竟向

---

① 习近平：《习近平谈治国理政》第二卷，外文出版社 2017 年版，第 479-480 页。

② 习近平：《习近平谈治国理政》第二卷，外文出版社 2017 年版，第 537 页。

③《中共中央关于党的百年奋斗重大成就和历史经验的决议》，人民出版社 2021 年版，第 68 页。

④ 习近平：《高举中国特色社会主义伟大旗帜 为全面建设社会主义现代化国家而团结奋斗——在中国共产党第二十次全国代表大会上的报告》，人民出版社 2022 年版，第 21 页。

何处去，"世界怎么了、我们怎么办"，中国如何为世界谋大同。三是在 21 世纪"两制并存"的格局下，社会主义和资本主义如何相处，如何发挥社会主义制度的优越性、克服资本主义制度的弊端，中国如何为解决人类问题和世界问题作出贡献，推动建设更加美好的世界。

科学回答"世界之问"，首先要深刻认识和把握当今世界百年未有之大变局。

世界百年未有之大变局，带来的是整个世界大发展大变革大调整，使整个世界进入新的动荡变革期。这种新的动荡变革必然导致整个世界的不稳定不确定。这种不稳定不确定必然使整个人类面临世界性的系统性风险和挑战。面对这样的风险和挑战，人类发展的前途命运究竟如何？或者应怎样以胸怀天下的世界眼光关注人类发展的前途命运？这是"世界之问"的第一个内涵。

世界百年未有之大变局，必然导致世界力量在转移、世界格局在调整、世界话语在重构，世界各国都被卷入这种大变局、大变革、大调整、大转移、大重构的历史进程中。在这一世界历史进程中，若能抓住这种大变局的历史机遇，聚力解决习近平同志所讲的"三个突出矛盾"和难题，亦即当今世界经济增长、治理、发展模式问题，就会顺势而为、乘势而上，否则，就可能被历史淘汰出局。世界究竟向何处去？这个世界究竟怎么了、我们究竟怎么办？这是"世界之问"的第二个内涵。

世界百年未有之大变局，最关键的变量，是社会主义和资本主义两种道路、制度、意识形态的较量。资本主义道路、理论、制度和文化在根本上解决不了人类发展的前途命运和世界究竟向何处去的问题，难以真正解决"三个突出矛盾"和难题，也难以有效应对整个人类面临的世界性的系统性风险和挑战，反而会制造出许多问题。因为从学理来讲，资本主义道路、理论、制度和文化的哲学根基是"主客对立"、"主统治客"。基于"主客对立"、"主统治客"的哲学理念和范式，只能导致世界的对立、冲突和分裂，使整个世界陷入困境，而且其资本占有劳动并控制社会的资本主导逻辑，只能把整个人类和世界引入暴力、战争的歧途。这是一种通过战争、殖民、掠夺等方式实现现代化的老路，是一种损人利己、充满血腥且给广大发展中国家带来深重苦难的邪路。相反，只有社会主义，只有中国特色社会主义道路、理论、制度、文化的不断发展，才能以全球视野、世界眼光回答当今世界面临的重大问题，才能使中国站在历史正确的一边、站在人类文明进步的一边；它高举和平、发展、合作、共赢旗帜，积极参与全球治理体系改革和建设，积极构建人类命运共同体，在坚定维护世界和平与发展中谋求自身发展，又以自身发展更好维护世界和平与发展，进而为解决人类问题和世界问题贡献中国理论、中国智慧、中国方案、中国力量；世界的发展需要中国，中国的发展离不开世界。这里就涉及中国与外部世界的关系。显然，在 21 世纪"两制并存"的格局下，社会主义和资本主义如何相处，如何发挥社会主义制度的优越性、克服资本主义制度的弊端，中国应如何为解决人类问题和世界问题作出贡献，推动建设更加美好的世界？这是"世界之问"的第三个内涵。

回答"世界之问"，需要基于中国式现代化、人类文明新形态和构建人类命运共同体，创新发展 21 世纪马克思主义。

可以从五个维度理解和把握以 21 世纪马克思主义回答"世界之问"的理论内涵：一是 21 世纪马克思主义具有"原体"规定。它是与马克思主义本质相关的概念，属本源向度，即它首先是马克思主义。马克思主义的根本立场、价值取向、基本原理、方法原则、理想信念不能丢，丢了，21 世纪马克思主义就不是马克思主义。二是 21 世纪马克思主义具有"关系"规定。它是与现代化道路直接相关的概念，属反思超越向度，是在"深刻反思"西方现代化道路与拓展中国式现代化新道路、创造人类文明新形态基础上发展起来的。21世纪马克思主义，既要超越以资本至上为主导逻辑的各种现代性的西方资本主义话语，更要书写坚持人民至上的中国式现代化道路新篇章。[①] 三是21世纪马克思主义具有"过程"规定。它是与时间意识鲜明关联的概念，属时间向度，即承接过去、立足现在、面向未来。21世纪马克思主义，是与时俱进的马克思主义，离开与时俱进，就不是"21世纪"马克思主义。四是21世纪马克思主义具有"空间"规定。它是与空间明确相关的概念，属空间向度，是以"胸怀天下"的世界眼光立足中国、放眼世界和直面"两个大局"的马克思主义，舍此，21世纪马克思主义就成为"无源之水"。习近平同志指出，发展21世纪马克思主义必须立足中国、放眼世界。[②] 五是21世纪马克思主义具有"功能"规定。它是与解释和引领世界相关的概念，属话语向度，是为观察时代、把握时代、引领时代、解释21世纪世界并掌握话语权所贡献的科学理论体系。不然，21世纪马克思主义就不是"解释世界"、"引领时代"的马克思主义。

21世纪马克思主义是解答"世界之问"的中国理论，在解答"世界之问"上充分彰显思想的力量。之所以如此，就在于它提出的积极参与全球治理体系改革和建议、倡导的全人类共同价值、创造的人类文明新形态、积极携手共建的人类命运共同体等，都为回答"世界之问"贡献了中国智慧、中国理论和中国方案。

---

① 韩庆祥、张健：《深化研究习近平新时代中国特色社会主义思想的重要学理性问题》，《中州学刊》2023年第7期。

② 习近平：《习近平谈治国理政》第二卷，外文出版社2017年版，第65页。

三、"人民之问"之答

回答这一问题，需要精准且全面把握"人民之问"的含义。

习近平同志对坚持人民至上作出了一系列重要论述。他指出，"人民性是马克思主义的本质属性"[①]，"人民立场是马克思主义政党的根本政治立场"[②]，"百年来，我们党始终代表中国最广大人民的根本利益，坚守人民立场、维护人民利益，对人民之问作出科学回答"[③]；也指出，"人民对美好生活的向往，就是我们的奋斗目标"[④]，"江山就是人民、人民就是江山，打江山、守江山，守的是人民的心"；又指出，"中国式现代化是全体人民共同富裕的现代化。共同富裕是中国特色社会主义的本质要求，也是一个长期的历史过程。我们坚持把实现人民对美好生活的向往作为现代化建设的出发点和落脚点，着力维护和促进社会公平正义，着力促进全体人民共同富裕，坚决防止两极分化"[⑤]；还指出，"马克思主义博大精深，归根到底就是一句话，为人类求解放"[⑥]，"民之所忧，我必念之；民之所盼，我必行之"[⑦]。实际上，在习近平新时代中国特色社会主义思想科学体系中，"坚持

① 中共中央宣传部编：《习近平新时代中国特色社会主义思想学习纲要（2023 年版）》，学习出版社、人民出版社 2023 年版，第 295 页。

② 习近平：《习近平著作选读》第一卷，人民出版社 2023 年版，第 550 页。

③ 洪向华主编：《解码中国：科学回答中国之问、世界之问、人民之问、时代之问》，人民出版社 2023 年版，第 81 页。

④ 习近平：《论把握新发展阶段、贯彻新发展理念、构建新发展格局》，中央文献出版社 2021 年版，第 22 页。

⑤ 习近平：《习近平重要讲话单行本：2022 年合订本》，人民出版社 2023 年版，第 94 页。

⑥ 习近平：《在纪念马克思诞辰 200 周年大会上的讲话》，人民出版社 2018 年版，第 8 页。

⑦ 《国家主席习近平发表二〇二二年新年贺词》，《人民日报》2022 年 1 月 1 日。

人民至上"具有基础性、根本性、核心性的地位。

依据习近平同志相关重要论述，以及我国理论界研究的相关成果，"人民之问"强调的是人民性，它注重马克思主义必须与人民同呼吸，其实质就是为中国人民谋幸福。展开来讲，它具有三层含义：一是如何超越资本主导逻辑进而走向民本主导逻辑，着力维护和促进社会公平正义，推动人的全面发展。二是如何满足人民日益增长的美好生活需要，增进人民福祉，促进全体人民共同富裕，使改革发展成果、现代化建设成果更多更公平惠及全体人民，解决人民生活"美好不美好"的问题。三是如何在各个领域、各项工作中坚持人民至上、全面贯彻以人民为中心的发展思想。

首先，如何超越资本主导逻辑进而走向民本主导逻辑，着力维护和促进社会公平正义、推动人的全面发展问题，是"人民之问"的第一个内涵。

在《1844年经济学哲学手稿》、《共产党宣言》、《资本论》等著作中，马克思、恩格斯直面并批判资本主义社会的总问题是资本占有劳动并控制社会的逻辑，主张以无产阶级革命来实现人类解放、无产阶级解放和每个人自由而全面的发展。19世纪，马克思、恩格斯就是在破解这一总问题的进程中创立了马克思主义。这一总问题具有典型性，既涉及社会主义取代资本主义的历史必然性，也是不同历史时期马克思主义者致力解决的一个带有规律性的根本问题。马克思、恩格斯从理论上为解决这一问题提供了根本路径和方法原则，但需要后人从实践上予以破解。列宁以"利用和限制国家资本主义"、毛泽东以"资本主义工商业的社会主义改造"等，表达了对"资本和劳动关系"所采取的态度。在马克思主义中国化时代化历史进程中，新时代中国共产党人致力于在总体上、实践上创新性地破解这一根本问题。

这就是通过创造社会主义市场经济，坚持和发展中国特色社会主义基本经济制度（其意义在于用社会主义规制市场经济发展方向，即用市场经济激活生产要素，解放和发展社会生产力，同时避免贫富悬殊），贯彻新发展理念来实现的。[①] 资本是一种生产关系，进一步说，是基于资本主义生产关系的特殊权力，它首先是对劳动及其产品的占有权力，进而扩展为对经济、政治、文化、社会的控制权力。这种由生产关系转化为资本权力再转化为超经济权力，使资本最终成为凌驾于资产阶级社会之上的总体性权力。这种权力导致公平正义的缺失，阻碍人的全面发展。为解放和发展社会生产力，新时代中国共产党人正确认识和把握资本的增殖性、运动性、竞争性、独立性和自主性特性与逐利的行为规律，发挥资本作为生产要素的积极作用，合理利用和运作资本，注重资本投资对生产要素的聚集和拉动作用，支持和引导资本规范健康发展；资本也具有占有劳动并扩张的本性，易扭曲人的价值观，导致公平正义缺失，影响人的全面发展。在中国共产党领导下，我们强调"党的根基在人民、血脉在人民、力量在人民"[②]。由此，我国积极控制资本的消极作用，为资本设置"红绿灯"，依法加强对资本的有效监督，防止资本野蛮生长[③]，把资本主要控制在经济领域且有利于发展社会生产力的框架内；我们树立和贯彻新发展理念，维护和促进社会公平正义，促进人的全面发展。上述这些构成当代中国共产党人利用和运作资本，同时又致力于把超越资本占有劳动并控制社会的愿景变成现实的内在机理。这在世界社会主义发展史、马克思主义发展史上，致力于从总体上、实践上解决马克思主义创始人想解决但未完

---

① 韩庆祥：《21世纪马克思主义的基础性问题》，《中国社会科学》2022年第4期。
② 习近平：《习近平谈治国理政》第一卷，外文出版社2018年版，第367页。
③ 《中央经济工作会议在北京举行》，《人民日报》2021年12月11日。

全解决的一个带有规律性的根本问题。

其次，如何满足人民日益增长的美好生活需要，增进人民福祉，促进全体人民共同富裕，使改革发展成果、现代化建设成果更多更公平惠及全体人民，解决人民生活"美好不美好"的问题，是"人民之问"的第二个内涵。

我国改革开放以后的一段历史时期，我们党所解决的社会主要矛盾，是人民日益增长的物质文化需要同落后的社会生产之间的矛盾。党的十八大以来，中国特色社会主义进入新时代，我们党致力于解决的社会主要矛盾，是人民日益增长的美好生活需要和不平衡不充分的发展之间的矛盾。这意味着我国历史发展的必然性，把促进全体人民共同富裕，使改革发展成果、现代化建设成果更多更公平惠及全体人民，解决人民生活"美好不美好"的问题，推到了我国历史发展的前台和中心。

最后，如何在各个领域、各项工作中坚持人民至上，全面贯彻以人民为中心的发展思想，是"人民之问"的第三个内涵。

中国特色社会主义进入新时代，人民对美好生活的向往更加强烈，我们党从"人民有所呼、改革有所应"的全面深化改革、"一个也不能少"的全面建成小康社会，到"一个也不能掉队"的共同富裕，从"功在当代、利在千秋"的生态文明建设，到"刮骨疗毒、壮士断腕"的党风廉政建设和反腐败斗争，都一直把坚持人民至上、坚持以人民为中心的发展思想自觉主动地贯彻落实到一切领域、一切方面，强调把人民当作主体，一切依靠人民；把人民当作目的，一切为了人民；把人民当作根基，牢牢扎根于人民；把人民当作尺度，坚持人民标准。

我们党关于坚持"人民至上"的理论是为人民立言、为人民代言的理论，这一理论在解答"人民之问"上充分彰显思想的力量。

四、"时代之问"之析

究竟什么是"时代之问"？先看看习近平同志有哪些重要论述。

"时代之问"必然涉及中国特色社会主义新时代。在讲到中国特色社会主义进入新时代时，习近平同志提出了"三个意味着"①，其实质就是从新时代意义的角度来回答"时代之问"。关于"三个意味着"，这里从回答"时代之问"角度加以分析。第一个意味着，是中华民族迎来了从站起来、富起来到强起来的伟大飞跃。这实质上是中华民族强起来的叙事，回答的是"如何为中华民族谋复兴"的问题。第二个意味着，是科学社会主义在 21 世纪的中国焕发出强大生机活力，在世界上高高举起中国特色社会主义伟大旗帜，这实质上是中国特色社会主义如何使科学社会主义、马克思主义焕发生机活力的叙事，回答的是"如何为科学社会主义、马克思主义谋生机"的问题。第三个意味着，是中国特色社会主义道路、理论、制度、文化的不断发展所具有的观察时代、把握时代、引领时代的伟大意义，这实质上是中国特色社会主义之世界意义的叙事，回答的是"如何彰显中国特色社会主义的世界意义"，进而如何观察时代、把握时代、引领时代的问题，其实质是为世界谋大同。习近平同志指出："中国特色社会主义进入新时代，在中华人民共和国发展史上、中华民族发展史上具有重大意义，在世界社会主义发展史上、人类社会发展史上也具有重大意

① 2017 年 10 月 18 日，习近平总书记在党的十九大报告中指出：中国特色社会主义进入新时代，意味着近代以来久经磨难的中华民族迎来了从站起来、富起来到强起来的伟大飞跃，迎来了实现中华民族伟大复兴的光明前景；意味着科学社会主义在二十一世纪的中国焕发出强大生机活力，在世界上高高举起了中国特色社会主义伟大旗帜；意味着中国特色社会主义道路、理论、制度、文化不断发展，拓展了发展中国家走向现代化的途径，给世界上那些既希望加快发展又希望保持自身独立性的国家和民族提供了全新选择，为解决人类问题贡献了中国智慧和中国方案。

义。"①习近平同志的这些重要论述，为回答"时代之问"指明了方向、提供了思路。

依据习近平同志的相关重要论述，吸收我国理论界的相关研究成果，从学理性来讲，所谓"时代之问"，指的是一个时代的核心问题是什么，它注重的是开放性或发展性，强调的是马克思主义必须与时代发展同进步，与时俱进地回答了时代发展所需要进一步关切的根本问题。它有以下几层含义：如何为中国人民谋幸福；如何为中华民族谋复兴，即实现强起来；如何为世界谋大同；如何为中国共产党谋强大；如何为科学社会主义、中国特色社会主义、马克思主义谋生机，即如何更好地坚持和发展中国特色社会主义、马克思主义，进而观察时代、把握时代、引领时代。

新时代，我国正在实现从"赶上时代"到"引领时代"的历史性跨越。中国特色社会主义进入新时代，我国发展的历史必然性，把不断满足人民日益增长的美好生活需要即解决人民生活"美好不美好"的问题，提到历史发展的前台和中心，它要回答"如何为中国人民谋幸福"的问题。这是"时代之问"的第一个含义。

新时代，中华民族迎来了从站起来、富起来到强起来的伟大飞跃，全面推进强国建设、民族复兴必然成为中国式现代化的使命任务。实现中华民族伟大复兴成为战略全局，也迎来世界百年未有之大变局。胸怀"两个大局"，至关重要的是要为中华民族谋复兴、为世界谋大同，它要回答"为中华民族谋复兴"、"为世界谋大同"的问题。这分别是"时代之问"的第二、第三个含义。

新时代，不断满足人民日益增长的美好生活需要，全面建成社会主义现代化强国，实现中华民族伟大复兴，为世界和平发展、合作共

---

① 习近平：《习近平著作选读》第二卷，人民出版社 2023 年版，第 10 页。

赢作出中国贡献，必然对中国共产党提出更高的要求，所以还要进一步回答"为中国共产党谋强大"的问题。这是"时代之问"的第四个含义。

新时代，还需要进一步夺取中国特色社会主义伟大胜利，继续谱写马克思主义中国化时代化新篇章，不断开辟马克思主义中国化时代化新境界，进而使马克思主义、中国特色社会主义彰显其时代意义和世界意义，进一步焕发出强大生机活力，它要回答"为马克思主义谋生机"的问题。这是"时代之问"的第五个含义。

党的十九届六中全会通过的《决议》，浓墨重彩地阐述了中国共产党百年奋斗的历史意义。这就是：从根本上改变了中国人民的前途命运，中国人民对美好生活的向往不断变为现实；开辟了实现中华民族伟大复兴的正确道路，中华民族向世界展现的是一派欣欣向荣的气象，巍然屹立于世界东方；展示了马克思主义的强大生命力，使马克思主义以崭新形象展现在世界上，使世界范围内社会主义和资本主义两种意识形态、两种制度的历史演进及其较量发生了有利于社会主义的重大转变；深刻影响了世界历史进程，为解决人类重大问题，建设持久和平、普遍安全、共同繁荣、开放包容、清洁美丽的世界贡献了中国智慧、中国方案、中国力量，成为推动人类发展进步的重要力量；塑造了走在时代前列的中国共产党，保持了党的先进性和纯洁性，党的执政能力和领导水平不断提高。这里，彰显中国共产党百年奋斗的时代价值，与"时代之问"实现了无缝对接。

由此，可以把上述"时代之问"简要概括为"五为五谋"，即为中国人民谋幸福、为中华民族谋复兴、为世界谋大同、为中国共产党谋强大、为马克思主义谋生机。

第二章
显思想之伟力：思想力量具体何在

思想具有强大伟力。那么，这种强大伟力具体何在，是如何彰显出来的？

思想力量，是认识世界、改变世界的推动力量，是顺应时代、把握趋势的引领力量，是抓住根本、奠定基础的支撑力量，是增强本领、滋养智慧的提升力量，是守护民心、汇聚民智的凝聚力量。

总体来讲，思想之伟力见之于马克思主义深刻影响了世界历史进程，中国化时代化的马克思主义改变了中国人民的前途命运，习近平新时代中国特色社会主义思想使中国发生了历史性变革。具体来说，思想之伟力，见之于对现实逻辑和发展大势的科学研判上，见之于确定奋斗目标和总体方略上，见之于指导实践和引领行动上，见之于能揭示客观真理和满足政治发展的需要上，见之于对崇高理想的信仰上。

第一节　认识世界、改变世界的推动力量

这里讲的主题是"世界"，讲思想力量是认识世界和改变世界的"推动力量"，是"世界性伟力"。

党的十九届六中全会通过的《决议》中指出："马克思主义揭示

了人类社会发展规律，是认识世界、改造世界的科学真理。"①"回顾党的百年奋斗史，我们党之所以能够在革命、建设、改革各个历史时期取得重大成就，能够领导人民完成中国其他政治力量不可能完成的艰巨任务，根本在于掌握了马克思主义科学理论，并不断结合新的实际推进理论创新。"这一重要论述，实质上强调的是思想见之于认识世界、改变世界的"世界性伟力"。这里，我们着重从学理哲理上认识马克思主义是如何改变中国、改变世界的，从中进一步领悟马克思主义的思想力量。

一、马克思主义深刻影响世界发展的趋势和格局

一本只有 56 页却伴随着中国共产党诞生和壮大的小册子，正是由陈望道翻译的《共产党宣言》首个中文全译本。2012 年 11 月，在国家博物馆参观《复兴之路》展览时，习近平同志向大家讲起陈望道在翻译《共产党宣言》时误把墨汁当成红糖的故事，特别强调"真理的味道非常甜"。为什么习近平同志强调"真理的味道非常甜"？因为《共产党宣言》是马克思主义诞生的标志。马克思主义是科学的理论，它既深刻地认识世界，揭示了自然界、人类社会、人类思维发展的一般规律，为人类社会发展进步指明了方向，也积极地改变世界，不断深刻影响着世界历史发展进程，改变着世界发展的趋势和格局，从而彰显思想的力量。正如习近平同志所说："《共产党宣言》发表 170 年来，马克思主义在世界上得到广泛传播。在人类思想史上，没有一种思想理论像马克思主义那样对人类产生了如此广泛而深刻的影响。"②

---

① 《中共中央关于党的百年奋斗重大成就和历史经验的决议》，人民出版社 2021 年版，第 63 页。

② 习近平：《在纪念马克思诞辰 200 周年大会上的讲话》，人民出版社 2018 年版，第 10 页。

我们需要从学理上说清楚马克思主义到底是如何深刻地认识世界并改变世界、改变中国的，从中领悟马克思主义的思想力量和实践力量。

（一）把社会主义由空想变为科学

马克思主义具有鲜明的实践品格，它不仅致力于科学"解释世界"，更致力于积极"改变世界"，因而具有影响世界的伟力。

马克思主义的科学理论首先是认识工具和思想武器，能帮助人们认识或解释世界。马克思主义诞生以前的哲学家们大都离开现实世界，用不同的方式解释世界，用马克思的话来讲，他们大多在"天国"而不是立足于"人间"、"现实"解释世界，因而难以真正揭示现实世界发展的规律，得不出科学的正确认识。马克思、恩格斯改变世界是以正确认识或解释世界为前提的，把哲学由"天国"拉到"人间"，深入分析研究资本主义社会发展的现实逻辑，进一步从中发现和揭示了人类社会发展的一般规律，为人们认识并解释世界，进而改变世界提供了科学的世界观和方法论，提供了认识工具和思想武器。

自从有了世界社会主义运动，就有了马克思主义，自从有了马克思主义，世界社会主义运动就有了思想指导，马克思主义是与世界社会主义运动紧紧联系在一起的。其中就蕴含一条规律，即世界社会主义运动的中心在哪里，创新发展马克思主义的生长点、发展源与中心就在哪里。

19世纪，世界经济的中心地带在欧洲，世界社会主义运动的中心地带在西欧，尤其是英国伦敦，马克思主义就诞生在那里。在那里，马克思和恩格斯一起，把社会主义由空想变为科学，创立了马克思主义，并在实践上组织和推动了工人运动。

1848年，《共产党宣言》在伦敦问世，标志着马克思主义的诞生。

从此，马克思主义便成为世界社会主义运动的行动纲领和思想武器，西欧则成为马克思、恩格斯所创立的马克思主义的实践发源地和理论策源地。马克思、恩格斯不是空头理论家，他们十分注重理论同欧洲工人运动相结合。在马克思主义指导下，共产主义者同盟、第一国际、第二国际先后在伦敦、巴黎成立，马克思、恩格斯作为重要创始人，在实践上亲自参与欧洲工人运动。与此同时，马克思主义也在与形形色色的各种主义的论战中得到丰富和发展，且科学性和革命性不断增强，影响力空前扩大。马克思主义诞生后，便对欧洲工人运动、欧洲革命乃至世界社会主义运动产生了重大影响，也彰显出马克思主义的思想力量。

（二）把科学社会主义由理论变成现实

20世纪，世界社会主义运动的中心首先转移到俄国。正因为有了马克思主义，才有了俄国十月革命。列宁把马克思主义同俄国具体实际相结合，产生了列宁主义这一俄国化的马克思主义。布尔什维克在重建本土历史的同时，也承载着改写世界历史的使命。布尔什维克在列宁的领导下，结合国际国内形势，创造性地运用、发展了马克思主义，提出了帝国主义论、社会主义革命首先在一国胜利等社会主义理论。在列宁主义指引下，俄国在世界上建立了第一个社会主义国家，使科学社会主义在俄国由理论变成现实。

"二战"后，苏联在斯大林的领导下实现了综合国力的急剧攀升，成为社会主义阵营的"老大哥"。苏联在自己的阵营中积极推销着"苏联式社会主义"。"苏联式社会主义"是历史的产物，不能否认它在一定历史条件下所具有的某些合理因素与积极作用，然而，它没有真正使社会主义国家获得繁荣。苏共二十大之后，处于社会主义阵营的国家普遍意识到"苏联式社会主义"的特定历史局限性，于是连同苏联在内的社会主义国家开启了本国的改革探索之路。然而，由于外部大气候影响和内部探索失误，最终使世界社会主义运动因东欧剧变、苏联解体而陷入低谷。

邓小平同志在苏联解体后不久的南方谈话中，针对把苏联解体与马克思主义联系在一起的错误理解，说了这样一段话："从一定意义上说，某种暂时复辟也是难以完全避免的规律性现象。一些国家出现严重曲折，社会主义好像被削弱了，但人民经受锻炼，从中吸收教训，将促使社会主义向着更加健康的方向发展。因此，不要惊慌失措，不要认为马克思主义就消失了，没用了，失败了。哪有这回事！"[1]邓小平同志这段话气吞山河、鞭辟入里。

东欧剧变、苏联解体，不是马克思主义本身的失败，而是背离马克思主义和把马克思主义教条化的失败，是对马克思主义缺乏守正创新的失败，这便从反面教训印证了思想的力量及其作用。

（三）使科学社会主义理论和实践由西方走向东方中国

十月革命一声炮响，给中国送来了马克思列宁主义。以毛泽东同志为主要代表的中国共产党人不仅把科学社会主义由理论变成实践、成为现实，而且使科学社会主义理论和实践由西方走向东方，创立了毛泽东思想。

在新民主主义革命时期，中国共产党把科学社会主义价值主张、基本原则同中国革命实践相结合，把马克思主义基本原理同中国具体实际相结合，排除了"左"、右倾主义的干扰，再经过北伐运动、土

---

[1] 邓小平：《邓小平文选》第三卷，人民出版社1993年版，第383页。

地革命、抗日战争、解放战争，推翻了"三座大山"，实现了民族独立、人民解放，于1949年成立了新中国。

在社会主义革命和建设时期，党的八大提出国内主要矛盾是人民对于经济文化迅速发展的需要同当前经济文化不能满足人民需要的状况之间的矛盾，因而党面临的主要任务是实现从新民主主义到社会主义的转变，进行社会主义革命，推进社会主义建设，为实现中华民族伟大复兴奠定根本政治前提和制度基础。1956年，我们党确立了社会主义基本制度，要在中国建设社会主义，之后便开启了对中国建设社会主义道路的探索。我们党进而提出要把我国逐步建设成为一个具有现代农业、现代工业、现代国防和现代科学技术的社会主义强国。然而，由于没有真正贯彻马克思主义实事求是、从客观实际出发的思想路线，致使党的八大形成的正确路线未能完全坚持下去，先后出现了一些"左"的错误，使党和国家遭到挫折和损失。但党领导人民在社会主义革命和建设中仍然取得了独创性理论成果和巨大成就，完成了社会主义革命，实现了中华民族有史以来最为广泛而深刻的社会变革。

正反两方面的历史和实践经验教训充分表明，什么时候真正坚持以马克思列宁主义为指导，把马克思主义基本原理、科学社会主义基本原则同中国革命和建设实际相结合，我们就能走向成功；相反，我们就会遭遇曲折。

只有社会主义才能救中国，只有社会主义才能发展中国，只有中国化的马克思主义才能真正引领社会主义革命和建设伟大实践走向成功。

需要进一步强调的是，中国特色社会主义进入新时代，中国特色社会主义道路、理论、制度、文化的不断发展，中国式现代化的成功拓展和推进，又使中国特色社会主义、科学社会主义再由中国走向世界，更加彰显其世界意义。

二、中国化时代化的马克思主义影响党和国家的前途命运

（一）中国化时代化的马克思主义使党取得重大成就

中国古代大量鸿篇巨制中包含着丰富的哲学社会科学内容、治国理政智慧，为古人认识世界、改造世界提供了重要依据。

当代中国化时代化的马克思主义更为中国共产党人认识世界、改造世界提供了思想理论指引。一个理想崇高、志向远大的政党，一旦掌握了马克思主义这一科学的指导思想，就能够历经磨难而无往不胜。翻开风雷激荡的百年史册，中国共产党坚定信仰马克思主义、中国化时代化的马克思主义，以科学的态度对待马克思主义，始终坚持解放思想、实事求是，从而使马克思主义、中国化时代化的马克思主义在中国焕发出强大的生命力，使中国共产党拥有了强大的真理力量和思想伟力。中国共产党百年辉煌成就，就是马克思主义、中国化时代化的马克思主义这一思想力量最伟大最生动实践的产物。

中国共产党把马克思主义写在自己的旗帜上，不断推进马克思主义中国化时代化，使东方大国创造了人类历史上前所未有的发展奇迹，迎来了从站起来、富起来到强起来的伟大飞跃。

我们党从推翻"三座大山"并实现民族独立、人民解放，到进行社会主义革命和建设，经由改革开放和社会主义现代化建设，再到新时代中华民族迎来从站起来、富起来到强起来的伟大飞跃，都离不开中国化时代化的马克思主义的正确指引。

新时代强国建设、民族复兴新征程，更离不开中国化时代化的马

克思主义的正确指引。正如习近平同志强调的，我们党之所以能够在革命、建设、改革各个历史时期取得重大成就，能够领导人民完成中国其他政治力量不可能完成的艰巨任务，根本在于掌握了马克思主义科学理论，并不断结合新的实际推进理论创新，使党掌握了强大的真理力量。一百多年来，我们党坚持把马克思主义写在自己的旗帜上，不断推进马克思主义中国化时代化，取得了毛泽东思想、邓小平理论、"三个代表"重要思想、科学发展观、新时代中国特色社会主义思想等重大理论成果，使马克思主义在中国焕发出强大生命力。"马克思主义在中国的广泛传播催生了中国共产党，使我们党拥有了科学的世界观和方法论，拥有了认识世界、改造世界的强大思想武器。"[1] 实践证明，历史和人民选择马克思主义是完全正确的，坚持马克思主义同中国具体实际相结合、同中华优秀传统文化相结合，进而不断推进马克思主义中国化时代化，也是完全正确的。这是中国化时代化的马克思主义所显示出的"思想伟力"。

（二）哲学思想的力量贯穿新中国成立以来治国理政实践全过程

思想的力量最根本最集中体现为哲学思想的力量，因为哲学是时代的声音，是时代精神的精华，其根本功能就是认识世界和改变世界。

马克思主义哲学是马克思主义、中国化时代化的马克思主义的理论基础，谈马克思主义、中国化时代化的马克思主义，就必须讲马克思主义哲学。马克思主义哲学尽管诞生在一个半世纪之前，但由于它深刻揭示了客观世界特别是人类社会发展的一般规律，被历史和实践证明是科学的理论，在当今时代依然有着强大生命力，依然是指导我

---

[1] 任仲文编：《如何走好新的赶考之路》，人民日报出版社 2022 年版，第 55 页。

们共产党人前进的强大思想武器。我们党自成立起就重视在思想上建党，其中十分重要的一条就是坚持用马克思主义哲学教育和武装全党，推动中国实践的发展。

1. 社会主义革命和建设时期治国理政与注重解决两类不同性质矛盾视域中的"两类矛盾理论"

从新中国成立至 1978 年改革开放，是为实现中华民族伟大复兴奠定根本政治前提和制度基础的时期。如果从哲学上反思这个时期，总体上可以用"两类矛盾理论"来观照。

这一时期的第一时段，是从 1949 年新中国成立到 1956 年完成"一化三改"的社会主义改造时段，解决的主要矛盾是阶级矛盾，以无产阶级与资产阶级的斗争为核心内容的斗争哲学占主导；第二个时段从 1957 年到 1966 年，属于在探索社会主义建设道路进程中开展大规模社会主义建设时段，解决的主要矛盾是敌我矛盾与人民内部矛盾，解决两类不同性质的矛盾问题之哲学基础，是正确区分和处理对抗性与非对抗性矛盾的"两类矛盾理论"；第三个时段，是十年"文化大革命"时段，其特点是过于强调阶级矛盾和斗争，将许多人民内部矛盾夸大为阶级矛盾，在现实中实行残酷斗争、无情打击，造成严重"左"的错误和巨大损失。

这三个历史时段具有共同特点，就是正确与失误、成就与挫折、奋斗与运动式斗争交织。这一时期党面临的主要任务是"实现从新民主主义到社会主义的转变，进行社会主义革命，推进社会主义建设，为实现中华民族伟大复兴奠定根本政治前提和制度基础"①。为完成这一历史任务，党致力于解决党内的思想作风、领导作风和工作作风

---

① 《中共中央关于党的百年奋斗重大成就和历史经验的决议》，人民出版社 2021 年版，第 9 页。

问题。

2.改革开放和社会主义现代化建设新时期治国理政与"是什么、怎样干"范式的认识辩证法

1978年党的十一届三中全会开启了改革开放和社会主义现代化建设新时期，这一历史时期也可称为中国特色社会主义开创、坚持和发展、完善、成形时期。这一时期，中国共产党治国理政的哲学智慧，总体上可以概括为"是什么、怎样干"范式的认识辩证法，即对"什么是社会主义、怎样建设社会主义"进行重新认识。"什么是社会主义、怎样建设社会主义"、"建设一个什么样的党、怎样建设党"、"什么是科学发展、如何实现科学发展"所蕴含的哲学思维方式，就是解答"是什么"、"怎么办"的问题。

中国共产党在改革开放和社会主义现代化建设新时期治国理政的哲学智慧，体现在以下方面：

一是坚持"实事求是、人民中心和知行合一"相统一。中国的社会主义依然处于初级阶段，其首要根本任务就是解放和发展社会生产力，因而可以运用社会主义市场经济来解放和发展社会生产力。社会主义的本质是解放生产力，发展生产力，消灭剥削，消除两极分化，最终达到共同富裕。上述这些认识和论断，是我们党重新恢复和确立解放思想、实事求是思想路线的结果。实事求是，是马克思主义的精髓，也是中国化时代化的马克思主义的精髓。注重实事求是，就必然认识到当时我国社会生产力还不发达，综合国力还不强，人民生活水平还不是很高，还是一个"不够格"的社会主义。要建设成"合格"的社会主义，就必须解放和发展社会生产力，增强综合国力，不断提高人民的生活水平。这就把以人民为中心的发展思想凸显出来了。社会主义的本质是解放生产力，发展生产力，消灭剥削，消除两极分化，

最终达到共同富裕，其中就蕴含着以人民为中心的发展思想。实际上，从邓小平同志所讲的"发展才是硬道理"，要以"人民答应不答应"、"拥护不拥护"作为评价标准，到江泽民同志所讲的"发展是党执政兴国的第一要务"、"代表中国最广大人民的根本利益"，再到胡锦涛同志所讲的"第一要义是发展，核心是以人为本"，使全体人民共享发展成果，都致力于使中国人民富起来，都体现以人民为中心的发展思想。邓小平同志是强调实干兴邦的实干家，他在理论和实践上都强调实事求是，他强调的实事求是就是实践、实干、实效，因而他是践行知行合一的典范。江泽民同志强调与时俱进，实际上蕴含着知行合一。与时俱进之"时"，意味着要认知这个"时"；与时俱进之"进"，意味着在实践行动上要积极进取、开拓创新。胡锦涛同志强调的求真务实，更是知行合一的体现。求真务实之"真"，实质就是"知"，亦即真理性认识；求真务实之"实"，实质就是"行"，亦即实践。所以，在改革开放和社会主义现代化建设新时期，都是坚持实事求是、人民中心和知行合一相统一，体现了认识辩证法。

二是坚持定位、定标和定法相贯通。改革开放和社会主义现代化建设新时期，中国特色社会主义发展的一个逻辑，就是围绕定位、定标和定法展开的。在认识和实践的总体上，这一时期主要是解决使中华民族、中国人民富起来的问题。为解决这一问题，首先要从认识上确定所处的历史方位。1993 年，邓小平同志在与弟弟邓垦谈话时讲了一句话："发展起来以后的问题不比不发展时少。"[1] 这句话被人们常

---

① 中共中央文献研究室编：《邓小平年谱（1975—1997）》（下），中央文献出版社 2004 年版，第 1364 页。

常引用，习近平同志也引用并强调这句话。①从我国改革开放和社会主义现代化建设历程来看，这句话意味着，我国发展在总体上还处于"欠发展"的历史方位。在这一历史方位，所解决的社会主要矛盾，是人民日益增长的物质文化需要同落后的社会生产之间的矛盾。在这一社会主要矛盾中，解决"落后的社会生产"是矛盾的主要方面。所以，从1978年到2012年，在实践的总体上，主要是解决"落后的社会生产"问题，换句话说，其实践上的奋斗目标、历史任务与解决的根本问题，就是"做大蛋糕"，积累财富，解放和发展社会生产力，使中华民族、中国人民富起来。因此，邓小平同志讲的"发展才是硬道理"，江泽民同志讲的"发展是党执政兴国的第一要务"，胡锦涛同志讲的"第一要义是发展"，本质上都致力于解决上述问题，致力于使中华民族、中国人民富起来。要解放生产力、发展生产力，使中华民族、中国人民富起来，就必须实现社会主义现代化；要实现社会主义现代化，就必须寻求一条实现社会主义现代化的正确道路，这条道路就是中国特色社会主义道路。就是说，在实践上，其逻辑是沿着中国特色社会主义道路来实现社会主义现代化，进而解放生产力、发展生产力，使中华民族、中国人民富起来。这就鲜明地体现了认识辩证法，因为"定位"、"定标"取决于科学认识，"定法"即诉诸实践行动。我们所讲的中国特色社会主义，首先讲的是中国特色社会主义道路，所以坚定"四个自信"，就把坚定道路自信置于首位。

三是坚持"主要矛盾、根本问题和工作重点"相关联。马克思主义哲学的唯物主义辩证法首先致力于抓住影响全局的主要矛盾与根本问题，而要抓住主要矛盾与根本问题，就必须在实践基础上经过从感

①　习近平：《在经济社会领域专家座谈会上的讲话》，《人民日报》2020年8月25日。

性到理性来提升认识水平。运用认识辩证法能够使我们深刻认识到，从 1978 年到党的十八大召开，这一历史时期我国的社会主要矛盾，就是人民日益增长的物质文化需要同落后的社会生产之间的矛盾；这一社会主要矛盾中蕴含着中国特色社会主义建设所解决的根本问题，即致力于解决"落后的社会生产"，因此，我们党把大力解放和发展社会生产力作为首要根本任务，而解决这一根本任务，就成为这一历史时期我们党全部实践和工作的重点。也正因如此，我们党确立了"以经济建设为中心，坚持四项基本原则、坚持改革开放"的"一个中心、两个基本点"的党的基本路线，也使党的工作重心转移到经济建设上来。正如习近平同志所强调的："党的百年奋斗历程告诉我们，党和人民事业能不能沿着正确方向前进，取决于我们能否准确认识和把握社会主要矛盾、确定中心任务。什么时候社会主要矛盾和中心任务判断准确，党和人民事业就顺利发展，否则党和人民事业就会遭受挫折。"①

3. 中国特色社会主义新时代治国理政与"新时代"、"大变局"背景下系统为基的战略辩证法

系统为基的战略辩证法，作为中国特色社会主义进入新时代中国共产党治国理政的总的哲学智慧，具体体现在以下四个方面：

一是坚持"总框架"、"牛鼻子"和"路线图"相契合。"总框架"，就是进入中国特色社会主义新时代以来中国共产党治国理政明确确立起来的总体方略，即统筹推进"五位一体"总体布局。协调推进"四个全面"战略布局，则是治国理政的"牛鼻子"。"五位一体"总体布局与"四个全面"战略布局之间的辩证关系，是全面与重点、系统与核心、总框架与"牛鼻子"之间的辩证关系。贯彻

① 焦佩锋：《坚持历史思维》，人民出版社 2022 年版，第 15 页。

新发展理念，是党中央治国理政的"路线图"，就是党中央在治国理政实践中实现由大国成为强国的根本之道。"五位一体"总体布局、"四个全面"战略布局，都要通过落实新发展理念这一"路线图"来推进。

"总框架"、"牛鼻子"、"路线图"，实质上就是中国共产党在治国理政实践中运用辩证思维，对新时代强国建设、民族复兴作出的具有系统性的战略谋划。

二是坚持"发挥比较优势、补齐发展短板和打牢发展支点"相贯通。中国共产党治国理政，在我国处在"欠发展"历史方位时，要加快发展，就要更加注重发挥比较优势，注重实行重点突破的非均衡发展战略和方式；当我国发展起来以后，要保持经济全面协调持续健康发展与社会稳定，就必须补齐发展中的短板；要保持永续健康发展，就必须打牢发展的支点。创新发展、协调发展、绿色发展、开放发展、共享发展，就坚持了"发挥比较优势、补齐发展短板、打牢发展支点"有机统一，是改革开放以来，尤其是新时代以来中国共产党治国理政的哲学智慧，体现的是认识辩证法和辩证思维。

三是坚持"强大政党、社会革命和自我革命"相统一。办好中国的事情，关键在党。中国共产党治国理政首先必须把自身建设得更加坚强有力，即建成一个强大的政党。为此，党必须勇于自我革命，以伟大自我革命引领伟大社会革命，在不断推进革命的进程中不断勇于自我革命。"强大政党、社会革命和自我革命"是党的十八大以来中国共产党治国理政的一条基本经验，蕴含着中国共产党治国理政的哲学智慧——系统为基的战略辩证法。

中国共产党治国理政体现辩证唯物主义和历史唯物主义的哲学智慧，鲜明地凸显出马克思主义哲学这一思想的力量。正如陈云同志所说："学习理论，最要紧的，是把思想方法搞对头。因此，首先要学哲学，学习正确观察问题的思想方法。如果对辩证唯物主义一窍不通，就总是要犯错误。"①

三、习近平新时代中国特色社会主义思想为解决中国问题和世界问题贡献思想力量

习近平新时代中国特色社会主义思想从新时代中国特色社会主义伟大实践中产生，又进一步为分析解决中国问题和世界问题贡献思想智慧和力量，推动新时代党和国家各项事业不断向前发展。

（一）新时代取得的历史性成就、发生的历史性变革

这是着眼于中国向度。

习近平新时代中国特色社会主义思想为取得历史性成就、发生历史性变革作出了重要贡献，从而彰显出思想的力量。

党的二十大报告所讲的新时代"十六个方面的历史性成就"和"历史性变革"，实际上讲的就是变革性实践、突破性进展，其根本原因在于以习近平新时代中国特色社会主义思想为指导。因而，中国化时代化的马克思主义行，即是习近平新时代中国特色社会主义思想行。我们需要从习近平新时代中国特色社会主义思想中汲取奋发进取的思想智慧和力量，熟练掌握其中蕴含的领导方法、思想方法、工作方法，把习近平新时代中国特色社会主义思想转化为坚定理想、锤炼党性和指导实践、推进工作的强大力量，坚定对马克思主义的信仰、对中国特色社会主义的信念、对实现中华民族伟大复兴的信心。

在推进马克思主义中国化时代化历程中，在中国特色社会主义进

①陈云：《陈云文选》第三卷，人民出版社1995年版，第46页。

入新时代，我国站在全面建设社会主义现代化强国、夺取中国特色社会主义伟大胜利新的历史起点上，迎来了从富起来到强起来伟大飞跃的新时代。[①] 作为马克思主义中国化时代化最新理论成果的习近平新时代中国特色社会主义思想，实质上就是在强国时代基于强国逻辑的关于"迎来从富起来到强起来伟大飞跃"的"强国理论"，实现了马克思主义中国化时代化新的飞跃，对推进马克思主义中国化时代化作出了开创性贡献，具有划时代、里程碑意义。

党的十八大以来，以习近平同志为主要代表的中国共产党人坚持把马克思主义基本原理同中国具体实际相结合、同中华优秀传统文化相结合，用马克思主义激活中华优秀传统文化富有生命力的优秀因子并赋予其新的时代内涵，将中华民族的伟大精神和丰富智慧更深层次地注入马克思主义，使马克思主义和中华优秀传统文化相互成就，有效地把马克思主义思想精髓同中华优秀传统文化贯通起来，从而升华为新的理论优势和思想伟力，不断攀登新的思想高峰。

习近平新时代中国特色社会主义思想，是当代中国马克思主义、21世纪马克思主义，实现了马克思主义中国化时代化新的飞跃。以习近平同志为主要代表的中国共产党人灵活运用马克思主义的基本原理，运用马克思主义的立场观点方法，来解答中国特色社会主义事业发展进程中遇到的"时代课题"，在攀登新的思想高峰过程中，不断回答中国之问、世界之问、人民之问、时代之问，不断深化对中国共产党执政规律、社会主义建设规律、人类社会发展规律的认识，统筹把握实现中华民族伟大复兴战略全局和世界百年未有之大变局，开辟

---

① 从富起来到强起来，具体来说，就是从有到好、从大到强、从全面建成小康到全面建成现代化国、从落后时代到跟上时代再到引领时代、从"世界失我"到"世界有我"再到"世界向我"的伟大跨越。

了马克思主义中国化时代化新境界，使我们党治国理政理论不断丰富发展，也作出了符合中国实际和时代要求的正确回答，以更好指导实践，展现出强大的思想力量和理论伟力。

总之，拥有马克思主义科学理论指导是我们党坚定信仰信念、把握历史主动的根本所在。①

（二）21 世纪马克思主义为解决人类问题贡献中国智慧和中国理论

这着眼的是世界向度。

中国是世界上最具典型特征的国家。中国是一个具有超长历史的国家，一个文化文明超悠久的国家，一个超多民族的国家，一个超大人口规模的国家，一个具有超强大政党的国家，一个具有超快发展速度的国家，一个具有天下胸怀的国家。在这样的国家彰显新时代中国特色社会主义的世界意义，就有能力有底气使习近平新时代中国特色社会主义思想成为 21 世纪马克思主义，并以其世界史观直面"两个大局"，主动反映世界和时代发展需要，以观察时代、把握时代、引领时代。习近平新时代中国特色社会主义思想也是着眼于对 21 世纪世界社会主义运动发展的深入思考而创立的，既是实现中华民族伟大复兴的行动指南，又为引领世界百年未有之大变局提供思想智慧和力量。它是背靠伟大国家、扎根伟大时代，是立足中国、放眼世界、面向未来、引领时代的 21 世纪马克思主义的科学理论体系，具有反思现代、立足中国、放眼世界、面向未来、解释世界、引领时代的本质功能；

---

① 习近平：《高举中国特色社会主义伟大旗帜　为全面建设社会主义现代化国家而团结奋斗——在中国共产党第二十次全国代表大会上的报告》，人民出版社 2022 年版，第 16 页。

它定义并引领着新时代马克思主义中国化时代化的走向。在 21 世纪，持续深入推进马克思主义中国化时代化就是发展 21 世纪马克思主义，也定义并引领 21 世纪马克思主义的发展。它提出的中国式现代化、中华民族现代文明、人类文明新形态、构建人类命运共同体，使其成为 21 世纪马克思主义核心的理论形态。

党的十八大以来，中国的国际方位迎来了历史性翻转，迎来了从世界体系边缘逐渐走入世界舞台的伟大飞跃。

近代以来，中国国际方位的变迁可以分为三个阶段。

第一个阶段：1840—1949 年。

1840 年以前，中国处于资本主义世界体系的外围，中国主导的朝贡体系与西方建构的威斯特伐利亚体系比肩而立、互不相关，中国与西方构成"我—他"的非对象性关系，中国在封闭的朝贡体系中自娱自乐、自我陶醉。

1840 年鸦片战争之后，在西方列强船坚炮利威迫之下，中国主导的朝贡体系逐渐瓦解，中国被动世界化，中国从属于西方，处于资本主义世界体系的边缘，中国与西方构成"我—你"的主客体关系，西方为主、中国为客；构成主从依附关系，西方主导、中国服从，缺乏自主性、独立性。

第二个阶段：1949—2008 年。

中国自主融入世界，作为一个独立的主体参与到世界体系之中，处于世界体系的边缘。

第三个阶段：2008 年特别是 2012 年以来。

中国前所未有地逐步走近世界舞台中央，中国与西方构成"我们"的主体间性关系，中华民族从地域性民族上升为世界历史民族，有责任、有义务承担起与自身国力和大国地位相匹配的世界历史使命。

中国迎来历史性转变和历史性飞跃，比较关键的有三步：

第一步，二十国集团领导人峰会机制成立。2008年，国际金融危机爆发。为了联合应对这场突如其来的世界性危机，2008年11月G20机制正式升级为领导人峰会，取代G7在全球经济治理中的地位和作用。G20领导人峰会机制为推动全球治理体系改革注入了新动力，标志着全球治理开始从西方治理向共同治理转变，也标志着中国开始从世界体系边缘逐步走向世界舞台中央。

第二步，中国倡议筹建亚投行和提出建设"一带一路"倡议。2013年9月和10月，习近平同志在出访哈萨克斯坦和印度尼西亚期间，先后提出共建"丝绸之路经济带"和"21世纪海上丝绸之路"重大倡议，筹建亚洲基础设施投资银行。"一带一路"倡议的提出、亚投行的成立，表明一个和平复兴的大国正在产生巨大的"外溢"效应。"一带一路"建设，是中国第一次以发展中国家的身份为筹划人类未来而推出的百年战略和世纪工程，也是中国为推动世界经济复苏、优化全球经济治理而提出的"中国方案"，还是崛起中的大国第一次以和平的方式带领世界共同发展。

第三步，中国被迫扛起经济全球化的旗帜。受美国金融危机和欧洲债务危机的双重影响，西方世界保守主义、民粹主义、孤立主义抬头，"美国优先"、"买美国货、雇美国人"等民粹主义口号上升为白宫的政策主张，西方少数大国的贸易政策、投资政策、产业政策等朝着去全球化方向发展，各类区域性的贸易投资协定碎片化，全球化运动走到了十字路口，何去何从考验着中国的智慧。2017年1月，中国国家主席习近平第一次出席达沃斯论坛，向全世界公开宣示，"中国的大门对世界始终是打开的，不会关上"，中国"旗帜鲜明反对保护主义"，中国"欢迎各国人民搭乘中国发展的'快车'、'便车'"①。西方大国的逆全球化运动将中国推上了经济全球化"旗手"的位置，正如习近平主席所说："20年前甚至15年前，经济全球化的主要推手是美国等西方国家，今天反而是我们被认为是世界上推动贸易和投资自由化便利化的最大旗手，积极主动同西方国家形形色色的保护主义作斗争。"②习近平主席的达沃斯之行和一系列论述，标志着中国实现了从跟随经济全球化向逐渐引领经济全球化的历史性转变。这是前所未有之大变局。

中国强起来是一个具有世界意义的重大事件。站在从大国走向强国的历史方位上，中国将需要重新思考在世界马克思主义版图中应该扮演什么样的思想理论角色，在捍卫发展马克思主义过程中应该承担什么样的思想理论使命。这里，应承担的思想理论使命，应扮演的思想理论角色，主要就是创新发展21世纪马克思主义。习近平同志强调："要围绕我国和世界发展面临的重大问题，着力提出能够体现中国立场、中国智慧、中国价值的理念、主张、方案。"③

中国理论、中国方案的提出和中国的崛起，必然对世界格局、全球治理、人类文明、知识框架带来巨大影响：一是推动世界经济中心逐步由大西洋向太平洋转移，迎来"东升西降"的重要拐点。二是推动国际政治版图的重构。西方独自主导国际政治的历史将逐渐走向终结，全球政治格局正在由单极世界向多极化转变。三是卷入科技制高点的争夺。中国科技创新能力显著增强，与西方的差距逐步缩小，从过去的跟跑向并跑及个别领域领跑的局面转变。四是推动全球治理格局的转变。中国

———————

① 习近平：《习近平谈治国理政》第二卷，外文出版社2017年版，第486、481、484页。

② 习近平：《习近平谈治国理政》第二卷，外文出版社2017年版，第212页。

③ 习近平：《在哲学社会科学工作座谈会上的讲话》，人民出版社2016年版，第17页。

的强大正在成为全球治理体系中的一个"主要稳定支柱"。

中国正在逐渐成为新的世界经济中心，成为 21 世纪社会主义运动的中心，成为发展 21 世纪马克思主义的中心重镇，这必将对 21 世纪的世界产生强大影响力。这绝非偶然，它源于中国特色社会主义道路、理论、制度、文化的不断发展，源于习近平新时代中国特色社会主义思想这一"思想伟力"。

综上所述可以看出，马克思主义、中国化时代化的马克思主义，作为认识工具和思想武器的马克思主义的科学世界观和方法论，即辩证唯物主义和历史唯物主义，影响了世界发展进程，改变了世界，也深刻改变了中国。马克思主义及其哲学以其思想力量，显示出对世界发展趋势和格局影响的"世界伟力"和"推动力量"。

第二节　顺应时代、把握趋势的引领力量

这里讲的主题，是"时代"。

思想是时代的声音。思想的力量体现在顺应时代、把握趋势的引领力量上，这是思想的"时代伟力"。

一、引领历史发展

引领时代的思想力量，首先体现在引领历史发展。一部人类历史，越来越变为思想引领发展的历史。

（一）《共产党宣言》是当今世界思想传播和影响最广的人文社会科学著作

影响人类历史包括中国历史发展的著作及其思想很多，而影响最

大的，当数马克思、恩格斯所著的《共产党宣言》。习近平同志在纪念马克思诞辰 200 周年大会上的讲话中指出："《共产党宣言》发表170 年来，马克思主义在世界上得到广泛传播。在人类思想史上，没有一种思想理论像马克思主义那样对人类产生了如此广泛而深刻的影响。"就是说，《共产党宣言》作为马克思主义诞生的标志，对人类历史包括中国历史产生了深远影响，对推动人类历史包括中国历史发展进程作出了巨大贡献，它深刻地改变了人类历史包括中国历史的发展进程。

《共产党宣言》1848 年 2 月在英国伦敦用德文发表，它是马克思、恩格斯为世界上第一个无产阶级政党——共产主义者同盟撰写的宣言书，也是世界社会主义运动的第一个纲领性文件。《共产党宣言》虽然篇幅不长，正文仅 1 万多字，加上后来陆续发表的 7 篇序言，共 2.5万余字，但它在国际上的传播极其广泛，这是其他一切著作无法与之相比的，对人类社会和世界历史进程的影响无与伦比。自发表以来，《共产党宣言》的各种注释读本和研究读本越来越多。在社会主义国家，影响较大的是 1922 年出版的俄文版《共产党宣言》，由梁赞诺夫组织编译。1952 年出版的列昂节夫的《论〈共产党宣言〉》是该书的研究读本，影响也很大。在中国影响最大的，当数陈望道 1920 年翻译的《共产党宣言》。在英、美等资本主义国家，穆尔于 1888 年翻译的《共产党宣言》英文本多次重印或再版。在意大利、日本等国家，出版了多种《共产党宣言》新版本，仅日本就约有 100 种版本。在英语国家，《共产党宣言》的研究读本很多，这些读本中不仅有《共产党宣言》的文本，也包括编者的评论文章或长篇导言或多篇研究文章，如 1998 年英文版中收入英国著名学者埃里克·霍布斯鲍姆撰写的导言——《论〈共产党宣言〉》，2012 年再版单行本。中国出版的《共产党宣言》注释读本和研究读本数量，均为世界之最。今天，《共产党宣言》不仅是世界各国共产党人和进步人士必读的经典，而且成为全人类最重要的思想财富之一。2013 年，《共产党宣言》被联合国教科文组织列入《世界记忆名录》。

之所以较为详尽地列举和描述《共产党宣言》各种版本的翻译、出版、传播、注释、研究、评论等情况，就是要说明，作为马克思主义问世之作、代表性经典著作的《共产党宣言》，是迄今为止人类社会发展历史上思想影响最大的著作之一。同时也要说明，《共产党宣言》是影响和改变人类历史发展进程和世界各国人民的前途命运的极为重要的标志性著作，它是以思想力量影响和改变着人类历史发展进程和世界各国人民前途命运的极具影响力的著作。

（二）《共产党宣言》以思想力量引领和改变人类历史发展进程

马克思当年所在的资本主义社会出现了两极分化现象，社会出现了对立且对抗着的两个阶级——无产阶级和资产阶级。这两个阶级的矛盾不可调和，冲突日趋激烈。解决这一问题的唯一出路，就是全世界无产者联合起来，通过无产阶级革命消灭私有制、消灭阶级，推翻资产阶级，建立每个人自由而全面发展的社会主义、共产主义理想社会。

受这一思想理论影响，欧洲各国先后爆发革命。但由于无产阶级缺乏主体意识、阶级意识，组织性、革命性、能动性还不够强大，革命都失败了。

然而，在俄国和中国，社会主义革命却取得了成功。列宁把《共产党宣言》中的马克思主义基本原理同俄国具体实际相结合，领导十月革命，在世界上建立了第一个社会主义国家，把科学社会主义由理论变成现实。这就改变了世界历史进程和格局，形成了社会主义和资本主义两种制度、两大阵营。十月革命的成功，证明了《共产党宣言》的真理力量、思想力量与实践伟力。

在十月革命影响下，以毛泽东同志为主要代表的中国共产党人把马克思列宁主义同中国革命的具体实际相结合，产生了毛泽东思想这一中国化的马克思主义。《共产党宣言》的思想以不同的方式和形式蕴含在毛泽东思想之中。在毛泽东思想指引下，中国共产党领导中国人民推翻"三座大山"，实现民族独立、人民解放，取得了新民主主义革命的胜利。1949 年成立了新中国，1956 年又建立社会主义基本制度，确定要走社会主义道路，要在农民人口占大多数的国家建设社会主义，进而使科学社会主义理论和实践由西方走向东方中国。可以说，在《共产党宣言》等马克思主义著作的影响下，催生了中国第一批共产党人，对促成中国共产党的正式成立起到了思想引领和理论指导作用，《共产党宣言》是推动中国革命、建设、改革的入门教科书。

（三）《共产党宣言》影响且塑造中国共产党的创新理论

《共产党宣言》构建和塑造了中国化时代化的马克思主义理论基础。

根据史料记载，也据曾在毛泽东同志身边工作过的一些同志回忆，毛泽东同志最喜欢研读马克思主义著作。他阅读的第一本，也是让他刻骨铭心、钟爱一生的马克思主义经典著作，就是《共产党宣言》。读《共产党宣言》，毛泽东同志建立起对马克思主义的信仰。五四运动以后，以毛泽东同志为杰出代表的一批先进分子，通过接触和阅读

《共产党宣言》等马克思主义经典著作，开始了自己世界观的重要转变，并逐步建立起对马克思主义和共产主义的坚定信仰。毛泽东同志于 1936 年 10 月在延安同美国记者埃德加·斯诺谈到自己和中国共产主义运动的情况时，深有感触地回忆说："有三本书特别深地铭刻在我的心中，建立起我对马克思主义的信仰。我一旦接受了马克思主义是对历史的正确解释以后，我对马克思主义的信仰就没有动摇过。这三本书是：《共产党宣言》，陈望道译，这是用中文出版的第一本马克思主义的书；《阶级斗争》，考茨基著；《社会主义史》，柯卡普著。"①1939 年，毛泽东同志又说，"《共产党宣言》我看了不下一百遍"，"每阅读一次，我都有新的启发"。②

邓小平同志在 1992 年南方谈话中深情地说："我的入门老师是《共产党宣言》和《共产主义 ABC》。"③

江泽民同志 1996 年在中央党校的一次讲话中说，他在上海交大读书时，曾打着手电筒在晚上读《共产党宣言》。④

2007 年胡锦涛同志在党的十七大报告中指出："《共产党宣言》发表以来近一百六十年的实践证明，马克思主义只有与本国国情相结合、与时代发展同进步、与人民群众共命运，才能焕发出强大的生命力、创造力、感召力。"⑤

2009 年 5 月 13 日，习近平同志在中央党校 2009 年春季学期第二

---

① [美] 埃德加·斯诺：《西行漫记》，董乐山译，三联书店 1979 年版，第 131 页。

② 欧阳辉：《读懂卡尔·马克思》，人民出版社 2022 年版，第 100 页。

③ 邓小平：《邓小平文选》第三卷，人民出版社 1993 年版，第 382 页。

④ 《信仰（历史文献纪录片）——我们的故事》，《光明日报》2012 年 9 月 14 日。

⑤ 胡锦涛：《高举中国特色社会主义伟大旗帜　为夺取全面建设小康社会新胜利而奋斗——在中国共产党第十七次全国代表大会上的报告》，人民出版社 2007 年版，第 12 页。

批进修班暨专题研讨班开学典礼的讲话中，列举了毛泽东、邓小平、江泽民、胡锦涛等同志学习《共产党宣言》及其他马克思主义著作的例子。习近平同志多次强调，党员干部要原原本本地阅读马克思主义原著，把马克思主义作为"看家本领"，特别要求领导干部精读《马克思恩格斯文集》、《列宁专题文集》中的代表性篇目，其中首篇就是《共产党宣言》。2018 年 4 月 23 日，习近平同志在中共中央政治局就《共产党宣言》及其时代意义举行第五次集体学习时强调："我们重温《共产党宣言》，就是要深刻感悟和把握马克思主义真理力量，坚定马克思主义信仰，追溯马克思主义政党先进性和纯洁性的理论源头，提高全党运用马克思主义基本原理解决当代中国实际问题的能力和水平。"①

正因为习近平同志特别强调对《共产党宣言》及其所阐述的马克思主义的学习，把学习马克思主义基本理论看作共产党人的必修课，所以党的十八大以来，中央政治局以马克思主义理论为主题，进行了五次集体学习。其中最为明确和直接的，即 2018 年 4 月 23 日第十九届中央政治局进行的第五次集体学习，主题就是"《共产党宣言》及其时代意义"。

习近平同志在主持这几次集体学习时强调：马克思主义是我们立党立国的根本指导思想，我们学习马克思主义，目的是更好认识国情，更好认识党和国家事业发展大势，更好认识历史发展规律，更加能动地推进各项工作；马克思主义迄今依然有着强大生命力，马克思、恩格斯在世时就说过，《共产党宣言》的"某些地方本来可以作一些修改"或者"有不同的写法"，但它"所阐述的一般原理整个说来直到

---

① 2018 年 4 月 23 日，习近平总书记在十九届中共中央政治局第五次集体学习时的讲话。

现在还是完全正确的"。① 习近平同志上述系列重要论述，充分表明《共产党宣言》所彰显的思想力量。

《共产党宣言》虽然诞生于 170 多年前，但其阐述的基本原理并没有过时，在当今时代依然有着强大生命力，依然是指导我们共产党人前进的强大思想武器。《共产党宣言》对中国共产党人的创新理论的影响体现为"五个始终如一"：坚持人民立场始终如一；坚持历史唯物主义基本原理始终如一；坚持唯物辩证法始终如一；坚持历史使命始终如一；科学对待马克思主义的态度始终如一。

二、引领实践发展

从哲学角度讲，理论和实践是一种辩证关系，实践是理论之源，理论对实践具有能动的反作用。其中，积极的能动的反作用，就是思想理论引领实践发展。其最典型的案例和样本，当数中国式现代化理论。从意识形态与思想理论建设角度讲，中国式现代化理论是针对"西方中心论"的理论体系而构建的，它区别又高于"西方中心论"的理论体系，且以思想的力量引领强国建设、民族复兴伟大实践，为人类实现现代化提供新的选择。

（一）中国式现代化具有中国特色

中国式现代化坚持现代化发展的一般规律，同时更加注重中国特色。

从一般要素来讲，在从农业社会向工业社会转变的社会结构变迁进程中，必然注重工业化、城市化、全球化，注重市场经济、科学技

---

① 中共中央马克思恩格斯列宁斯大林著作编译局编译：《马克思恩格斯选集》第一卷，人民出版社 1995 年版，第 248-249 页。

术，注重民主法治、公平正义、自由平等。自改革开放以来，我国社会主义现代化建设从总体上也注重这些一般性要素。[①] 究竟如何揭示世界现代化发展的一般规律？这是学术界还需要进一步深究的一个重要理论问题。世界现代化发展的一般规律，从动态和纵向上遵循的是"现代化起飞阶段相对注重发展动力、持续运行阶段相对注重发展的平衡和谐、当动能不足发展失衡时要注重治理"的发展规律。中国式现代化也遵循这种一般规律。在改革开放之初，首先注重的是激活我国经济社会发展的动力，强调解放思想、解放人、解放生产力，强调敢闯敢干、敢为人先，杀出一条血路。在我国社会主义现代化进一步发展进程中，一定程度上出现了发展不全面、不兼顾、不协调、不平衡、不和谐的新情况新问题，我们党提出的科学发展观特别强调构建社会主义和谐社会，就是直奔解决这种新情况新问题而去的。党的十八大以来，我国发展步入新的历史方位，党的十八届三中全会的主题是全面深化改革，其总目标就是发展和完善中国特色社会主义制度、推进国家治理体系和治理能力现代化，这就把国家治理体系和治理能力现代化问题推到我国历史发展的前台，其实质讲的就是推进国家治理体系和治理能力现代化。

中国式现代化更加注重现代化建设的中国特色。我们不能"用西方的鞋套中国的脚"，"用西方的公式剪裁中国的现实"，否则就会适得其反。在实践上，我们坚持走自己的路，坚定不移走中国特色社会主义道路，创造了中国式现代化新道路，成功推进了中国式现代化。

从学理上，可从四个方面深化对中国特色的理解：一是政治基础

[①] 20 世纪初，中国许多学者都把现代化看作工业化（industrialization）。参见张素民：《中国现代化之前提与方式》，载罗荣渠主编：《从"西化"到现代化》，北京大学出版社 1990 年版，第 233 页。

是中国共产党领导的社会主义现代化。二是时代基础是"强国时代"，要以中国式现代化推进强国建设、民族复兴。三是现实基础是人口规模巨大，所以整体迈进现代化社会不能急于求成。四是理论基础是新发展理念，贯彻新发展理念对中国式现代化提出了本质要求，即注重创新发展、协调发展、绿色发展、开放发展、共享发展。人口规模巨大的现代化、物质文明和精神文明相协调的现代化、人与自然和谐共生的现代化、走和平发展道路的现代化、全体人民共同富裕的现代化，分别体现着创新发展、协调发展、绿色发展、开放发展和共享发展。

这实质上是推崇非线性的历史观和现代化观，是现代化的"中国式存在"。

（二）中国式现代化发展道路具有特殊性

中国式现代化强调现代化发展道路具有强烈的历史规律意识和历史主体意识，内蕴历史发展的普遍性和特殊性统一、连续性和阶段性统一、进步性和曲折性统一，以及历史发展道路的多线性。"中国式现代化道路"是"世界现代化道路"的一种新范式和类型，具有世界意义。中国式现代化体现科学社会主义的先进本质，深深植根于中华优秀传统文化，借鉴吸收一切人类优秀文明成果，代表人类文明进步的发展方向，展现了不同于西方现代化模式的新图景，打破了"现代化＝西方化"的迷思，创新性地走出一条不同于西方现代化道路的新型现代化道路，拓展了发展中国家走向现代化的新的途径，也为人类实现现代化提供了新的选择。

中国式现代化的特殊性，主要体现在政治基础的特殊性、现实基础的特殊性、理论基础的特殊性、哲学基础的特殊性、实践愿景（或目标追求）的特殊性，等等。

这实质上讲的是现代化发展道路的世界观，显示的是中国式现代化的"道路存在"。

（三）中国式现代化创造中华民族现代文明、人类文明新形态

中国式现代化主张的是复数文明观。人是万物的尺度，万物为人而存在才有意义，人是理解一切与人有关的事物和对象的坐标。文明是为整个人类发展进步而存在的，需要以"人"为坐标或还原到"人"这个原点来理解本源意义上的文明，这样的文明可理解为推动整个人类、社会与国家、民族历史进步的过程和积极成果。这种文明具有四大要素：一是对创新动力、创新能力、创新活力的不懈追求及其积累起的积极成果。二是对平衡、和谐的不懈追求及其积累起的积极成果。三是以德治法治自治使世界与国家、社会得到有效治理。四是对人类、群体、个人与世界、国家或民族、社会等发展进步的追求，且达至共生共进共享进而井然有序，使人人过上美好生活。

文明，是人类发展和文化发展之演进中沉淀下来的有助于人性进步、人类进步、国家进步、社会进步的积极成果，是文化中的先进方面和状态，是文化之善，是以文明道，适合整个人类共用，它只有特色不同，没有优劣之分。习近平同志指出：各种文明也各有不足。世界上不存在十全十美的文明，也不存在一无是处的文明。[1]

中国式现代化立足人类社会，创造出了中华民族现代文明，这是一种人类文明新形态。这种人类文明新形态既区别于又高于西方单数一元文明。[2]

---

[1] 习近平：《习近平外交演讲集》第一卷，中央文献出版社 2022 年版，第 98 页。
[2] 参见本书 292 页。

这实质上是推崇中国式现代化的文明观，是中国式现代化的"文明存在"。

（四）中国式现代化彰显中华民族的鲜明特质

中华文明特性最能体现中华民族的特质。中华优秀传统文化有很多重要元素，共同塑造出中华文明的突出特性。[①]

习近平同志在文化传承发展座谈会上的重要讲话，阐明了中华文明具有的五个突出特性：一是中华文明具有突出的连续性，历经五千年绵延传承，从未中断。二是中华文明具有突出的创新性，能够在自我传承中吐故纳新，在守正创新中不断发展，在应时处变中不断升华。三是中华文明具有突出的统一性，这种统一不是小国寡民式的统一，而是以广袤地域、超大规模人口、多元民族和多样性文化为基础的"大一统"。四是中华文明具有突出的包容性，不仅对本民族文化元素具有包容性，而且能够包容异质文明。这决定了中华文化对世界文明兼收并蓄的开放胸怀。五是中华文明具有突出的和平性，"为而不争"、"利而不害"的爱好和平思想始终占据着主流地位，和平发展思想是中华文化的内在基因。

中华文明的突出特性表达了中华民族的鲜明特质，这种突出特性和鲜明特质，又使中华民族进而使中国式现代化具有显著的民族优势。中国式现代化，是从新中国成立以来的中国伟大实践中走出来的，具有连续性；它区别又高于西方现代化，具有创新性；它是中国共产党领导的社会主义现代化，也与各国现代化具有共同特征，具有统一性；它不忘本来、吸收外来、面向未来，具有包容性；它走和平发展道路，具有和平性。

---

① 习近平：《在文化传承发展座谈会上的讲话》，人民出版社 2023 年版，第 2 页。

这实质上讲的是中国式现代化中的民族观，是中国式现代化的"民族性存在"。

（五）中国式现代化在社会性的群己关系中注重他者

中国哲学对人的理解区别又高于西方哲学对人的理解。中国哲学相对注重从人的社会性、人在群体中的社会关系理解人及其本质，认为人虽然具有自然本性或自然属性，但在本质上首要是具有社会性，是社会的人，是一定社会关系中的人。人只有在一定的社会关系中才能成其为人，离开社会或社会关系，仅从自然本性上理解人，就会把人沦为动物。人只有在一定的社会关系中才能成其为人，这意味着人的社会关系也是一种隐性实体，要从人的社会关系去理解和把握人的社会性，从人的社会关系（社会性）和整体关系性中理解和把握人及其本质。由此，中国哲学就往往从"伦理关系"、"群己关系"、"他者"、"为他之仁"去理解和把握人及其本质，强调人是"大写的人"，是在社会性的群体性关系中成其为人，是在创造社会价值中实现其自我价值。由此，人首先应注重其集体性，注重集体主义价值观。这样来理解和把握人，显然要比西方把人理解为"自我"、"为我"文明得多。

由此出发，中国哲学就往往注重从整体性关系理解和把握中国式现代化道路、文明和民族性，中国式现代化的本质特征就是在各种社会关系尤其是"为他"关系中来定义和理解的：人口规模巨大的现代化，讲的主要是迈进现代化社会的中国人口规模与发达国家总人口之比较关系；全体人民共同富裕的现代化，主要讲的是所有中国人民在分配财富上的关系；物质文明和精神文明相协调的现代化，主要讲的是物质文明和精神文明的关系；人与自然和谐共生的现代化，主要讲的是人与自然的关系；走和平发展道路的现代化，主要讲的是中国与世界其他国家之间的关系。

这可以称之为中国式现代化的价值观和人的本质观，是中国式现代化的"人学存在"。

（六）体现中国式现代化本质要求和重大原则的社会治理

中国式现代化强调，现代化是一个有规律可循的社会历史发展过程：它注重对现代化系统各要素的战略性思考、全局性谋划、整体性推进，亦即注重全面协调、统筹兼顾、平等普惠，其中最主要的，就是必须体现中国式现代化的本质要求和重大原则；从纵向动态来讲，这种规律体现为遵循现代化发展的动力、平衡和治理相统一。就是说，它把中国式现代化的本质要求和重大原则所蕴含的注重战略性思考、全局性谋划、整体性推进，所注重的全面协调、统筹兼顾、平等普惠，聚焦为坚持动力、平衡和治理相统一，并将其作为社会治理原则，全面贯彻到现代化建设的一切领域和现实发展进程。

坚持动力、平衡、治理有机统一，区别又高于西方的"社会进化论"，可以称为"社会治理观"，是中国式现代化的"社会存在"。

（七）中国式现代化坚持以人民为中心的发展思想

中国式现代化强调的非线性史观和现代化道路观、复数文明观、中华民族特质观、人的社会本质观、社会治理观，所强调的坚持人民至上、坚持以人民为中心的发展思想，都聚焦到基于真理性和人民性相统一的人民标准上，认为基于真理性和人民性相统一的人民标准是检验中国式现代化成败得失的根本标准，离开人民标准，其他都无从实现。

中国式现代化强调基于真理性和人民性相统一的人民标准是最高尺度，一切都要拿到人民标准的评判台加以评判。基于真理性和人民性相统一的人民标准具有本质性、逻辑性、普遍性、判别性、主体性，可基于人民标准引领中国式现代化，应当用人民标准检验中国式现代化的推进和拓展实效。就是说，唯有坚持人民标准，才能真正实现中国式现代化。

显然，基于真理性和人民性相统一的人民标准的尺度观区别于理性尺度观。这可以称之为中国式现代化的人民标准观或人民主体观，是中国式现代化的"人民性存在"。

（八）中国式现代化致力于构建人类命运共同体

"西方中心论"是西方文明的逻辑起点，这是导致世界困局的理论根源。西方文明因哲学根基是"主客对立"而蕴含着"对立"、"对抗"的基因，世界因此被切割成相互冲突的对立体。如此，国际秩序很难持续下去。

著名物理学家霍金指出，整个世界，尤其是西方世界，长期处于机械唯物主义观念掌控之中，它只相信世界是物质的，只看得见有形的物质，只追求物质和物质享受。在西方文明牵引下，人类几乎走上了一条追求物质享受的不归路。值得警醒的是，西方鼓吹的"民主神话"在世界各国正在破灭，"市场万能"的梦想屡被"市场失灵"的现实所击破，流行多时的新自由主义正在夕阳西下，它有添乱之嫌而无治乱之力。世界金融危机的后遗症、局部战乱的升级、世界贫困人口的急剧增加，都标志着西方文明逐渐陷入危机。

中国式现代化的本质要求，是推动构建人类命运共同体，创造人类文明新形态，它为世界贡献了超越"西方中心论"且能为世界带来福祉的人类命运共同体理念：它以全人类共同价值、人类文明新形态为人文基础和价值支撑，坚持共利共享，超越零和博弈，建设利益合作共同体；坚持共识共商，在国际交流中合理管控意识形态分歧，建设价值共同体；坚持共建共进，超越唯我独尊、你输我赢，建设行动发展共同体；坚持共治共处，超越"修昔底德陷阱"，建设安全共同体；坚持共有共赢，超越结盟思维，建设合作共同体。

这实质上讲的是中国式现代化的人类命运观，是中国式现代化的"世界性存在"。

（九）中国式现代化倡导"主主平等"的普惠哲学

与西方现代化和"西方中心论""主客对立"的哲学根基相反，中国式现代化的哲学根基是"主主平等普惠"，即注重主体际所具有的主体性、平等性、普惠性，注重自主发展、平等发展与共享发展、共同富裕、和谐共生、合作共赢。从马克思主义哲学到当代中国马克思主义哲学，都注重为中国式现代化建构一种良性秩序，为其确定作为最后本源的哲学基础，这就是"主主平等普惠"。[①]

西方现代化和"西方中心论"的哲学根基是"主客对立"，马克思的理论体系之哲学基础是"主主平等"。基于矛盾思维的扬弃，是辩证法的本质。马克思主义哲学在对西方现代化"主客对立"哲学根基进行批判和超越的同时，也进行了革命性创造，构建起新的哲学范式——"主主平等普惠"。"主主平等普惠"是指：①摒弃主统治客

---

① 近年，我在《学术月刊》（2018年第9期）、《哲学动态》（2023年第3期）、《江海学刊》（2019年第1期）等学术刊物发表的相关文章中，从学理上对"主主平等"的普惠哲学做了较为全面深入的阐释和论证。

的"主客对立"哲学范式；②立足基点是"多种"（多样）要素构成的有机系统，反对基于"一元"的对立；③把系统各要素都看作主体，而非有的是主体、有的是客体；④强调各要素作为主体都是"平等的主体"，主体际关系平等，具有"平等性"；⑤注重主体际所具有的"普惠性"，即共享发展、共同富裕、和谐共生、合作共赢；⑥蕴含"利他为善"、"化人为善"、"自我完善"、"善治普惠"的时代精神。

"主主平等普惠"的哲学范式，既植根于中国特色社会主义发展的历史逻辑和时代逻辑之中，又体现了中国式现代化注重主体性、平等性、普惠性的现实逻辑，还彰显了习近平新时代中国特色社会主义思想的理论逻辑。

这实质上讲的是中国式现代化的哲学观，是中国式现代化的"哲学存在"。

（十）中国式现代化为人类实现现代化提供新的选择

中国能为世界贡献什么？这是中国哲学家梁漱溟、英国历史学家汤因比之问，也是毛泽东同志晚年最为关切的一个重大问题。中国哲学家梁漱溟、英国历史学家汤因比曾问：中国以什么贡献给世界？党的十九届六中全会通过的《决议》强调：中国特色社会主义新时代是我国不断为人类作出更大贡献的时代。[1] 今天我们可以自信地说：中国式现代化为人类实现现代化指明了具有光明前景的正确方向，提供了新的选择。

中国式现代化一定意义上引领着人类实现现代化，即对人类实现

---

[1]《中共中央关于党的百年奋斗重大成就和历史经验的决议》，人民出版社 2021 年版，第 23 页。

现代化作出了重要贡献：

（1）创造了中国式现代化，为人类实现现代化提供了新的选择。过去一些人认为，只要实行现代化就必须走西方现代化道路。中国式现代化在世界上的成功，破除了所谓"自古华山一条路"的对西方现代化的迷思，使人们看到实现现代化是"条条大路通罗马"。中国式现代化表明，通向现代化之路有多条，中国式现代化是其中最为重要的一条。

（2）创造了人类文明新形态。西方文明对推动世界历史进步发挥了积极作用，对此应予以肯定。然而，西方在开始把西方文明演变为一元"帝国文明"的历史进程中，因哲学根基是"主客对立"、"主统治客"，就蕴含着异化为"野蛮"的基因，这种一元"帝国文明"不仅内生不出人类文明新形态，而且会把整个人类带入歧途甚至深渊。中国式现代化基于"主主平等普惠"的哲学根基，所创造的人类文明新形态，是一种以"主主平等普惠"为根基的"全要素文明"、"和合普惠文明"、"人本文明"、"民本文明"，这样的文明为人类实现现代化展现了光明前景。

（3）中国式现代化要使14亿多人口整体迈进现代化社会，它不仅解决了占世界总人口近五分之一的人口的贫困问题，也为世界提供了广阔的市场发展空间，这是对世界的生存性贡献和经济贡献；中国式现代化是实现全体人民共同富裕的现代化，它不仅为发展中国家走向现代化提供了新的途径，也为人类推进以人为本的历史进程提供了新的选择，这是对世界的社会主义贡献和稳定性贡献；中国式现代化是物质文明和精神文明相协调的现代化，它不仅推进整个社会全面协调发展，而且彰显出社会主义制度的优越性，这是对世界的发展性贡献和制度性贡献；中国式现代化是人与自然和谐共生的现代化，它不仅能使人在美丽的环境中工作和生活，而且保护了人类的生存家园，这是对世界的生态性贡献和文明性贡献；中国式现代化是走和平发展道路的现代化，不仅有助于维护广大发展中国家人民的生存权利，而且有利于维护世界和平，这是对世界的人类性贡献与和平性贡献。

（4）中国式现代化为创新发展21世纪马克思主义奠定了基础、提供了基石，它是创新发展21世纪马克思主义的立足点。由此，中国式现代化能真正创造人类文明及其人类文明新形态，也在某种意义上区别又高于西方现代化。

这可以称之为中国式现代化的世界贡献观，是中国式现代化的"普惠性存在"。

三、引领时代发展

如果说思想引领历史发展主要讲的是"过去"，思想引领实践发展主要讲的是"现在"，那么思想引领"时代"发展则相对侧重于"未来"。

时代、思想、哲学三者总是关联在一起的。思想是时代的先声，哲学是时代精神的精华，哲学思想引领时代发展。思想对时代的引领，从根本上是哲学思想的引领，是哲学世界观和方法论的引领。哲学是时代精神的精华，它以其世界观和方法论为理论创新进而为引领时代发展指明了方向，提供了科学方法。

党的二十大报告第一次把习近平新时代中国特色社会主义思想的认识深化并提升到哲学世界观和方法论层面，开辟了习近平新时代中国特色社会主义思想的哲学新境界，为进一步推进理论创新且引领时代指明了方向，提供了科学方法。由此，讲世界观和方法论的引领，应首要讲习近平新时代中国特色社会主义思想的世界观和方法论的引领。

（一）把对习近平新时代中国特色社会主义思想的认识提升到哲学层面

新时代新征程，需要开辟马克思主义哲学新境界，彰显哲学思想的力量。

新时代，我们党在推进马克思主义中国化时代化历史进程中，取得了重大理论创新成果，这些创新成果是沿着"道理—学理—哲理"的逻辑演进和提升的。

党的重大理论创新成果，最初是用"习近平总书记系列重要讲话"来表达的。这实际上讲的更多的是习近平治国理政的"事理"或"道理"；之后，我们党进一步对"习近平总书记系列重要讲话"予以聚焦和凝练，提出了"习近平治国理政新理念新思想新战略"。这就初步地把习近平治国理政的道理上升到"学理"层面，新理念、新思想、新战略不仅"条理化"、"逻辑化"了，而且它们都属于学理性范畴；其后，我们又进一步对"新理念新思想新战略"进行提升和概括，于是党的十九大报告第一次提出了习近平新时代中国特色社会主义思想的"八个明确、十四个坚持"的基本观点和基本方略，使习近平新时代中国特色社会主义思想的学理性更加得到彰显；再后，党的十九届六中全会又对"八个明确、十四个坚持"做进一步提升、凝练和概括，提出了习近平新时代中国特色社会主义思想的"十个明确"，进而使习近平新时代中国特色社会主义思想的学理形态得以呈现；党的二十大报告整合上述成果，提出"我们党勇于进行理论探索和创新，以全新的视野深化对共产党执政规律、社会主义建设规律、人类社会发展规律的认识，取得重大理论创新成果，集中体现为新时代中国特色社会主义思想。十九大、十九届六中全会提出的'十个明确'、'十四个坚持'、'十三个方面成就'概括了这一思想的主要内容"①，这就使习近平新时代中国特色社会主义思想的学理形态得以完整且充分地呈现出来。

之所以这样提出，有其深刻的学理依据，有其形成逻辑和理论逻辑：这是按照从时代到思想、从实践到理论、从具体到抽象、从"目"到"纲"、从基本到根本的逻辑，创立习近平新时代中国特色社会主义思想。"十四个坚持"，是以习近平同志为核心的党中央治国理政的基本方略；"十三个方面成就"，是以习近平同志为核心的党中央推动党和国家事业发展取得的历史性成就、发生的历史性变革；"十个明确"，是以习近平同志为主要代表的中国共产党人深刻总结并充分运用党成立以来的历史经验，从新的实际出发，对所创立的习近平新时代中国特色社会主义思想作出的凝练性表达。显然，习近平新时代中国特色社会主义思想牢牢扎根于时代和实践之中，植根于"基本方略"与"历史性成就、历史性变革"之中，立足于历史经验和新的实际之中，它博大精深，根深叶茂。我们不能离开时代和实践、历史经验和新的实际来理解习近平新时代中国特色社会主义思想，否则，就容易把这一思想抽象化、概念化。

党的二十大报告又在对"十个明确"、"十四个坚持"、"十三个方面成就"进行提升、凝练的基础上，第一次明确且完整地概括出了"六个必须坚持"，使之成为习近平新时代中国特色社会主义思想

---

① 习近平：《高举中国特色社会主义伟大旗帜　为全面建设社会主义现代化国家而团结奋斗——在中国共产党第二十次全国代表大会上的报告》，人民出版社 2022 年版，第 17 页。

的世界观和方法论。① 这就进一步把习近平新时代中国特色社会主义思想的认识提升到哲学层面，使我们对习近平新时代中国特色社会主义思想的认识在"哲理"上得以深化和提升，从"时代化"上开辟了习近平新时代中国特色社会主义思想的哲学新境界，为从世界观和方法论上引领时代发展提供了科学方法。

（二）凝练概括习近平新时代中国特色社会主义思想的哲学精髓

新时代新征程，需要提炼概括出习近平新时代中国特色社会主义思想的哲学精髓，彰显思想精髓的力量。因为哲学是思想中的时代，是时代中的思想，能抓住事物和思想的根本，也能提炼出时代的精华。

哲学的本质特征，就是抓本质、悟精髓、讲逻辑、善概括、重辩证、讲理性、谋战略、观整体、给方法。习近平同志一路走来，其为政之要的一个鲜明特质，就是特别善于学哲学、用哲学，注重调查研究、哲学思考、战略谋划、为民情怀、对党忠诚。党的二十大报告整合了习近平同志关于学习运用马克思主义哲学的重要论述，也吸收我国哲学界的相关研究成果，提出要把握好新时代中国特色社会主义思想的世界观和方法论，坚持好、运用好贯穿其中的立场观点方法这一重大命题和论断，明确而又鲜明、系统而又完整地把其世界观和方法论凝练概括为"六个必须坚持"，这就是必须坚持人民至上，必须坚持自信自立，必须坚持守正创新，必须坚持问题导向，必须坚持系统观念，必须坚持胸怀天下。这里的"六个必须坚持"，既是习近平新

---

① 习近平：《高举中国特色社会主义伟大旗帜　为全面建设社会主义现代化国家而团结奋斗——在中国共产党第二十次全国代表大会上的报告》，人民出版社 2022 年版，第 18—21 页。

时代中国特色社会主义思想的世界观和方法论，也是这一思想的立场观点方法的集中体现，还是这一思想的精髓和灵魂，是新时代中国共产党人观察时代、把握时代、引领时代的世界观和方法论。从学理逻辑上，这种哲学精髓可提炼概括为：理论任务是"坚持问题导向"；根本立场是"坚持人民至上"；科学态度是"坚持守正创新"；思想方法是"坚持系统观念"；世界眼光是"坚持胸怀天下"；立足基点是"坚持自信自立"。

（三）从哲学上为推进理论创新并引领时代提供科学方法

新时代新征程，需要从哲学上为继续推进理论创新并引领时代指明方向，提供方法和思路，彰显方法论的力量。

基于"两个结合"的哲学意蕴及其实质，党的二十大报告强调："继续推进实践基础上的理论创新，首先要把握好新时代中国特色社会主义思想的世界观和方法论，坚持好、运用好贯穿其中的立场观点方法。"[1] 这里说的世界观和方法论就是"六个必须坚持"。"六个必须坚持"是一个环环相扣、步步递进、逻辑严密的有机整体，体现的是政治逻辑和哲学逻辑，必须严格遵循，坚守其精神实质，与中央精神对标。在坚持政治逻辑的前提下，"六个必须坚持"也是继续推进理论创新、引领时代发展的哲学逻辑。

"六个必须坚持"具有深刻意蕴，它把我们党对继续推进马克思主义中国化时代化的认识，对继续推进理论创新和引领时代发展的认

---

① 习近平：《高举中国特色社会主义伟大旗帜　为全面建设社会主义现代化国家而团结奋斗——在中国共产党第二十次全国代表大会上的报告》，人民出版社 2022 年版，第 18–19 页。

识提升到哲学新境界，为继续推进理论创新、引领时代发展指明方向，提供科学方法。这就是：

——理论创新进而引领时代发展的根本立场，是"坚持人民至上"。人民性是马克思主义的本质属性，党的理论是来自人民、为了人民、造福人民的理论。要坚持好、运用好贯穿习近平新时代中国特色社会主义思想的立场观点方法解决时代发展中的问题，其中首要的是"站稳人民立场、把握人民愿望、尊重人民创造、集中人民智慧，形成为人民所喜爱、所认同、所拥有的理论"。①

——理论创新进而引领时代发展的立足基点，是"坚持自信自立"。中国的问题必须从中国基本国情出发，由中国人自己来解答，且作出符合中国实际和时代发展要求的正确回答，应基于中国国情、中国实际与时代发展要求，创立与时俱进的我们中国自己的理论成果。在推进理论创新进而引领时代发展的过程中，要坚持对马克思主义的坚定信仰，对中国特色社会主义的坚定信念，坚定"四个自信"。在继续推进理论创新进而引领时代发展的进程中，既要不断创新我们党自己的理论成果，又要对我们党的理论创新成果充满自信。②

——理论创新进而引领时代发展的科学态度，是"坚持守正创新"。这关乎基本观点或基本原理，关乎理论创新，关乎在引领时代发展过程中如何科学对待马克思主义基本观点、基本原理问题。理论创新进而引领时代发展，首先要坚持马克思主义基本原理不动摇，坚

---

① 习近平：《高举中国特色社会主义伟大旗帜　为全面建设社会主义现代化国家而团结奋斗——在中国共产党第二十次全国代表大会上的报告》，人民出版社 2022 年版，第 19 页。
② 习近平：《高举中国特色社会主义伟大旗帜　为全面建设社会主义现代化国家而团结奋斗——在中国共产党第二十次全国代表大会上的报告》，人民出版社 2022 年版，第 19 页。

持党的全面领导不动摇，坚持中国特色社会主义不动摇，这是"守正"，是前提。同时，还要进一步推进马克思主义基本原理的"两个结合"，使马克思主义在中国扎根开花结果，用中国化时代化的马克思主义武装全党，这是"创新"，是发展，否则就会走向教条主义。

——理论创新进而引领时代发展的任务，是"坚持问题导向"。哲学是时代精神的精华，问题是时代的声音，"回答并指导解决问题是理论的根本任务"。习近平同志所强调的观察时代、把握时代、引领时代也具有问题意识，他聚焦于解决"实践遇到的新问题、改革发展稳定存在的深层次问题、人民群众急难愁盼问题、国际变局中的重大问题、党的建设面临的突出问题"，善于运用马克思主义的科学世界观和方法论及其中的立场观点方法解答"时代之问"，回应时代发展新要求，"不断提出真正解决问题的新理念新思路新办法"。捕捉时代问题，是进行理论创新的出发点，或者推进理论创新首要的是分析和解决时代发展中的问题，只有如此，方能提出具有创新性的理论。实际上，我们也正是在回答并指导解决时代发展中的问题的过程中推进理论创新，进而引领时代发展的。①

——理论创新进而引领时代发展的思想方法，是"坚持系统观念"。"系统观念是具有基础性的思想和工作方法"，必须善于运用系统观念分析解决时代发展进程中的现象和本质、全局和局部、当前和长远、宏观和微观、主要矛盾和次要矛盾、特殊和一般的关系，从而为前瞻性思考、全局性谋划、整体性推进新时代党和国家各项事业，进而为推进理论创新、引领时代发展提供科学思想方法。

---

① 习近平：《高举中国特色社会主义伟大旗帜　为全面建设社会主义现代化国家而团结奋斗——在中国共产党第二十次全国代表大会上的报告》，人民出版社 2022 年版，第 20 页。

——理论创新进而引领时代发展要具有世界眼光，即"坚持胸怀天下"。新时代中国特色社会主义已经融入世界历史，实现中华民族伟大复兴战略全局和世界百年未有之大变局（即"两个大局"）也交织互动、相互激荡。这意味着，进入 21 世纪，中国的问题也是世界的问题，解决中国问题具有世界意义；世界的问题也是中国的问题，解决世界问题需要也可以贡献中国智慧、中国方案、中国理论。就此而言，21 世纪是一个特别需要理论而且一定能够产生理论的世纪，它迫切需要给出理论解释；也是一个需要理论创新而且一定能够推进理论创新的世纪，更迫切需要推进理论创新。谁能反映时代要求推进理论创新并对时代发展给出理论解释，谁就能掌握解释 21 世纪世界的理论话语权。由此，要继续推进理论创新进而引领时代发展，既要立足中国，更要放眼世界，直面世界百年未有之大变局，把推进理论创新进而引领时代发展置于人类发展进步潮流中进行推进，进而为解决人类面临的共同问题作出中国贡献。[①] 其中最为紧要最为聚焦的，就是要创新发展 21 世纪马克思主义，用 21 世纪马克思主义观察时代、把握时代、引领时代发展。

从引领历史发展，到引领实践发展，再到引领时代发展，充分彰显了思想对历史、实践和时代的引领力量。

第三节　抓住根本、奠定基础的支撑力量

这里讲的主题，是"中国现实"。

---

① 习近平：《高举中国特色社会主义伟大旗帜　为全面建设社会主义现代化国家而团结奋斗——在中国共产党第二十次全国代表大会上的报告》，人民出版社 2022 年版，第 21 页。

就新时代中国现实而言，党、国家和人民是最为根本的要素。在这里，思想的力量就集中体现在为党执政提供理论支撑，为国家发展提供思想支持，为人民美好生活提供精神支柱。这是思想的"实践伟力"。

一、为党执政提供理论支撑

一个政党要长期执政，就必须有稳固的经济基础、政治基础、理论基础、社会基础和群众基础。马克思主义是立党立国、兴党兴国的根本指导思想，指导中国共产党的理论基础是马克思主义。

（一）中国共产党是马克思列宁主义同工人运动相结合的产物

中国共产党诞生之前，没有哪一种思想理论能够解决近代中国面临的问题，没有哪一种思想理论能够积极有效应对西方现代化潮流对中国产生的强烈冲击，没有哪一种思想理论能够武装工人阶级，能够引导工人运动。这不仅是因为当时缺乏领导力量、组织力量、协同力量、整合力量，而且缺乏把广大工人阶级组织起来且朝着理想目标前进的科学思想理论体系。正是因为有了马克思列宁主义这一科学而先进的思想理论，有科学而先进的思想理论武装，当时所有那些既不科学也不先进的组织、力量、主义，在中国发展进程中都一个一个退出了历史舞台。

马克思列宁主义作为一种先进的思想理论体系一经传入中国，便使中国工人阶级、中国先进的仁人志士看到了希望和曙光。当时一批先进知识分子主动地把马克思列宁主义同中国工人运动相结合，产生了中国共产党，使中国发生了翻天覆地的变化和历史性转折。这里，最为重要的，就是有了马克思列宁主义这一明确而科学的指导思想引领着中国工人阶级、中国工人运动前行。之后，中国共产党就坚定不移地把马克思列宁主义作为自己的指导思想和理论基础。可以说，没有马克思列宁主义，就没有中国共产党。

科学而先进的思想理论对中国共产党的成立至关紧要。一个国家、一个民族在历史发展的紧要关头，尤其是处在历史转折关头，既需要一个强有力的领导组织，也需要有一种能够武装这一领导组织的科学而先进的思想理论。为什么马克思列宁主义在传入中国之前没有产生中国共产党这一领导组织？中国共产党诞生之前，在中国存在着各种各样的"主义"、"思想"，但这些"主义"、"思想"都不是为中国人民谋幸福、为中华民族谋复兴的科学理论。这些思想理论不可能支持产生一个为中国人民谋幸福、为中华民族谋复兴的先进领导组织。当时中国的工人阶级需要有一种科学而先进的思想理论来指导，马克思列宁主义就是这样一种为人民谋幸福、为民族谋复兴的科学而先进的思想理论。所以，马克思列宁主义传入中国之后，就立即与中国工人运动相结合。二者的结合，必然是一种相互成就的关系：马克思列宁主义成就了中国工人运动，即产生了中国共产党这一能领导中国工人运动的先进领导组织；中国共产党也成就了马克思列宁主义，使它在中国这样一个大国发展起来并开花结果。

进一步说，在中国历史转折的紧要关头，有一种科学而先进的思想理论，确实对中国共产党的成立具有决定性作用，因为一种科学而先进的思想理论不仅可以指导工人运动从而产生中国共产党，而且可以决定一个政党和国家发展的正确走向。越是在历史发展的紧要关头，思想意识、思想观念就越至关紧要。

（二）中国共产党是靠思想理论武装的政党

在性质上，中国共产党是用马克思主义思想理论武装起来的政党。中国共产党和马克思主义在为人民谋幸福、为民族谋复兴这一根本点上是完全一致的。不仅如此，马克思主义和中国共产党也是相互成就的。在中国，马克思主义之所以行，首先在于中国共产党能，因为是中国共产党把马克思列宁主义同中国具体实际相结合、同中华优秀传统文化相结合，产生了中国化时代化的马克思主义，而这样的马克思主义能武装全党、教育人民、指导实践；中国共产党之所以能，就是因为马克思主义行，是因为马克思主义把中国共产党武装成为中国人民谋幸福、为中华民族谋复兴的政党，武装成具有战斗力、凝聚力、感召力的先进而纯洁的政党。

在政治立场上，它坚持马克思主义唯物主义历史观的人民群众观点，坚持人民至上。中国共产党没有自己的特殊利益，它的利益就是代表中国最广大人民群众的根本利益。中国共产党始终坚持群众观点，坚持群众路线。

在目标上，它体现了马克思主义的本质要求。马克思主义在本质上所追求的，就是实现人类解放、劳动人民解放、每个人自由而全面的发展。这一目标追求，在中国就是通过中国共产党执政来逐步实现的。也就是说，中国共产党的一切奋斗，就是实现马克思主义在本质上所追求的目标，就是为中国人民谋幸福、为中华民族谋复兴。

在道路上，它坚持马克思主义同中国具体实际相结合、同中华优秀传统文化相结合。在中国，马克思主义发展史，一定意义上就是不断推进马克思主义中国化时代化的历史，是一部不断推进理论创新、进行理论创造的历史，就是探寻正确道路的历史。在马克思主义中国化时代化历史进程中，我们党找到了能解决中国问题的正确的中国道路。

在依靠力量上，它依据马克思主义唯物主义历史观的人民群众观点，紧紧依靠广大人民群众。中国共产党是领导力量，广大人民群众是依靠力量，中国共产党和人民群众是鱼水关系。离开广大人民群众的支持，我们党将一事无成。马克思主义唯物主义历史观认为，人民群众是社会历史发展的推动力量。这一唯物主义历史观的基本观点，在中国共产党执政过程中的具体体现，就是既要一切为了群众，又要一切依靠群众。

在治国理政上，它坚持马克思主义的世界观和方法论。马克思主义的世界观和方法论是中国共产党人的思想武器，也是中国共产党人的"看家本领"。

马克思主义哲学的思想智慧与中国共产党治国理政具有本质联系。中国共产党运用马克思主义哲学智慧、哲学思维方法治国理政，注重把握以下思维方法与原则：

（1）"思想"与"确定工作思路"。有好的思想才会有好的思路，有好的思路才会有发展的宽广大路。换言之，治国理政必须有好的思路，在正确思想指导下确定好的思路，往往会有发展的宽广大路。

（2）"从客观实际出发"与"作出科学决策"。要作出科学决策，首先取决于对客观事物的正确认识和判断。如何在治国理政实践中达到对客观事物的正确认识和判断呢？最主要的方法之一，就是从客观实际出发制定政策、推动工作，克服工作中的教条主义和形式主义。

（3）"辩证思维"与"有效化解矛盾"。辩证思维，就是运用既对立又统一的眼光看问题。我国发展起来以后遇到的矛盾和问题并不比不发展时少。党中央治国理政，如何从繁杂的矛盾和事务中"超脱"

出来，有效化解矛盾进而掌握主动权，提高工作效率？这需要运用辩证思维来有效化解工作中的一系列矛盾。

（4）"事物本质"与"获得正确认识"、"成功指导实践"。在治国理政过程中，必须通过实践，通过反复法和比较法，逐步认识事物的本质，并形成正确的真理性认识；还要运用正确的真理性认识指导实践和工作，改造不合理的现实环境。

（5）"把握规律"与"确立战略思维"。领导干部的一项基本功，就是要善于把握事物发展规律和工作发展规律，这有利于从战略上把握事物发展和工作发展，提高战略思维能力。

（6）"尊重历史发展规律和坚持人民主体地位相统一"与"依靠人民、为了人民、尊重人民"。在进行决策、确定目标和付诸实践时，既要符合社会历史发展规律的客观要求，又要符合人民群众的主体需求。越是遵循历史发展规律，作出的决策与确定的目标就会越科学，就越能促进社会进步，就越符合人民群众的共同追求，人民群众就越能从中受益。只有依靠人民群众，工作才有动力；只有为了人民群众，工作才有意义；只有尊重人民群众，工作才有遵循。

（7）"坚持生产力标准与人民利益标准的统一"与"既见物又见人"。既坚持生产力标准，把是否有利于解放和发展社会生产力作为检验社会历史发展是否进步、路线方针政策是否正确和工作成败得失的根本标准，又坚持人民利益标准，把人民群众当作一切社会历史活动的主体和目的，把发展好、维护好、实现好最广大人民群众的根本利益作为我们党一切工作的出发点和落脚点。

（三）中国共产党不断推进理论创新

中国共产党推进理论创新的历程表明，党的创新理论是党不断焕发勃勃生机且永葆青春活力的一个重要原因，也表明它对于党的发展壮大而言具有强大的思想力量和理论伟力。这一思想力量和理论伟力，是通过"两个结合"进而不断推进党的理论创新呈现出来的。

党的创新理论的第一个理论形态，是创立了毛泽东思想。毛泽东思想之思想力量，主要体现在它是关于中国革命、社会主义革命和建设的话语。毛泽东思想的三大活的灵魂——实事求是、群众路线、独立自主，是中国革命取得成功的根本密码。毛泽东思想的文本体现——《实践论》、《矛盾论》、《论持久战》、《论十大关系》、《关于正确处理人民内部矛盾的问题》等，都是指导中国革命与社会主义革命和建设的经典之作，且引领着中华民族实现站起来，使中国革命走向成功。

党的创新理论的第二个理论形态，是创立了邓小平理论。邓小平理论之思想力量，主要体现在它是关于我国改革开放和社会主义现代化建设的话语，是关于什么是社会主义、怎样建设社会主义的话语，对解放和发展社会生产力进而实现中国人民、中华民族富起来，发挥着十分重要的引领作用。邓小平理论的文本载体——《解放思想，实事求是，团结一致向前看》、《在武昌、深圳、珠海、上海等地的谈话要点》等著作及其思想，为我国改革开放和社会主义现代化建设注入了强大思想动力。

党的创新理论的第三个理论形态，是形成了"三个代表"重要思想。其思想力量，主要体现在它是关于继续深化改革开放和社会主义现代化建设的话语，是关于建设什么样的党、怎样建设党的话语，是在改革和现代化建设进程中党如何保持先进性和提高执政能力统一的话语，是继续实现富起来的话语，对实现中华民族、中国人民富起来具有重要的思想引领作用。

党的创新理论的第四个理论形态，是形成了科学发展观。科学发展观之思想力量，主要体现在它是关于进一步深化改革开放和社会主义现代化建设的话语，是关于继续实现富起来的话语，尤其是关于实现科学发展、如何实现科学发展的话语。科学发展观对实现科学发展、构建社会主义和谐社会，发挥了不可忽视的思想引领作用。

党的创新理论的第五个理论形态，是创立了习近平新时代中国特色社会主义思想。其思想力量，主要体现在它是中国特色社会主义进入新时代，关于新时代以中国式现代化全面推进强国建设、民族复兴的话语，是关于立足中国、放眼世界、面向未来、胸怀天下的话语。习近平同志的《习近平谈治国理政》，尤其是党的十九大报告、二十大报告，是关于新时代通过大力推进中国式现代化以实现强起来的代表性著作，是立足中国、放眼世界、面向未来的代表性著作，对中华民族迎来从富起来到强起来的伟大飞跃，发挥着十分重要的思想引领作用。

二、为国家发展提供思想支持

这里所讲的"国家发展"，主要指实现中华民族伟大复兴，使国家强起来，要言之，指强国建设、民族复兴。实际上，习近平新时代中国特色社会主义思想，就是关于我国发展起来以后使大国成为强国即实现强起来的理论，它为强国建设、民族复兴提供了思想支持。这就是马克思所讲的："理论在一个国家的实现程度，总是决定于理论满足这个国家的需要的程度。"

（一）解决经济相对落后国家如何全面治理并建成社会主义的问题

新时代中国特色社会主义，是在民族历史成为世界历史且与世界互动中建设的社会主义，是在"两个大局"交织互动背景下不断发展的社会主义，是在与资本主义"竞跑"中展现社会主义制度优越性的社会主义，是能解决经济落后国家全面治理并建成社会主义这一根本问题的社会主义。要夺取中国特色社会主义伟大胜利，从理论上讲需解决三大根本问题：一是运用新发展理念，聚焦解决人民日益增长的美好生活需要和不平衡不充分的发展之间的社会主要矛盾，使人民生活好起来，使国家强起来。新发展理念就是针对社会主要矛盾而去的，绿色发展、共享发展关乎人民美好生活的实现，创新发展、协调发展、开放发展关乎解决发展不平衡不充分的问题。二是运用国家治理现代化理论，利用我国国家制度和国家治理体系的显著优势继续创造中国奇迹[1]，把制度优势更好地转化为政党治理、国家治理、全球治理效能，从而奋力实现中华民族伟大复兴。国家制度优势和国家治理效能，直接影响着实现中华民族伟大复兴的进程。[2] 三是以中国式现代化推进中华民族伟大复兴，不断为人类作出新的更大贡献。[3] 中国式现代化坚持以人民为中心的发展思想，走和平发展道路，人类文明新形态注重物质文明、精神文明、政治文明、社会文明、生态文明协调发展，有助于为人类作出重要贡献。只要"坚定不移走中国特色社会主义道路"，就一定能够把我国建成富强民主文明和谐美丽的社会主义现代化强国。只要致力于推进国家治理体系和治理能力现代化，"只要我们始终坚持全心全意为人民服务的根本宗旨"，"坚持一切为了人民、一切依靠人民，坚持为人民执政、靠人民执政，坚持发展为了人民、发展依靠人民、发展成果由人民共享"，"就一定能够领导人民夺取

---

① 习近平：《在经济社会领域专家座谈会上的讲话》，人民出版社 2020 年版，第 2 页。

② 韩庆祥：《21 世纪马克思主义的基础性问题》，《中国社会科学》2022 年第 4 期。

③ 习近平：《习近平著作选读》第二卷，人民出版社 2023 年版，第 368 页。

中国特色社会主义新的更大胜利"。① 对此，习近平同志切中要害地讲："实际上，怎样治理社会主义社会这样全新的社会，在以往的世界社会主义中没有解决得很好。马克思、恩格斯没有遇到全面治理一个社会主义国家的实践，他们关于未来社会的原理很多是预测性的；列宁在俄国十月革命后不久就过世了，没来得及深入探索这个问题；苏联在这个问题上进行了探索，取得了一些实践经验，但也犯下了严重错误，没有解决这个问题。我们党在全国执政以后，不断探索这个问题，虽然也发生了严重曲折，但在国家治理体系和治理能力上积累了丰富经验、取得了重大成果，改革开放以来的进展尤为显著。"② "我们的国家治理体系和治理能力总体上是好的，是适应我国国情和发展要求的。同时，我们也要看到，相比我国经济社会发展要求，相比人民群众期待，相比当今世界日趋激烈的国际竞争，相比实现国家长治久安，我们在国家治理体系和治理能力方面还有许多不足，有许多亟待改进的地方。真正实现社会和谐稳定、国家长治久安，还是要靠制度，靠我们在国家治理上的高超能力，靠高素质干部队伍。我们要更好发挥中国特色社会主义制度的优越性，必须从各个领域推进国家治理体系和治理能力现代化。"③

---

① 任仲文编：《新时代　新征程　新奋斗》，人民日报出版社 2022 年版，第 279 页。

② 中共中央文献研究室编：《十八大以来重要文献选编》（上），中央文献出版社 2014 年版，第 548 页。

③ 中共中央文献研究室编：《十八大以来重要文献选编》（上），中央文献出版社 2014 年版，第 548 页。

（二）解决世界历史进程中发展中国家如何实现现代化的问题

我们党以中国特色社会主义理论体系为指导，首先是在国内实行改革开放，合理利用生产要素驱动、投资规模驱动，以及世界先进技术、世界资本，来解放和发展社会生产力。其次是注重发挥国家制度的显著优势以实现跨越式发展。中国紧紧抓住经济全球化的战略机遇期，充分发挥"调动各方面积极性，集中力量办大事的显著优势"[1]，不断提升国家治理效能，实现了跨越式发展，使中国作为世界上最大的发展中国家创造了经济快速发展奇迹和社会长期稳定奇迹[2]，逐步接近世界现代化先进发展水平和世界发达国家发展水平；再次是拓展中国式现代化道路，坚持中国共产党领导，坚持守正创新，坚持以人民为中心的发展思想，不断解放和发展社会生产力，实现全体人民共同富裕，促进人的全面发展，注重贯彻新发展理念，构建新发展格局，统筹推进"五位一体"总体布局、协调推进"四个全面"战略布局，确立全面建成社会主义现代化强国新征程的战略步骤，尤其坚持和完善中国特色社会主义制度、推进国家治理体系和治理能力现代化，整合党的领导力量、人民主体力量和市场配置力量，坚持走和平发展道路，积极实现由富起来到强起来的伟大飞跃[3]，从而使中国大踏步赶上了时代。

---

① 《中国共产党第十九届中央委员会第四次全体会议文件汇编》，人民出版社2019年版，第20页。

② 习近平：《在经济社会领域专家座谈会上的讲话》，人民出版社2020年版，第2页。

③ 《中国共产党第十九次全国代表大会文件汇编》，人民出版社2017年版，第16页。

（三）解决"两制并存"格局中如何以中国式现代化和人类文明新形态发挥社会主义制度优越性，为"世界向何处去"开辟新路的问题

在社会主义制度和资本主义制度两制长期并存的格局中，习近平同志顺应世界大势和时代潮流，提出中国式现代化、人类文明新形态和构建人类命运共同体这种具有世界历史意义的中国理念，为世界社会主义运动指明了方向，这关乎世界社会主义、马克思主义发展全局，也在重构世界格局，影响世界历史发展进程。

改革开放以前一段时间，中国在现代化问题上落后于世界现代化发展水平，再不加快发展，就有被"开除球籍"的危险，这可谓"世界失我"。所以，在中国特色社会主义开创之初，着重解决的是解放和发展社会生产力从而使中国人民富起来的问题，且追求世界现代化潮流，追赶发达国家先进发展水平。

随着新时代中国特色社会主义日益成长，它不仅在世界上开创了一种具有独立性、自主性、主体性的中国特色社会主义道路，而且这种道路使科学社会主义在 21 世纪的中国焕发出强大生机活力，在世界高举中国特色社会主义伟大旗帜，这可谓"世界有我"。

随着中国特色社会主义道路、理论、制度、文化的不断发展，我们党成功推进和拓展了中国式现代化，它对解决世界历史进程中"世界向何处去"问题具有重大意义。新中国成立特别是改革开放以来的长期探索和实践，为创新突破、成功推进中国式现代化奠定了坚实基础，经过党的十八大以来理论和实践上的创新突破，我们党成功推进和拓展了中国式现代化"主体本身"。显然，创新突破、成功推进中国式现代化"主体本身"的历史起点和逻辑起点，是党的十八大。就

国内而言，它直接对接全面建成社会主义现代化强国、全面推进中华民族伟大复兴，即对接"强国时代"并反映"强国逻辑"；就世界而言，它直接对接创造人类文明新形态并为人类实现现代化提供了新的选择。这意味着中国式现代化使中国在世界上的地位从"世界失我"走向"世界有我"，进一步走向"世界向我"。

三、为人民美好生活提供精神支柱

实现人民对美好生活的向往，是中国共产党人的奋斗目标。坚持人民至上、坚持以人民为中心的发展思想，能为实现人民的美好生活提供精神支柱。这主要体现为"以人民为中心"的逻辑能超越"资本主导"的逻辑。

马克思曾提出人的发展"三形态"理论，即从"人的依赖"到"物的依赖"再到"自由个性"。"人的依赖"，主要是前资本主义社会人的发展形态，表现为人对血缘共同体及其权力的依赖；"物的依赖"，主要是资本主义商品经济社会人的发展形态，体现为人对货币、资本的依赖，即物对人的统治；"自由个性"，是后资本主义社会人的发展形态，体现为社会生产力全面发展和人的全面发展基础上的人的创造能力的充分发挥。

近代资本主义社会呈现的是"资本现代性"，资本逻辑占主导。马克思、恩格斯的至上追求，就是超越物的依赖所蕴含的"资本逻辑"，实现自由个性所彰显的"人本逻辑"。受当时历史条件限制，他们提出的未来社会理想目标未在实践上真正实现。在马克思、恩格斯以后的马克思主义发展历程中，一些社会主义国家致力于实现这一理想目标并迈出了重要一步，但未把人本逻辑真正变成现实。自从马克思列宁主义传入中国，中国共产党人开创了中国特色社会主义道路，在解放和发展社会生产力的基础上，致力于解决使中国人民富起来的问题。

党的十八大以来，中国特色社会主义进入创造人民美好生活的新时代。这是超越"物的依赖"，不断推进人的全面发展的新时代，是在实践上坚持以人民为中心的新时代。基于这样的时代，以习近平同志为核心的党中央进一步拓展中国式现代化，创造人类文明新形态。它既超越以物为本、以资为本的资本主义文明，坚持以人为本、以人民为本，是体现人类历史发展一般规律的社会主义人本文明和中国特色社会主义民本文明；也超越以个人至上、资本主导、西方中心为支柱的西方文明，是以人民为本、构建人类命运共同体为核心的中华民族现代文明；又超越单向度的工业文明，是集物质文明、精神文明、政治文明、社会文明、生态文明于一体的全面文明（全要素文明）。这种中国式现代化，尤其是人类文明新形态，蕴含着"民本逻辑"。

基于民本逻辑，习近平同志进一步建构起"人民至上"理论。在总体上，他致力于解决人民日益增长的美好生活需要和不平衡不充分的发展之间的社会主要矛盾，解决人民生活"好不好"的问题，建构起"人民至上"理论的总框架。这就是：把人民当作主体，一切依靠人民；把人民当作目的，一切为了人民，让全体人民共享发展成果，在推进人的全面发展、全体人民共同富裕上迈出实质性一步；把人民当作尺度，坚持人民至上。[1] 其具体体现为：在经济领域，以"新发展理念"、"中国特色反贫困理论"，致力于解决"高质量发展"、"精准脱贫"、"共同富裕"问题[2]；在政治领域，以"积极发展全过

---

[1] 《中国共产党第十九届中央委员会第六次全体会议文件汇编》，人民出版社2021年版，第95—96页。

[2] 《习近平在全国脱贫攻坚总结表彰大会上的讲话》（2021年2月25日），新华社北京2月25日电。

程人民民主"，致力于解决民主制度建设诸多难题，坚持人民当家作主和人民主体地位，把人民对美好生活的向往作为奋斗目标①；在文化领域，注重马克思主义基本原理同中华优秀传统文化相结合，明体达用，以"推动文化繁荣、建设文化强国和建设中华民族现代文明"为新时代新的文化使命，致力于丰富人民精神世界、增强人民精神力量，推进人民精神生活共同富裕②；在社会领域，以"人民至上、生命至上"，致力于保障和改善民生，把让老百姓过上好日子作为一切工作的出发点和落脚点，不断增进民生福祉，不断满足人民对美好生活的需要③；在生态文明建设领域，基于人与自然和谐共生提出"两山理论"，真正把生态看作最大最普惠的民生福祉，致力于解决污染防治问题④；在治国理政上，提出"不忘初心、牢记使命"，强调"把人民放在心中最高的位置"⑤。

"人民至上"理论为实现人民美好生活提供了精神支柱，也由此呈现出思想的力量。

为党执政提供理论支撑、为国家发展提供思想支持、为人民美好生活提供精神支柱，充分体现了中国化时代化的马克思主义的思想力量。

第四节　增强本领、滋养智慧的提升力量

这里讲的主题，是"领导干部"，讲思想对于领导干部的"观世

---

① 习近平：《习近平谈治国理政》第三卷，外文出版社 2020 年版，第 16–17 页。
② 习近平：《在文化传承发展座谈会上的讲话》，人民出版社 2023 年版，第 10 页。
③ 习近平：《习近平谈治国理政》第三卷，外文出版社 2020 年版，第 18–19 页。
④ 习近平：《习近平谈治国理政》第三卷，外文出版社 2020 年版，第 19 页。
⑤ 习近平：《习近平谈治国理政》第三卷，外文出版社 2020 年版，第 139 页。

界、给方法伟力"。

这里是从领导干部的精神世界、观念世界，以及认知水平、思维方式层面来看思想的力量。

一般而言，每个人都有三维世界：一是精神世界，二是观念世界，三是感性世界。思想的力量对这三种世界在不同程度上都有影响，这里着重谈论哲学思想的力量如何影响领导干部的观念世界及其思维方式。这种影响主要在于：哲学思维能使领导干部在工作和生活中拥有长远视野、具有宽广视野、滋养整体视野、培育纵深视野，即哲学思维能增强领导干部的看家本领、开阔领导干部的视野、滋养领导干部的智慧、提升领导干部的境界。哲学上的世界观就是思想观念上的"眼界"或"视野"，哲学上的方法论能启迪或滋养人的智慧。如前所述，哲学的特质就是抓本质、悟精髓、讲逻辑、善概括、重辩证、讲理性、观整体、谋战略、给方法。习近平同志指出："党的各级领导干部特别是高级干部，要原原本本学习和研读经典著作，努力把马克思主义哲学作为自己的看家本领。"①

哲学看起来抽象难懂，离我们领导干部的工作和生活很远，但实际上，哲学与我们领导干部的工作和生活息息相关。哲学是一门探寻事物的本质和规律并为人的工作、生活提供智慧、思想、方法的学问。马克思主义哲学对领导干部做好工作具有重要的现实意义。毛泽东同志善于从哲学高度提升工作方法，认为完成任务是过河，而完成任务所需要的工作方法是桥和船，不解决工作方法问题，完成任务就是一句空话。邓小平同志强调：我们的干部中有很多人不懂哲学，很需要从思想方法、工作方法上提高一步。陈云同志曾说：学哲学，终身受

---

① 2013 年 12 月 3 日，习近平总书记在十八届中共中央政治局第十一次集体学习时的讲话。

益。李瑞环同志认为学哲学、用哲学对他推进工作、人生成长具有十分重要的作用，他认为哲学是明白学、智慧学，学了哲学，脑子就灵、眼睛就亮、办法就多，哲学给人以智慧、思路和方法，地位越高、场面越大，哲学就越神奇，作用就越大。

一、求实思维与从客观实际出发

马克思主义哲学的第一块内容，是辩证唯物论。

学习马克思主义哲学的辩证唯物论，目的就是培育领导干部的求实思维，拓展求实视野，尽力做到从客观实际出发认识事物，力求客观地认识和把握事物的本来面目，提升客观把握"事实本身"的智慧。恩格斯指出："只要进一步发挥我们的唯物主义论点，并且把它应用于现时代，一个强大的、一切时代中最强大的革命远景就会立即展现在我们的面前。"①

马克思主义哲学辩证唯物论的核心观点，就是客观存在（生活环境、生活方式、社会关系）决定主观意识（思想、观念、精神），主观愿望必须符合客观实际。

把这种核心观点转化为我们的思维方式，内在要求树立求实思维。这种思维体现在认识事物的出发点上，就是从客观实际出发。

在工作和生活中，领导干部经常要认识事物、分析问题。不管你是否自觉地认识到，总会有一个出发点，要么从主观愿望出发，要么从书本出发，要么从情感出发，要么从利益出发，要么从客观实际出发。学习马克思主义哲学，提升领导干部的哲学素养和认知水平，就要善于自觉主动地从客观实际出发。从哲学角度讲，基本上有两个出

---

① 中共中央马克思恩格斯列宁斯大林著作编译局编译：《马克思恩格斯选集》第二卷，人民出版社 1995 年版，第 38 页。

发点：一是从主观出发，主观地看待事物，带有个人的先入之见，即戴着有色眼镜看事物、看世界。二是从客观实际出发，客观地看待事物，尽力不带个人的主观偏好，力求认识事物自身的本来面目。任何事物和对象都是在一定的时间、空间、条件下存在的，从客观实际出发，就是要从特定的时间、空间、条件出发，一切以时间、空间、条件为转移。

把求实思维转化为领导干部的工作方法，就是要把吃透上情和把握下情有机地结合起来。领导干部的一项首要工作就是要作出科学决策，而作出科学决策，首先取决于对客观事物的正确认识，对客观事物的认识是否正确，决定着决策是否科学。这叫作科学决策取决于对客观事物的正确判断。有些领导干部对一些事情不敢拍板，往往是因为底气不足和底细不清，缺乏调查研究。那么，领导干部如何在工作中运用求实思维达到对客观事物的正确认识呢？最主要的方法，就是注重把吃透上情和把握下情有机结合起来：既要吃透上情，把握上级的号召，增强工作的方向性、目的性，克服工作中的盲目性、自发性，又要把握下情，从当地的特殊实际出发，一切以时间、空间和条件为转移，增强工作的针对性和实效性，克服工作当中的教条主义、本本主义。领导干部既不能借口本地方的特殊而自行其是，也不能不顾特殊实际而死搬硬套。任何客观事物都是在一定时间、地点和条件中存在的，把握住这一客观事物存在的时间、地点和条件，就比较容易客观地把握这一事物的客观实际。毛泽东同志指出："按照实际情况决定工作方针，这是一切共产党员所必须牢牢记住的最基本的工作方法。"① 其实，这种方法也是一切工作方法的基石。

要吃透下情，把握具体实际情况，调查研究是一种十分重要的方

---

① 毛泽东：《毛泽东选集》第四卷，人民出版社1991年版，第1308页。

法。习近平同志从"道"的层面强调调查研究的重要性，指出："调查研究是谋事之基、成事之道。"① 谋事之基，是讲调查研究是分析问题、科学决策之基；成事之道，是说调查研究是解决问题、取得成效之道。习近平同志一路走来，其一个鲜明特质就是十分注重调查研究，且强调调查研究要注重"精准"，可称为"精准调研"。党的十八大以来，习近平同志在治国理政实践中更加注重精准，把精准上升到哲学层面，提出了精准思维，使其具有了普遍性。据新华社大数据词源追踪发现，习近平同志最早使用"精准"这个表述，是 2013 年 11 月 3 日。当时，习近平同志来到湖南湘西花垣县双龙镇十八洞村考察扶贫开发，提出"我们在抓扶贫的时候，切忌喊大口号，也不要定那些好高骛远的目标。扶贫攻坚就是要实事求是，因地制宜，分类指导，精准扶贫"②。之后，"精准"开始在各类会议、文件中频繁出现。习近平同志不仅对"精准"作出重要论述，而且在治国理政实践中也坚持精准思维，且具有体现精准思维的典型范例。

其中一个典型范例，就是精准调研。习近平同志在实地调研与考察过程中，紧扣"精准"二字。精准调研是精准决策、精准谋划、精准施策、精准发力的前提。没有调查，就没有发言权，不做精准调研同样没有发言权。精准调研反对调查研究走马观花、跑马观花，搞形式主义，要求我们必须不断对实际情况做深入系统而不是粗枝大叶的调查研究，使思想、决策、行动符合客观实际。习近平同志早在浙江担任省委主要领导时，就高度重视调查研究这一我们党的传家宝。《之江新语》一书的开篇《调研工作务求"深、实、细、准、效"》令人

---

① 中共中央宣传部编：《习近平总书记系列重要讲话读本》，学习出版社、人民出版社 2014 年版，第 181 页。

② 本书编写组编：《将改革进行到底》，人民出版社、学习出版社 2017 年版，第 199 页。

印象深刻。这实际上是调查研究的"五字经"，其实质就是要做到精准调研。只有"深"入调查研究，才能把调查研究做"实"，即了解实际情况、抓住问题根本。这种实，就体现在把调查研究做"细"、抓"准"，而只有做"细"、抓"准"，才能使调查研究取得实实在在的成"效"。习近平同志指出，调查研究是我们党的传家宝，是做好各项工作的基本功。他强调要在全党大兴调查研究之风，推动全党崇尚实干、力戒空谈、精准发力，精准分析研判。"调查研究就像'十月怀胎'，决策就像'一朝分娩'。调查研究的过程就是科学决策的过程，千万省略不得、马虎不得。"① 党的十八大以来，习近平同志旗帜鲜明地将调查研究的工作方法提到了党治国理政的突出位置，明确指出："调查研究不仅是一种工作方法，而且是关系党和人民事业得失成败的大问题。"②

把习近平同志关于调查研究的思想观点上升到哲学层面，意味着调查研究注重的是"主客体关系"，即调查研究者是客体，被调查研究的对象是主体；领导干部到人民群众中去调查研究，人民群众就是主体，因而要善于做人民群众的学生，虚心向人民群众学习，而不是在人民群众面前"发号施令"。毛泽东同志之所以能全面真实了解人民群众所需所求，写出《湖南农民运动考察报告》，正是源于调查研究。调查研究要力戒形式主义。今天一些人、一些地方的调查研究之所以走了形式，就是有些领导干部去调查研究时把自己看作主体，把人民群众当作客体，到人民群众中去调查研究不是去做人民群众的学生，虚心向人民群众学习，而是在人民群众面前"发号施令"。这样既不可能了解真实情况，更不可能作出科学决策。

---

① 习近平：《之江新语》，浙江人民出版社 2007 年版，第 154 页。
② 刘宝东：《百年大党是怎样炼成的》，人民出版社 2021 年版，第 112 页。

二、实践思维与掌握合理的实践方法

马克思主义哲学的第二块内容，是以实践为基础的认识论。

学习马克思主义哲学认识论的目的，就是培育领导干部的务实思维，拓展实践视野，注重实际、实践、实干、实力、实效，尽力做到深刻认识事物的本质和价值，力求掌握合理的实践方法，提升合理有效"做事"的智慧。

马克思主义哲学认识论的核心观点是：实践是认识的基础、来源、动力，是检验认识真理性的根本标准，认识是在实践基础上主体对客体（对象）的能动反映；由感性认识到理性认识、再由理性认识回到实践，是认识过程的两大飞跃；追求真理和创造价值是人类活动的两大原则。

把这些核心观点转化为领导干部的思维方式，要求树立实践思维。根据这一思维方式，领导干部需要掌握以下两种工作方法：

一是由注重认识"谁"走向注重认识"谁"和认识"什么"的统一。认识是人对客观对象的认识，人所认识的客观对象主要有两种，一是认识人（即认识谁），二是认识客观事物（即认识什么）。认识对象不同，文化发展的基本路径也就不同。在新时代，领导干部既要注重做人，也要注重做事。做事，就要注重实践活动和实际行动。一定意义上，一步实际行动比一打纲领更重要。纲领很重要，纲领确定之后，实现纲领的每一步实际行动更重要。习近平同志强调：一分部署、九分行动。在强国建设、民族复兴新实践新征程中，在注重"做人"的前提下，需要倡导每个人多去认识"什么"，即事物和对象，注重实际、实践、实干、实力、实效，多注重去琢磨事，少去琢磨人，真正营造一个使领导干部干事业、干好事业、干成事业的环境和氛围。

二是注重掌握把思想、理论变成实践、现实的具体合理的方法。从感性认识提升出来的理性认识往往以思想理论的形式表现出来。这种以思想理论形式表现出来的理性认识还应回到实践中变成现实，要转化为"落实"。可以通过以下六个环节抓落实：利益、制度、政策、结合点、问责、实操。

以贯彻落实新发展理念为例：

新发展理念是从感性认识到理性认识的一个重要成果。如何把新发展理念贯彻落实到我们的具体实践中去？这是从理性认识再回到实践需要考虑的一个重要问题。其方法是，领导干部在工作中，其一，要把发展好维护好实现好最广大人民的根本利益作为工作的出发点和落脚点，离开这种利益，"落实"是要出丑的。其二，要用制度抓落实。制度是刚性的，管根本、全局和长远的。其三，用政策抓落实。政策看得见、摸得着、见效快，是我们党的生命线，也是我们党治国理政的一大优势。在抓落实的过程中，政策要跟上跟进。其四，用"结合"抓落实，即找到上情和下情的结合点，把这种结合点作为抓落实的切入点和突破口。抓住"结合点"，既有助于落实上级的一般号召（精神），也有助于使工作富有成效。其五，用问责抓落实。对落实不力不到位的，要科学合理地精准问责。问责，关键在于科学精准，泛泛问责，不仅是不负责任的表现，而且容易导致人们不敢担当、推卸责任。其六，抓落实过程中要具有问题意识、行动意识、操作意识。问题意识，就是要克服形式主义，腾出主要时间和精力来发现本地区、本单位、本部门在贯彻落实新发展理念过程中所遇到的问题，寻找问题产生的原因；行动意识和操作意识，就是行胜于言，要把口动变成心动，把心动变成行动。就是说，不要把贯彻落实新发展理念仅仅停留在口头上，而是要在真正全面正确理解新发展理念的基础上，使新发展理念内化于心、外化于行，使其真正深入人心，并付之于真正的实践行动。要具有切实有效的具体操作措施，真正解决实际问题，使发展走上科学的轨道，即真信、真学、真懂、真用、真变。

三、辩证思维与全面、联系、发展、系统地处理问题

马克思主义哲学的第三块内容，是唯物主义辩证法。

学习唯物主义辩证法的目的，就是培育领导干部的辩证思维、系统思维，拓展全局视野、纵深视野，掌握正确分析和解决矛盾、问题的科学方法，提升领导干部正确处理和驾驭各种复杂矛盾关系的智慧和艺术。

唯物辩证法的核心观点是：任何事物都具有既对立又统一的两个基本方面，要全面地看待事物，就是要看到事物既对立又统一的两个基本方面；要联系地看待事物，就是要深入认识事物之间、事物内部的内在本质联系，即对立统一关系；要发展地看待事物，就是要认识到事物的发展及其内因来自事物内部的对立统一。对立统一是唯物辩证法的实质与核心。显然，唯物主义辩证法就是通过抓住事物的矛盾进而抓住事物的本质的辩证法，它与辩证思维、系统思维与全局视野、长远视野、纵深视野相关。

把上述核心观点转化为领导干部的思维方式，就是要树立辩证思维。辩证思维的核心内容包括两个方面：一是在注重事物之间对立的时候千万不要忽视它们之间的统一。二是在注重事物之间统一的时候，千万不要忽视它们之间的对立。就是说，讲对立别忘统一，讲统一别忘对立。

辩证思维内在要求领导干部在工作中"照辩证法办事"，掌握两种具体的方法。

一是抓重点带一般，同时力戒把重点当成唯一，要以重点与全面统一的眼光处理问题，具有系统思维与全局视野、纵深视野。这是一切工作方法的核心。

二是注重抓住经济社会发展中的平衡机制，即和谐平衡稳定，通过和谐的方式谋求发展，以发展的眼光处理问题。在强国建设、民族复兴进程中，领导干部运用和谐的方式来化解矛盾，并推进社会的和谐发展，其主要方法就是多予少取、换位思考、寻求共识、趋利避害。

四、社会结构思维、历史过程思维与战略谋划

马克思主义哲学的第四块内容，是历史唯物主义。

学习历史唯物主义的目的，就是培育领导干部的历史思维、战略思维，拓展和拥有长远视野、整体视野、纵深视野，走向历史深处，把握社会历史发展和人的发展的整体状况，提升领导干部把握历史主动的智慧。

历史唯物主义有两个核心观点：一是从静态来讲的社会结构理论，强调经济因素（生产力）对社会历史发展的最终决定作用的生产力决定论与社会合力论的有机统一。二是从动态来讲的历史过程理论，认为社会发展像自然界春夏秋冬自然更替一样，是一个有规律可循的自然历史过程。

这种核心理论，要求领导干部树立社会结构思维、过程思维，注重战略谋划。社会结构思维，就是善于从社会结构状况出发分析社会发展状况，避免单因素决定论；过程思维，就是把社会发展看作一个具有规律可循的历史过程，不能随意脱离社会历史发展阶段，犯落后和超越历史阶段的错误；战略谋划，就是具有宽广视野、长远视野、整体视野和纵深视野，注重全局、长远、整体、本质，强调从全局看

局部、从长远看眼前、从整体看部分、从本质看现象。

把社会结构思维、过程思维转化为领导干部的工作方法，就是要做到：

第一，注重事物发展的必然逻辑与历史进程，依据历史发展规律处理问题。比如，运用历史规律来分析新时代中国经济发展方式的转变问题（由注重物质驱动型经济走向更加注重创新驱动型经济）。根据历史发展规律，领导干部应认识到，这种转变，既是新时代中国经济高质量发展的内在必然逻辑，也是符合新时代中国经济高质量发展规律的一种历史进程。实现这种转变，是实现经济又好又快发展的根本途径。在新时代中国经济发展实践要求转向更加注重创新驱动型经济、推动高质量发展阶段，如果依然固守物质驱动型经济，那就是以落后于历史阶段的眼光看待和对待中国经济发展问题，就是守旧。

第二，注重战略谋划中的长远视野、宽广视野、纵深视野。这实际上就是一种大历史观。大历史观，实质上也是一种战略思维。基于战略思维做战略谋划，要求跳出眼前从长远看眼前，不局限于眼前；跳出局部从全局看局部，不局限于局部；跳出部分从整体看部分，不局限于部分；跳出现象从本质看现象，不局限于现象。

注重求实思维、实践思维、辩证思维、系统思维、历史思维、社会结构思维、过程思维及战略思维，具有宽广视野、长远视野、整体视野、纵深视野，能提升领导干部的认知水平和智慧水平，开阔领导干部的眼界和视野。这也就充分彰显了思想在开阔领导干部视野、滋养领导干部智慧方面所具有的提升力量。

第五节　守护民心、汇聚民智的凝聚力量

这里讲的主题是"人民"。

思想是人的精气神，亦即精神气质的呈现，体现一种竞争力。思想的力量还体现在具有凝聚力，它是一种守护民心、汇聚民智的凝聚力量。坏的思想会分化民心、内耗民智，好的思想会守护民心、汇聚民智。这种守护民心、汇聚民智的思想力量，主要体现为解放思想激发思想活力、统一思想汇聚磅礴合力、守护民心凝聚团队力量。

一、解放思想激发思想活力

解放思想的实质是解放人，解放人首先要解放人民的思想活力。思想问题解决了，许多问题就会迎刃而解。

（一）解放思想的实质是解放人民的思想活力

人是有惰性的，也常常固守已有的思想观念，不去激活、不去更新，人就会堕落、躺平。人一旦堕落、躺平，经济社会发展就会出现某种停滞。就此而言，经济社会历史发展就需要一直处于不断解放思想的进程中，人的发展也需要一直处于不断解放思想的进程中。

解放人，首先要解放人民的思想。解放人民的思想，核心是思想观念的激活与转换、更新，是用一种思想去解放另一种思想。这里，便呈现出思想的力量。

就西方历史发展而言，文艺复兴和启蒙运动就是对封建专制的思想解放；马克思所实现的哲学变革，就是对西方传统形而上学的思想解放；后现代主义，一定意义上，就是对西方传统现代性的某种思想

解放。

我们党始终重视增强思想引领力。重视思想的力量，发挥思想的作用，是我们党的一大优势。党的领导主要是政治领导、思想领导、组织领导，我们党把思想领导放在重要位置。我们党在百年奋斗历程中，始终注重解决好党和人民的思想问题。

就改革开放和社会主义现代化建设新时期以来的当代中国发展而言，解放思想是发展中国特色社会主义的一大法宝。这既意味着改革开放和社会主义现代化建设过程，以及发展中国特色社会主义的过程，就是不断解放思想的过程，也意味着解放思想是一个永无止境的过程。

1978年以来，我国迈开了改革开放和社会主义现代化建设新步伐。每到我国改革开放和社会主义现代化建设的紧要关头，我们党总是强调解放思想，而且强调解放思想是一个永无止境的过程。人类文明史表明，人类社会的每一次重大变革，人类文明的每一步重大前行，都离不开先进思想的引领和驱动。正如德国著名诗人海涅所说："思想走在行动之前，就像闪电走在雷鸣之前一样。"[①] 确实如此，人民因思想而伟大，党因思想而强党，国因思想而强盛。人民一旦丢掉了先进思想和科学理论，就会迷失方向、误入歧途。

习近平同志在文化传承发展座谈会上特别强调，"在五千多年中华文明深厚基础上开辟和发展中国特色社会主义，把马克思主义基本原理同中国具体实际相结合、同中华优秀传统文化相结合是必由之路"，并强调这个"必由之路"是我们在探索中国特色社会主义道路中得出的规律性认识，是我们取得成功的"最大法宝"。[②] 还明确提出

---

① [德] 亨利希·海涅：《论德国宗教和哲学的历史》，商务印书馆1974年版，第150页。

② 习近平：《在文化传承发展座谈会上的讲话》，人民出版社2023年版，第5页。

"'第二个结合'是又一次的思想解放"，让我们能够在广阔的文化空间中充分运用中华优秀传统文化的宝贵资源，探索面向未来的理论和制度创新。

在新时代，就文化和文明而言，解放思想最为关键和根本的，就是要打破对西方现代化、"西方中心论"的迷思，彰显中华优秀传统文化的时代价值和世界意义，确立并掌握中国式现代化的文化形态和中华民族现代文明的主体性，进而确立并掌握中国思想文化的主体性。

（二）在解放思想中形成伟大改革开放精神

改革开放以来，解放思想的一个重要成果，就是在人民群众中铸就和培育出伟大改革开放精神，伟大改革开放精神又进一步推进人民的思想解放。

铸就、培育、塑造、提炼一种精神，就是一种卓越不朽的贡献。自改革开放以来，中国共产党带领中国人民开启并不断推进改革开放伟大实践，在解放思想的历史进程中，逐步形成了具有稳定性的精神品质，即伟大改革开放精神。习近平同志在庆祝改革开放 40 周年大会上的重要讲话中强调："改革开放铸就的伟大改革开放精神，极大丰富了民族精神内涵，成为当代中国人民最鲜明的精神标识。"[①] 这段讲话有三层内涵：从形成来看，改革开放精神主要是从 40 年改革开放的实践历程、解放思想历程中产生的；从改革开放精神定位来看，改革开放精神丰富了民族精神的内涵；从改革开放精神的历史意义来看，改革开放精神已成为当代中国人民最鲜明的精神标识。改革开放精神是当代中国共产党人精神的一种结晶，是当代中华民族精神的一种升

---

① 中共中央党史和文献研究院编：《十九大以来重要文献选编》（上），中央文献出版社 2019 年版，第 726 页。

华，是当代中国人民精神的一种标识，为改革开放再出发注入强大的精神动力。

1.革故鼎新的超越精神

超越精神的核心是革故鼎新。革故鼎新就是革除陈旧落后的东西，建构有利于我国发展进步的新的东西，就是在改造旧世界中建立新世界，解放思想、永不僵化、永不停止，进而实现历史转折和历史跨越。改革开放，首要就是解放思想，打破束缚我国生产力发展的体制机制弊端，冲破束缚人发展的陈旧僵化的思想观念。1978年，全党全国开展的"真理标准"问题大讨论，其实质就是解放思想，打破思想僵化的教条主义，重新恢复和确立党的解放思想、实事求是的思想路线，为党的工作中心向经济建设转移、进而实现社会主义现代化和中华民族伟大复兴选择正确的道路。党的十八大以来，以习近平同志为核心的党中央更加积极自觉地推进全面深化改革，既向阻碍社会生产力发展和人的发展的体制机制弊端和利益固化藩篱开刀，又向阻碍社会生产力发展和人的发展的落后僵化思想观念开刀。

2.披荆斩棘的革命精神

革命精神的核心是披荆斩棘。在我国前进的道路上，各种阻力很大，进一步推进、深化改革开放也相当艰难。这就需要具有一种解放思想、抵御风险、破解难题、披荆斩棘、扫除障碍、杀出血路的革命精神。从1978年我们党开启改革开放，到党的十八大以来积极推进全面深化改革，一路走来，改革开放始终都在披荆斩棘、艰难前行。改革要以伟大的自我革命推动伟大的社会革命，既要通过自我革命以革除自身肌体的"病毒"，也要通过社会革命以革除社会弊端。这样的改革，才能真正触及问题的本质，在思想僵化、体制固化的重围中"杀出一条血路"。习近平同志领导的全面深化改革，既不走封闭僵化的老路，也不走改旗易帜的邪路，而是以"深水攻坚、壮士断腕、背水一战"的精神状态，用具有许多新的历史特点的伟大斗争，进一步破除体制机制弊端和利益固化藩篱。这种精神状态既体现在刀刃向内，进行自我革命，也体现在社会革命上，向体制机制弊端和利益固化藩篱开刀。正是在这个意义上，邓小平同志讲"改革是中国的第二次革命"，习近平同志进一步强调，"改革开放是中国人民和中华民族发展史上一次伟大革命，正是这个伟大革命推动了中国特色社会主义事业的伟大飞跃"①。

3. 敢为人先的创新精神

敢为人先就是解放思想、实事求是、与时俱进，使中国走上现代化之路。改革开放在本质上就是要解决我国改革发展进程中出现的问题。在解决难题的过程中，必须具有敢为人先的创新精神。创新，就是与时俱进；创新，就是敢为人先；创新，就是为人松绑；创新，就是打破禁锢。习近平同志强调，"创新是改革开放的生命"②。40 多年来，我们所进行的一系列重大改革表明：与时俱进、敢为人先的创新精神已成为改革开放最显著的特征、最壮丽的气象。中国特色社会主义进入新时代，更要求我们以创新精神理解和把握新时代改革开放的逻辑。

4. 敢闯敢试的攻坚精神

敢闯敢试就是勇往直前、不懈奋斗、自强不息，就是攻坚克难。在改革开放进程中，既要涉险滩，又要闯难关。不破除这些影响和阻碍我国发展的各种顽固"堡垒"，我国的发展是难以前行的。中国自

---

① 《改革开放简史》编写组编著：《改革开放简史》，人民出版社、中国社会科学出版社 2021 年版，第 1 页。

② 习近平：《论坚持全面深化改革》，中央文献出版社 2018 年版，第 515 页。

古即有"天行健，君子以自强不息"的拼搏精神，几千年来，这些精神已经成为中华民族的"基因"。在带领中国人民进行社会主义革命、建设、改革的过程中，中国共产党人将这种精神谱写成一曲又一曲华美乐章，充分显示了中国共产党敢闯敢试、勇往直前、不懈奋斗、自强不息的创新精神。正是因为有了这种精神，中国共产党带领中国人民冲破了一个又一个艰难险阻，取得了一个又一个伟大胜利。习近平同志把敢闯敢试作为改革开放的一条基本经验，强调指出："我们既要敢为天下先、敢闯敢试，又要积极稳妥、蹄疾步稳。"①

5. 直面难题的担当精神

直面难题，就是问题倒逼改革，发展出题目，改革做文章。要真正解决好我国改革发展进程中出现的各种问题和难题，就需要一种责任担当精神。

习近平同志强调："我们中国共产党人干革命、搞建设、抓改革，从来都是为了解决中国的现实问题。可以说，改革是由问题倒逼而产生，又在不断解决问题中得以深化。"②改革开放以来，我们用改革的办法解决了党和国家事业发展中的一系列问题。制度需要不断完善，因而改革既不可能一蹴而就，也不可能一劳永逸。改革解决的问题，既有一般性问题，也有影响中国发展命运的根本性问题。要解决影响中国发展命运的根本性问题，就特别需要改革者积极自觉地直面发展难题，具有破解难题、敢于担当的精神。

上述五种精神构成一个逻辑严密的整体，是改革开放历史进程中不断解放思想而取得的重要精神成果。

---

① 习近平：《习近平谈治国理政》第三卷，外文出版社 2020 年版，第 189 页。
② 《中国共产党第十八届中央委员会第三次全体会议文件汇编》，人民出版社 2013 年版，第 90 页。

二、统一思想汇聚磅礴合力

只注重一元而忽视多样，会导致思想僵化；只注重多样而忽视一元，必然导致思想分化。思想僵化和思想分化会严重阻碍经济、政治、文化、社会的发展。这也是一种思想的力量，但这是一种"负面"的力量。负面的思想力量，如邪教等，从反面证明思想的力量。我们所注重所需要的，是思想的"正"能量。由此，在改革开放的形势下，要统一思想以形成合力，既要解决思想僵化问题，也要解决多样化带来的思想分化问题。

就新时代中国而言，解决思想分化问题，在实践上就要把人民的能量凝聚到共同的奋斗目标上来，在思想上就要把人民的思想统一到习近平新时代中国特色社会主义思想上来，统一到社会主义核心价值观上来。这是一种更为重要的思想力量。

（一）把思想统一到习近平新时代中国特色社会主义思想上来

之所以统一到习近平新时代中国特色社会主义思想上来，是因为它既是我们党的指导思想，也是被历史和实践证明了的，能引领强国建设、民族复兴的科学真理和行动指南，还是为中国人民谋幸福、为中华民族谋复兴的正确指引。

1.习近平新时代中国特色社会主义思想是在回答新时代的重大时代课题进程中创立的，它反映了时代潮流和发展趋势，体现了中国特色社会主义的发展逻辑，它的"根"深且实

首先，它揭示了中国特色社会主义进入新时代的根据——由何而来。回答这个问题，需要运用历史思维，可从"历史性成就"、"历

175

史性变革"和"历史性影响"三方面来理解。"历史性成就",是中国特色社会主义进入新时代的第一个根据。"历史性成就",既指"经过长期努力","推动我国国际地位实现前所未有的提升,党的面貌、国家的面貌、人民的面貌、军队的面貌、中华民族的面貌发生了前所未有的变化",也指党的十八大以来我们党"解决了许多长期想解决而没有解决的难题,办成了许多过去想办而没有办成的大事"。①"历史性变革",是中国特色社会主义进入新时代的第二个根据。这种历史性变革是深层次、根本性的,从生产力到生产关系、从经济基础到上层建筑、从国内到国际,实现了全方位的整体转型升级。在生产力发展上,由注重"要素驱动、投资规模驱动"转向更加注重"创新驱动";在生产关系上,由"让一部分人和地区先富起来"转向更加注重"共同富裕","使全体人民共享发展成果";在国家权力运行方式上,由"行政主导"转向在中国共产党领导下更加注重"推进国家治理现代化",坚持和发展"全过程人民民主";在社会发展方式上,由相对注重重点突破的"非均衡发展"转向更加注重"全面协调发展";在国际战略上,由"挑战—回应"转向更加注重"主动谋划—积极作为"。"历史性影响",是中国特色社会主义进入新时代的第三个根据。历史性成就、历史性变革必然产生历史性影响,其最鲜明、最集中、最根本的影响,体现在推动社会主要矛盾发生了历史性转化。党的十八大以来,人民的总体需要状况发生了质的变化,由人民日益增长的物质文化需要升级为人民日益增长的美好生活需要,如对公平、正义、民主、法治、安全、环境的需要;供给状况也部分地发生了质变,由落后的社会生产转化为不平衡不充分的发展。正是社会主要矛

---

① 习近平:《决胜全面建成小康社会　夺取新时代中国特色社会主义伟大胜利——在中国共产党第十九次全国代表大会上的报告》,人民出版社 2017 年版,第 10、8 页。

盾的历史性转化，推动我国由"欠发展"的历史方位进入"发展起来"这一新的历史方位，从而推动中国特色社会主义进入新时代。这种社会主要矛盾转化不是社会主要矛盾在根本性质上的转变，而是社会主要矛盾在形态上所发生的转化。

其次，它揭示了中国特色社会主义进入新时代的标志——从何出发。党的十九大报告所讲的"三个意味着"，实质上就是讲党的十八大以来中国特色社会主义进入新时代的根本标志。第一个"意味着"，主题是"中华民族"，讲的是中华民族站在了实现强起来的新的历史起点上；第二个"意味着"，主题是"中国特色社会主义对科学社会主义的世界影响"，讲的是科学社会主义因中国特色社会主义而站在了具有强大生机活力的新的历史起点上；第三个"意味着"，主题是"中国特色社会主义的世界意义"，讲的是中国特色社会主义站在了为解决人类实现现代化贡献中国智慧、中国方案的新的历史起点上。

最后，它揭示了中国特色社会主义进入新时代的目标——走向何方。党的十九大报告、党的十九届六中全会通过的《决议》所讲的"五个时代"[1]，实质上讲的就是中国特色社会主义进入新时代的奋斗目标，它回答了"走向何方"的问题：一是继续夺取中国特色社会主义伟大胜利的时代。主题是中国特色社会主义，目标是夺取中国特色社会主义伟大胜利。二是决胜全面建成小康社会、进而全面建成社会主义现代化强国的时代。主题是国家，目标是全面建成社会主义现代化强国。三

---

　　[1] 承前启后、继往开来、在新的历史条件下继续夺取中国特色社会主义伟大胜利的时代；决胜全面建成小康社会、进而全面建设社会主义现代化强国的时代；全国各族人民团结奋斗、不断创造美好生活、逐步实现全体人民共同富裕的时代；全体中华儿女勠力同心、奋力实现中华民族伟大复兴中国梦的时代；中国日益走近世界舞台中央、不断为人类作出更大贡献的时代。参见韩庆祥、陈曙光：《中国特色社会主义新时代的理论阐释》，《中国社会科学》2018 年第 1 期。

是全国各族人民团结奋斗、不断创造美好生活、逐步实现全体人民共同富裕的时代。主题是人民，目标是使全体人民共同富裕、过上美好生活。四是奋力实现中华民族伟大复兴中国梦的时代。主题是中华民族，目标是实现伟大复兴。五是不断为人类作出更大贡献的时代。主题是中国在世界上的地位，目标是努力使中国在世界上强大起来，并为人类作出更大贡献。

2. 坚持以人民为中心的发展思想贯穿习近平新时代中国特色社会主义思想的始终，具有浓浓的为民情怀，它的"情"厚且浓

坚持以人民为中心的发展思想，是习近平新时代中国特色社会主义思想的价值取向。前有所述，可以从四个方面理解以人民为中心的发展思想：把人民当作主体，坚持人民主体地位，依靠人民"共创"发展成果；把人民当作目的，坚持共同富裕道路，使人民"共享"发展成果；把人民根本利益当作尺度，坚持人民至上，依靠人民"共同治理"国家事务和社会事务；把人民当作根基，牢牢扎根于人民。

3. 习近平新时代中国特色社会主义思想是引领实现中华民族伟大复兴的行动指南，它的"领"明且对

在以习近平同志为核心的党中央坚强领导下，我们实现了第一个百年奋斗目标，在中华大地上全面建成了小康社会，已经踏上全面建设社会主义现代化国家新征程，正在向第二个百年奋斗目标迈进。党确立习近平同志党中央的核心、全党的核心地位，确立习近平新时代中国特色社会主义思想的指导地位，为坚定不移推进中华民族伟大复兴历史进程提供了根本保证和行动指南。在新征程上，只要我们切实增强对习近平新时代中国特色社会主义思想的政治认同、思想认同、理论认同、情感认同，并真正转化为坚决做到"两个维护"的思想自觉、政治自觉、行动自觉，就一定能够为实现中华民族伟大复兴汇聚

起更为磅礴的奋进力量。

4.将习近平新时代中国特色社会主义思想载入宪法具有重大意义，它的"意"重且大

习近平新时代中国特色社会主义思想本质上就是实现"强起来"的指导思想，其理论意义在于实现了马克思主义中国化时代化新的飞跃，创新性地发展了中国特色社会主义理论体系，丰富和发展了当代中国马克思主义、21世纪马克思主义，开辟了马克思主义中国化时代化新境界；实践意义在于它是关于我国发展起来后使大国成为强国的行动指南；世界意义在于它为解决中国问题、世界问题、人类问题贡献了中国智慧、中国理论和中国方案。将习近平新时代中国特色社会主义思想载入宪法，充分反映了全党全国各族人民的共同意愿，体现了党的主张和人民意志的高度统一，对于巩固全党全国各族人民为实现中华民族伟大复兴而奋斗的共同思想基础，夺取新时代中国特色社会主义伟大胜利，具有重大现实意义和深远历史意义。

（二）把思想统一到社会主义核心价值观上来

思想的影响力，关键是价值观的影响力。"社会主义核心价值观是当代中国精神的集中体现，凝结着全体人民共同的价值追求。"[①]习近平同志强调："我们要在全社会大力弘扬和践行社会主义核心价值观，使之像空气一样无处不在、无时不有，成为全体人民的共同价值追求，成为我们生而为中国人的独特精神支柱，成为百姓日用而不觉的行为准则。"[②]

---

① 习近平：《决胜全面建成小康社会　夺取新时代中国特色社会主义伟大胜利——在中国共产党第十九次全国代表大会上的报告》，人民出版社2017年版，第42页。

② 习近平：《在文艺工作座谈会上的讲话》，人民出版社2015年版，第23页。

积极培育社会主义核心价值观，要做到认清、认知、认同、认真。

一是"认清"，即认清西方"普世价值"的本质。价值具有普适性，而价值观不具有普适性。从字义表面来讲，西方所谓的"普世价值"都是价值观，而不是价值。它们的攻略是：首先让你接受这些价值；再利用其掌握的话语权，对这些"价值"给出它们的定义、解释和观点，这就是价值观，它先让你接受价值，然后向你输送并接受它们的价值观；再强调你必须按照它们所给定的价值观行事，若不接受，就对你"围堵打压"，这就掉入它们设置的陷阱。因而，必须首先认清"普世价值"的"观"的本质，即它在实质上，就是强调人们要从思想观念、价值观念上依从西方，服从西方的"思想统治"。显然，其背后蕴含着"思想统治"和"话语霸权"的逻辑和基因。

二是"认知"，即让人民认知社会主义核心价值观。认知首先需要记忆，其次需要理解。要通过不断学习、解释思考来理解核心价值观；还需要领悟核心价值观的实质，这就需要通过深入思考和研究来实现。通过感知、解释、思考研究来记忆、理解、领悟，是人民认知社会主义核心价值观的基本途径。

三是"认同"，即增强人民对社会主义核心价值观的认同。要使社会主义核心价值观被广大人民群众所认同和掌握，就必须坚持"言行一致"、"理论宣传与实践效果一致"、"核心理念与制度安排一致"、"价值观与大众需求一致"、"弘扬中华优秀传统文化、坚守社会主义文化与借鉴一切人类优秀文明成果一致"，真正解决人民群众关切的根本利益问题。

四是"认真"，即在心灵上对培育社会主义核心价值观具有敬畏之心，态度认真。世界上怕就怕"认真"二字，什么事只要认真起来，没有干不好的，对培育社会主义核心价值观也是如此。我们应该像认真抓"经济项目"落地那样，认真抓"价值观培育"。只要培育社会主义核心价值观的各类主体都在认真抓核心价值观的培育，他们就会对培育社会主义核心价值观具有担当精神和责任感，就会积极主动创造性地开展工作。

三、守护民心凝聚团队力量

古语云："师克在和，不在众。"决定团队成败的往往不是人数，而是人心。凝聚团队的力量，首要的是守护人心、凝聚人心。这叫作"心往一处想、劲往一处使"。这里的"人心"，首要是"民心"。

凝聚民心，需要具有共同目标、共同利益、共同价值、共同情感、共同文化、共同思想等。这里着重谈谈共同思想对守护民心、凝聚团队的作用，这是思想力量的一种呈现方式。

（一）运用共同"三观"凝聚团队力量

"三观"，即世界观、人生观、价值观，它从根本上讲的是人们观察世界、观察人生的共同思想观念和价值观念。"三观"不同，很难相处，人心或民心就会分离；"三观"相同，就会和谐相处、凝聚力量。国家之间的对立或冲突，一定意义上就与世界观、价值观不同有关。西方的世界观是把整个世界划分为西方世界和非西方世界，认为西方世界是主，非西方世界是客，强调客随主便、主统治客。这就会产生"西方中心论"和霸权主义，也会造成西方世界和非西方世界的对立和冲突，这也是导致西方世界和非西方世界分裂的原因之一。我们中国所倡导的世界观是世界大同，强调协和万邦、兼济天下。不仅如此，西方所奉行的价值观是"普世价值观"，认为西方价值和价值观就是全人类所应追求的共同价值、价值观。如果世界上其他国家不接受西方的所谓"普世价值"，就会受到制裁。这种"价值"实质上是基于"西方中心论"的"一元价值"、"统治性价值"。我们中国所倡导的是全人类共同价值，这种价值不仅是中国所倡导的，也是全人类和世界各国追求的共同价值，它不像西方那样，"把特殊说成是普遍"，"把西方的说成是世界的"，"把价值观说成价值"。我们把本来事实上是普遍的看成就是普遍的，把本来事实上是人类的看作就是全人类的。我们中国人的人生观，是强调在为社会作贡献的社会价值中实现个人的自我价值，强调集体主义，是为他，是与人为善、德行天下。西方世界所奉行的人生观，主要体现为个人主义、利己主义，强调自我价值高于一切，个人的自由和权利至高无上，且认为这是最符合自然秩序的，是神圣不可侵犯的。正因为世界观、人生观、价值观不同，导致西方世界和非西方世界之间存在着对立、冲突。要守护人心或民心、凝聚团队力量，就需要从解决"三观"问题入手，最大限度地形成相对一致的世界观、人生观、价值观。国家之间如此，人与人之间更是如此。

（二）用马克思主义宗教观凝聚团队力量

宗教对人民的思想影响较大较深。宗教的影响，主要是宗教思想对人民思想观念的影响。它既能使一些具有共同宗教信仰的教徒凝聚在一起，也能使具有不同宗教信仰的人们之间产生思想分裂。要守护人心或民心、凝聚团队力量，就要树立起马克思主义宗教观，消除错误宗教观对人民群众思想的消极影响，用马克思主义宗教观教育人民。马克思主义宗教观强调首先要消除造成人民苦难的根源，使人民从苦难中解放出来。正确的宗教观是能引人向善、服务社会的。习近平同志所强调的"必须坚持我国宗教中国化方向"，就是要用马克思主义宗教观引导宗教向正向发展，破除错误宗教观对人民思想的腐蚀和影响。

（三）用打动心灵且具有思想认同和情感认同的思想凝聚团队力量

这一思想，首要就是以人民为中心的发展思想。以人民为中心，坚持的是人民至上。

坚持人民至上和坚持以人民为中心的发展思想既有区别又有本质联系：坚持人民至上在政治和工作上的根本要求，就是坚持以人民为中心的发展思想，坚持人民至上是坚持以人民为中心发展思想的哲学基础；以人民为中心的发展思想是坚持人民至上在政治和工作上的具体体现，坚持人民至上需要通过坚持以人民为中心的发展思想来实现。

紧紧依靠人民，一切为了人民，把人民当作尺度，把满足人民的根本利益作为一切工作的出发点和落脚点，就会牢牢扎根于人民。只有关切人民的思想，才是最彻底的思想，也才能被人民所掌握；这样的思想被人民所掌握，就能守护民心，凝聚人民的力量。反之，那些脱离人民、不关怀人民的思想理论，终究难以深入民心、深得民心，这样的思想理论就会被人民群众束之高阁，甚至被抛弃。正因如此，马克思、恩格斯毅然与他们以前的形而上学决裂，与德国古典哲学决裂，与唯心主义、唯心史观决裂，明确强调他们的理论是维护人民根本利益的理论，是为人民立言、为人民代言的理论，是武装工人阶级或无产阶级的理论，是人民群众手中的思想武器。要言之，就是解放全人类，解放无产阶级，实现每个人自由而全面发展的理论。他们意求用这样的思想理论守护劳动人民的心灵，把全世界无产阶级或工人阶级团结起来，推翻私有制，推翻资产阶级，进而实现社会主义或共产主义。

（四）用中华优秀传统文化和中华民族现代文明凝聚人民之心

英国著名历史学家、哲学家汤因比曾经研究过世界 26 个主要民族的兴起和衰落，写下了历史巨著《历史研究》，他也由此被称为"近代以来最伟大的历史学家"。汤因比对世界各主要民族的文化进行比较研究之后，得出一个值得关注的惊世骇俗的结论，即只有中华文化才具有统一世界的能力。他指出："将来统一世界的大概不是西欧国家，也不是西欧化的国家，而是中国。"①

中华文化、中华文明中的儒释道三家思想长期相互包容和融合，从根本上没有把其他文化视为异己。中华文化吸收了一切人类优秀文明成果，这些外来文明与中华文明在中国一直和平相处，没有发生过相互排斥或者战争。中华文化、中华文明的内核是强调"修身齐家治国平天下"，注重"仁义礼智信、温良恭俭让"，倡导和而不同、天下为公、协和万邦、世界大同、亲仁善邻、美美与共、和谐共处的天下观。中华文明具有连续性、创新性、统一性、包容性、和平性。当代中国共产党人更是注重和平发展、合作共赢，走和平发展道路。显然，中华文化、中华文明具有世界其他文化和文明所不具有的、所不能比的包容、整合、统一能力。由此，当今我们积极倡导（而不是强加）并尝试性地运用中华优秀传统文化、中华民族现代文明以整合世界，努力凝聚世界人民的心。

解放思想激发思想活力、统一思想汇聚磅礴合力、守护民心凝聚团队力量这三方面充分表明，思想的力量也体现在守护民心、汇聚民智的凝聚力量上。

---

① [英]汤因比，[日]池田大作：《展望二十一世纪——汤因比与池田大作对话录》，荀春生等译，国际文化出版公司 1985 年版，第 289 页。

第三章
发思想之先声：思想力量如何彰显

如果说第一章是把"思想力量"作为客体，政党、国家、社会、人民等都需要思想的力量，回答"思想力量何以重要"，第二章是把"思想力量"作为"动词"与"主体"，着重探究如何让思想力量对个体、民族、国家、政党、世界、马克思主义发挥积极作用，回答"思想力量具体何在"，那么这里的第三章，就要聚焦到一个根本点上，即如何以新思想引领新实践新征程。就是说，要从为中国人民谋幸福、为中华民族谋复兴、为世界谋大同、为中国共产党谋强大、为马克思主义谋生机五个根本方面，发思想之先声，让思想力量得以充分彰显，以回答"思想力量如何彰显"。

第一节　为中国人民谋幸福

这里主要紧紧围绕强国建设、民族复兴中的"为中国人民谋幸福"，来阐述如何发挥思想的"人民伟力"。

人民性是马克思主义的本质属性，理论一经掌握群众，也会变成物质力量。我们党的思想理论要坚持一切为了人民、一切依靠人民，自觉问计于民、问需于民，始终同人民同呼吸、共命运、心连心；人民的创造性实践是马克思主义理论创新的不竭源泉，要从人民群众的创造中汲取理论创新智慧；党的创新理论都来自人民的智慧、人民的探索、人民的创造，从中可以构建起掌握人民群众的理论。其实质，就是为中国人民谋幸福。

思想掌握人民群众、为中国人民谋幸福的理论，在坚持人民立场的基础上具有以下内容：一是把人民当作主体，依靠人民。二是把人民当作目标，为了人民。三是把人民当作尺度，人民至上。四是把人民当作根基，扎根人民。对这些内容的论述，是在前述相关阐释的基础上，从学理上作出的进一步展开。

一、把人民当作主体，依靠人民

思想掌握人民群众、为中国人民谋幸福的理论，首先是把人民当作主体，依靠人民的理论。这种理论可以从人民那里获得推动和支撑力量。

马克思主义唯物主义历史观是研究社会历史发展的，认为历史是人民群众的事业，人民是历史的主人，是历史的创造者，是推动历史发展的根本动力，人民是真正的英雄，要依靠人民群众的积极性主动性创造性推动历史发展。党的二十大报告继承和发展了唯物主义历史观的基本原理，强调要全面建设社会主义现代化国家、实现中华民族伟大复兴，必须充分发挥亿万人民的创造伟力。把人民当作主体，依靠人民，是唯物主义历史观的基本原理，它在理论上得到了确证。

把人民当作主体，依靠人民，为中国人民谋幸福，是中国共产党成立以来中国社会历史发展的基本事实，是贯穿中国社会历史发展的一条主线。这从1921年中国共产党诞生以后中国的社会历史发展便可看出来。在新民主主义革命时期，在中国共产党领导下，我们党紧紧依靠广大人民群众的革命热情和倾力支持，取得了革命胜利。没有中国共产党领导，是不可能取得革命胜利的；同样，没有广大人民群众的参与和支持，也是不可能取得革命胜利的。在社会主义革命和建设时期，尤其是1956年以后，我们党紧紧依靠广大人民群众取得了重要成就，不仅初步建立起完整的国民经济体系，而且在一些重大领域也实现了创新突破。在改革开放和社会主义现代化建设新时期，广大人民群众参与全国"真理标准"及"生产力标准"、"三个有利于标准"讨论，推动了全党全国人民解放思想，也激发起全国人民进行经济建设的积极性主动性创造性，在推进中华民族、中国人民富起来的过程中发挥了积极作用。可以说，没有广大人民群众的积极参与和支持，是难以取得经济快速发展奇迹和社会长期稳定奇迹的。中国特色社会主义进入新时代，我们党带领全国各族人民为全面建设社会主义现代化国家、实现中华民族伟大复兴而团结奋斗，离开亿万人民群众创造伟力的充分发挥，这样的宏伟目标是难以实现的。越是在历史发展的紧要关头，越是接近于实现我们的奋斗目标，就越需要千百万人民群众付出艰辛的努力，越需要充分发挥人民群众中蕴藏的创造伟力。由此，党的二十大报告特别强调全国各族人民要为全面建设社会主义现代化国家而"团结奋斗"。

展开来说，中国式现代化首先是人口规模巨大的现代化。中国式现代化的出发点是"人"，落脚点是真正解决好14亿多人口"如何整体迈进现代化社会并实现现代化"的问题。人口规模巨大，超过现有发达国家人口的总和。大有大的好处，大也有大的难处。由此，实现全体人民共同富裕的现代化任重而道远。其次是"人力"问题，涉及人力资源开发。14亿多人口实现现代化，注重人力资源开发至关重要。人力资源开发得好，人口包袱就会变成人力财富，人口阻力就会变成人力动力，且有助于为中国实现现代化注入强大动力，有助于解决14

亿多人口实现共同富裕的问题。人口规模巨大，再次是一个"人才"问题。"人口"问题基本上是生存问题，"人力"问题基本上是发展问题，即基于劳动能力创造社会财富进而推进经济社会发展，而"人才"问题基本上是"创造"问题：它不仅创造物质财富，还要创造精神财富；不仅创造物质文明，还要创造精神文明。同时，在创造社会财富的过程中还要保护好自然环境，实现人与自然在物质、能量交换中的和谐共生。由此，中国式现代化必须把人民当作主体，充分发挥亿万人民的创造伟力。

基于唯物主义历史观关于人民是历史的主体、是推动历史发展的根本动力的基本观点，把人民当作主体，依靠人民，为中国人民谋幸福，是贯穿中国共产党成立以来中国社会历史发展的一条主线，强国建设、民族复兴也需要人民群众的参与和推动，充分发挥亿万人民的创造伟力又是决定中国未来发展命运的重要因素，所以，需要构建起把人民当作主体，依靠人民，为中国人民谋幸福的理论。这样的理论具有推动力量和支撑力量，必然被人民群众所掌握。

二、把人民当作目标，为了人民

思想掌握人民群众、为中国人民谋幸福的理论，其次是把人民当作目标，为了人民的理论。这种理论可以形成赢得民心、汇聚民智的凝聚力量。

马克思主义唯物主义历史观是关于现实的人及其历史发展的学说，是研究社会历史发展规律和人的发展规律的学说，它强调人类社会历史发展的最高目标是实现人的自由而全面发展。

把人民当作目标，为了人民，为中国人民谋幸福，也是中国共产党成立以来中国社会历史发展的基本事实，是贯穿中国社会历史发展的一条主线。自 1921 年中国共产党诞生那天起，中国共产党人就把为中国人民谋幸福当作初心，并铭记在心、扛在肩上。"为什么人"的问题是检验一个政党、一个政权的试金石。以毛泽东同志为主要代表的中国共产党人把全心全意为人民服务作为党的根本宗旨，把使中国人民站起来作为奋斗目标，所确定的主要任务，是反对帝国主义、封建主义，争取民族独立、人民解放，进而实现从新民主主义到社会主义的转变，是进行社会主义革命，推进社会主义建设，为实现中华民族伟大复兴创造根本社会条件，奠定根本政治前提和制度基础。用当年任仲夷所说且老百姓能听懂的话来讲，就是"中国共产党的主要任务，在取得政权之前，是要带领广大党员和人民群众'由奴变主'"[1]。以邓小平同志为主要代表的中国共产党人，把提高人民物质文化生活水平、使中国人民富起来作为奋斗目标，确定的主要任务是继续探索中国建设社会主义的正确道路，解放和发展社会生产力，使人民摆脱贫困，尽快富裕起来。用当年任仲夷所说且老百姓能听懂的话来讲，就是"在取得政权之后，是要带领广大党员和人民'由穷变富'"[2]。以江泽民同志为主要代表的中国共产党人不仅把进一步解放和发展社会生产力，从而提高人民物质和文化生活水平作为奋斗目标，而且把满足最广大人民的根本利益作为目标。以胡锦涛同志为主要代表的中国共产党人也把提高人民的物质和文化生活水平作为奋斗目标，同时强调科学发展观的核心是以人为本，使全体人民共享发展成果。以习近平同志为主要代表的中国共产党人把实现人民对美好生活的向往作为奋斗目标，包括丰富人民精神世界、增强人民精神力量、实现全体人民共同富裕、促进人的全面发展。显然，这是一个能凝聚民心、

---

① 《缅怀引领我们的勇者与智者任仲夷》，《南方都市报》2005 年 11 月 16 日。
② 《缅怀引领我们的勇者与智者任仲夷》，《南方都市报》2005 年 11 月 16 日。

汇聚民智的最具有凝聚力量的奋斗目标。

把人民作为目标，为了人民，为中国人民谋幸福，也是新时代全面建成社会主义现代化强国、以中国式现代化全面推进中华民族伟大复兴的重要目标。全面建成社会主义现代化强国、以中国式现代化全面推进中华民族伟大复兴的本质要求，其中就包括实现全体人民共同富裕，丰富人民精神世界，使人民过上美好幸福的生活。实现中华民族伟大复兴的本质内涵，就是国家富强、民族振兴、人民幸福。

正是基于马克思主义唯物主义历史观关于人的解放、人的自由全面发展是历史发展的最高目标的基本观点，把人民当作目标，为了人民，为中国人民谋幸福，也是贯穿中国共产党成立以来中国社会历史发展的一条主线，是全面建成社会主义现代化强国、以中国式现代化全面推进中华民族伟大复兴的重要目标，所以需要构建起把人民当作目标，为了人民，为中国人民谋幸福的理论。这样的理论具有凝聚民心、汇聚民智的凝聚力量，也必然被人民群众所掌握。

三、把人民当作尺度，人民至上

思想掌握人民群众、为中国人民谋幸福的理论，再次是把人民当作尺度，人民至上的理论。这样的理论把坚持人民至上作为价值尺度，具有引领力量。

马克思主义唯物主义历史观坚持历史尺度和价值尺度有机统一，认为评价社会历史进步的尺度，既是社会生产力的发展水平，也是人的发展水平。资本主义社会在发展社会生产力方面获得了巨大历史进步，然而在人的发展，尤其是在人类发展和劳动人民全面发展方面付出了巨大代价。这种发展要么导致两极分化，要么是先发国家的人的发展以牺牲后发国家的人的发展为代价。马尔库塞在《单向度的人》中讲道，资本主义工业社会使人成为单向度的人；弗洛姆在《健全的社会》中指出，资本主义社会使人成为具有精神疾病的人。显然，资本主义社会是一个畸形发展的不健全的社会，是一个非人道的社会。按照马克思、恩格斯的构想，未来理想的社会主义社会、共产主义社会所追求的，是社会生产力全面发展和人的全面发展相一致，是物的发展和人的发展相协调，是社会进步和人的发展相和谐，是人的平等发展、和谐发展、全面发展、自由发展相统一。显然，这是一个在社会生产力全面发展和人的全面发展统一基础上的具有自由个性的美好社会。

把人民当作尺度，人民至上，为中国人民谋幸福，也是中国共产党诞生以来我国社会历史发展的基本事实，是贯穿我国社会历史发展的一条主线。毛泽东同志强调要让人民当家作主。邓小平同志强调，要把"'人民拥护不拥护'、'人民赞成不赞成'、'人民高兴不高兴'、'人民答应不答应'作为制定各项方针政策的出发点和归宿"[1]。江泽民同志强调要把发展好维护好实现好最广大人民的根本利益作为一切工作的出发点和落脚点，"人民，只有人民，才是我们工作价值的最高裁决者"[2]。胡锦涛同志强调科学发展必须坚持以人为本，要树立正确的政绩观，"把群众满意作为第一标准"[3]。习近平同志强调"为人民而生，因人民而兴，始终同人民在一起，为人民利益而奋斗，是我们党立党兴党强党的根本出发点和落脚点"[4]，"让群众满意是我们党做好一切工作的价值取向和根本标准，群众意见是一把

---

① 中共中央文献研究室编：《十四大以来重要文献选编》（上），人民出版社1996年版，第450-451页。

② 中共中央文献研究室编：《毛泽东邓小平江泽民论世界观人生观价值观》，人民出版社1997年版，第541页。

③ 中共中央文献研究室编：《十七大以来重要文献选编》（上），中央文献出版社2009年版，第851页。

④ 习近平：《习近平谈治国理政》第四卷，外文出版社2022年版，第511页。

最好的尺子"①。他还强调："时代是出卷人，我们是答卷人，人民是
阅卷人。"②在谈到中国式现代化时，习近平同志强调，新时代中国特
色社会主义思想的世界观和方法论之一是必须坚持人民至上，中国式
现代化必须牢牢把握坚持以人民为中心的发展思想这一重大原则。因
而，在习近平同志那里，他始终是把人民放在心中最高的位置。实际
上，衡量、评价 1921 年中国共产党成立以来中国社会历史发展的进步
状况，其根本尺度就是人民群众的生存状况、发展状况、幸福状况。
2012 年 11 月 15 日，刚刚当选中共中央总书记的习近平同志面对中外
记者发表演讲，演讲的主题就是"人民对美好生活的向往，就是我们
的奋斗目标"③。之后不久，习近平同志又以国家主席身份发表就职演
说，演讲的主题就是"始终把人民放在心中最高位置"④。习近平同志
当选国家主席以后到俄罗斯访问，他在接受俄罗斯电视台专访时指出：
"中国共产党坚持执政为民，人民对美好生活的向往就是我们的奋斗目
标。我的执政理念，概括起来说就是：为人民服务，担当起该担当的责
任。"⑤之后又访问欧洲，在意大利访问期间，意大利的众议长问他：
"您当选中国国家主席的时候，是一种什么样的心情？因为我本人当选
众议长已经很激动了，而中国这么大，您作为世界上如此重要国家的一
位领袖，您是怎么想的？"习近平主席的目光沉静而充满力量，他说：
"这么大一个国家，责任非常重、工作非常艰巨。我将无我，不负人

① 习近平：《在党的群众路线教育实践活动总结大会上的讲话》，人民出版社
2014 年版，第 10—11 页。
② 习近平：《习近平谈治国理政》第三卷，外文出版社 2020 年版，第 70 页。
③ 习近平：《人民对美好生活的向往就是我们的奋斗目标》，《人民日报》2012
年 11 月 16 日。
④ 习近平：《习近平谈治国理政》第一卷，外文出版社 2018 年版，第 43 页。
⑤ 习近平：《在俄罗斯索契接受俄罗斯电视台专访的答问》，《人民日报》2014
年 2 月 9 日。

民，我愿意做到一个'无我'的状态，为中国的发展奉献自己。"①

把人民当作尺度，坚持人民至上，为中国人民谋幸福，也是新时代强国建设、民族复兴的基本遵循。中国特色社会主义进入新时代，其奋斗目标和中心任务是全面建成社会主义现代化强国、实现中华民族伟大复兴。这意味着新时代我国社会历史发展的内在必然性，把人本身的全面发展提上议事日程，推到了强国建设、民族复兴的前台和中心，又进一步意味着要使社会生产力发展的成果和物质财富的增长用于人本身的全面发展，人本身的全面发展成为目的本身。正是在这种情景下，习近平同志特别强调要坚持人民至上，坚持以人民为中心的发展思想，强调人民对美好生活的向往，就是我们党的奋斗目标。

基于上述论述，可以构建起把人民当作尺度，人民至上，为中国人民谋幸福的理论。这样的理论具有凝聚民心、汇聚民智的凝聚力量，也必然为人民群众所掌握。

四、把人民当作根基，扎根人民

思想掌握人民群众、为中国人民谋幸福的理论，是把人民当作根基，扎根人民的理论。这样的理论认为，人民群众中蕴藏着丰富的智慧，应注重从人民群众中汲取智慧和力量，因而它具有增长人的智慧和能力的提升力量。

马克思主义唯物主义历史观坚持群众观点和群众路线，认为理论只有来自人民、再回到人民中去，被广大人民群众所掌握，才能变成强大的物质力量。人民群众中蕴藏着无穷无尽的智慧和力量，因而应从群众中来、到群众中去，扎根于人民群众之中，向人民群众学习，进而提升我们的智慧和能力。

---

① 习近平：《习近平谈治国理政》第三卷，外文出版社 2020 年版，第 144 页。

　　把人民当作根基，扎根人民，为中国人民谋幸福，也是中国共产党诞生以来我国社会历史发展的基本事实，是贯穿社会历史发展的一条主线。人民是党的力量源泉，是党执政最牢固的根基。毛泽东同志认为，中国共产党是密切联系群众的政党，是与人民群众同呼吸共患难的政党。他提出的"三大纪律、八项注意"，就体现了把人民当作根基，牢牢扎根于人民的群众观点。邓小平同志强调，他是人民的儿子。这句话就道出他把人民当作根基，牢牢扎根于人民的人民情怀。江泽民同志强调要代表中国最广大人民的根本利益，也表达了中国共产党与广大人民群众心连心的人民根基观。胡锦涛同志强调以人为本、发展成果由人民共享，实质上表达的就是中国共产党人的根基在人民。习近平同志强调：党的根基在人民、血脉在人民，江山就是人民、人民就是江山，打江山、守江山，守的是人民的心。

　　在党百年波澜壮阔的奋斗历程中，我们党之所以能够化解一次次危险，战胜一个个困难，之所以能咬定目标、迎难而上、踔厉奋发、勇毅前行、越挫越勇、越险越进，在腥风血雨中不断发展壮大，在艰难困苦的环境中取得红色政权，其根本原因就在于我们党把人民当作根基，深深扎根于人民，把人民当作党的力量源泉。回顾党在新民主主义革命时期的历史可以看出，在大革命失败后，紧随我们党搞革命而牺牲的革命者就有30多万人，他们当中大部分都是人民群众；红军长征期间，人民群众就是党和人民军队的铜墙铁壁，没有广大人民群众的支持，中国工农红军是难以走完长征路的；抗日战争期间，我们党广泛发动和组织人民群众，使日本侵略者陷入人民战争的汪洋大海；解放战争时期，淮海战役支前民工就有543万人，渡江战役支前民工就有320万人，那时，人民把"最后一碗米送去做军粮，最后一尺布送去做军装，最后一件老棉袄盖在担架上，最后一个亲骨肉送去上战场"①。在讲到淮海战役时，习近平同志满怀深情地说，"淮海战役的胜利是靠老百姓用小车推出来的，渡江战役胜利是靠老百姓用小船划出来的"②。这句话生动诠释了人民战争的胜利是"人民的胜利"。得民心者得天下，人民拥护和支持是党执政的牢固根基。新中国成立以来，尤其是改革开放以来，中国特色社会主义不断前进，实现了一个个"不可能"，把"不可能变成可能"，创造了经济快速发展奇迹和社会长期稳定奇迹，其根本原因就在人民。③ 社会主义革命和建设的成就是人民群众干出来的，改革开放的历史伟绩是人民群众创造出来的，新时代的伟大成就是党和人民一道拼出来、干出来、奋斗出来的。历史和实践充分表明，人民是党的根基，人民是党的力量源泉和胜利之本。

正是基于马克思主义唯物主义历史观的群众观点和群众路线，也是因为把人民当作根基，牢牢扎根于人民，为中国人民谋幸福，是贯穿中国共产党诞生以来我国社会历史发展的一条主线，还是因为新时代强国建设、民族复兴的最大力量源泉在人民，所以需要构建起把人民当作根基，牢牢扎根于人民，为中国人民谋幸福的理论。只有这样的理论，才具有在人民群众中获得增强本领、滋养智慧的提升力量，因而才能真正掌握群众。

把人民当作主体，依靠人民；把人民当作目标，为了人民；把人民当作尺度，人民至上；把人民当作根基，扎根人民的理论，本质上就是为中国人民谋幸福的理论，是坚持人民至上的理论。这样的理论，既可以从人民那里获得推动力量和支撑力量，也可以形成赢得民心、汇聚民智的凝聚力量，又可以明确价值尺度和价值导向，具有引领力量，还可

---

① 任仲文编：《讲好中国共产党故事》，人民日报出版社 2021 年版，第 140 页。
② 习近平：《在党史学习教育动员大会上的讲话》，《求是》2021 年第 7 期。
③ 樊金山：《"江山就是人民 人民就是江山"的三重逻辑》，《河南日报》2021 年 9 月 17 日。

以从人民群众中汲取智慧和力量,具有增强看家本领、滋养智慧的提升力量;这样的理论因坚持人民至上而具有推动力量、支撑力量、凝聚力量、引领力量和提升力量,就能为强国建设、民族复兴注入强大的思想动力,也能被广大人民群众所掌握,进而彰显出思想的人民伟力。

第二节　为中华民族谋复兴

这里主要是紧紧围绕强国建设、民族复兴中的"为中华民族谋复兴"来阐述如何发挥思想的"国家伟力"。

党的二十大报告把团结带领全国各族人民全面建成社会主义现代化强国,以中国式现代化全面推进中华民族伟大复兴作为中国式现代化的中心任务,把必须坚持系统观念作为习近平新时代中国特色社会主义思想的世界观和方法论的一个核心内容,强调要以系统观念分析问题、解决问题,"为前瞻性思考、全局性谋划、整体性推进党和国家各项事业提供科学思想方法"[①]。在新时代,"党和国家各项事业"中最根本的,就是强国建设、民族复兴。强国建设、民族复兴是一项系统工程,所面临的问题都是系统性问题,牵一发而动全身。既然强国建设、民族复兴是系统性的,那就必须坚持系统观念、系统思维、系统方法。其实质,就是让系统观念为中华民族谋复兴发挥思想伟力。

一、坚持系统观念体现中国特色社会主义的发展逻辑

坚持系统观念,是以习近平同志为核心的党中央在对新时代党和

---

① 习近平:《高举中国特色社会主义伟大旗帜　为全面建设社会主义现代化国家而团结奋斗——在中国共产党第二十次全国代表大会上的报告》,人民出版社 2022 年版,第 21 页。

国家各项事业进行战略谋划时提出的，是推动强国建设、民族复兴与各领域工作的基础性思想和工作方法。习近平同志强调，"系统观念是具有基础性的思想和工作方法"[①]，"必须从系统观念出发加以谋划和解决，全面协调推动各领域工作和社会主义现代化建设"[②]。

以习近平同志为核心的党中央在领导治国理政实践中具有强烈的问题意识。习近平同志指出："要有强烈的问题意识，以重大问题为导向，抓住关键问题进一步研究思考，着力推动解决我国发展面临的一系列突出矛盾和问题。"[③]我们党治国理政所解决的问题很多，从哲学角度来看，核心是系统解决中国特色社会主义现代化建设"由何而来"、"现在何处"、"走向何方"等根本性问题。这一问题体现出中国特色社会主义现代化建设呈现的"重点突破—全面发展—系统谋划"的历史发展逻辑，其逻辑起点，是"解放和发展生产力"。

改革开放和社会主义现代化建设之初，人民日益增长的物质文化需要同落后的社会生产之间的社会主要矛盾使然，我国经济社会发展在实践上相对注重"重点突破"，以经济建设为中心，强调解放和发展社会生产力。由此，我们党把改革开放的重点放在经济领域，首要注重经济领域的改革，其改革的大方向，就是建立社会主义市场经济体制。基于这些考虑，邓小平同志把社会主义本质观理解为"解放生产力，发展生产力，消灭剥削，消除两极分化，最终达到共同富裕"[④]。其具体做法就是让一部分地区、一部分人通过诚实劳动、合法经营先

---

① 《中共中央关于制定国民经济和社会发展第十四个五年规划和二〇三五年远景目标的建议》，人民出版社 2020 年版，第 56 页。

② 《中共中央关于制定国民经济和社会发展第十四个五年规划和二〇三五年远景目标的建议》，人民出版社 2020 年版，第 56 页。

③ 《中国共产党第十八届中央委员会第三次全体会议文件汇编》，人民出版社 2013 年版，第 90 页。

④ 邓小平：《邓小平文选》第三卷，人民出版社 1993 年版，第 373 页。

富起来，以先富带后富。显然，改革开放之初，中国特色社会主义的发展逻辑及其鲜明特质，是首先注重"重点突破"。

正是基于"重点突破"，我国实现了跨越式发展、超常规发展和快速发展，创造了经济快速发展奇迹。与此同时，新情况新问题出现了：由于发展速度快，中国特色社会主义建设过程中出现和积累起来的矛盾和问题来不及化解，使矛盾和问题"堆积成山"，导致经济社会发展不平衡不和谐不稳定。针对这种新情况新问题，江泽民同志提出了"发展是党执政兴国的第一要务"的著名论断，把坚持党的先进性和发挥社会主义制度的优越性，落实到发展先进生产力、发展先进文化、实现最广大人民的根本利益上来，推动社会全面进步，促进人的全面发展。胡锦涛同志继承和发展了江泽民同志的发展思想，提出了以人为本的科学发展观。其核心内容或精髓要义就是：第一要义是发展，核心是以人为本，基本要求是全面、协调、可持续，根本方法是统筹兼顾，还有其实践要求是构建社会主义和谐社会。科学发展观依然强调发展，但这种发展是科学发展，基本要求是全面、协调、可持续。显然，中国特色社会主义建设的历史必然性把"全面协调可持续"突出出来了，其实质是注重"全面发展"。就是说，胡锦涛同志提出的科学发展观，就是在"重点突破"的基础上，把"全面发展"问题提上了议事日程。由是，中国特色社会主义的发展逻辑，就由"重点突破"历史地转向"全面发展"。

对一种事物和对象的理解把握，一般来讲，其逻辑往往首先是理解把握其中的"点"，即重点，理解把握其中的一个要素，这是"点"思维。在此基础上，人们对这种事物和对象的认识就由"点"到"面"，前进到对这一事物和对象的全要素的理解把握，即进入"面"思维，即全面。再接着，人们对这一事物和对象的认识就会进一步推进，即由

"面"到"体"，对这一事物和对象的"整体"加以理解把握，整体就是一种系统。同理，党的十八大以来，中国特色社会主义的发展逻辑也是由"全面发展"到"系统整体"。中国特色社会主义进入新时代，我国发展也步入新的历史方位。在强国建设、民族复兴新实践新征程中，中国特色社会主义建设所面临的问题都是系统性问题，全面深化改革与推进国家治理体系和治理能力现代化所面临的问题也都是系统性问题，大力推进中国式现代化所面临的还是系统性问题。方法取决于问题的本性。系统性问题必须运用系统方法来分析和解决。所以，在注重全面发展的基础上，习近平同志坚持系统观念，把中国特色社会主义建设置于实现中华民族伟大复兴战略全局和世界百年未有之大变局中进行"系统谋划"，进一步强调统筹推进"五位一体"总体布局、协调推进"四个全面"战略布局，且注重对开启全面建设社会主义现代化国家新实践新征程作出战略性谋划，推动党和国家各个领域、各项事业取得了历史性成就，发生了历史性变革。他指出："党的十八届三中全会也是划时代的，开启了全面深化改革、系统整体设计推进改革的新时代，开创了我国改革开放的全新局面。"① 全面深化改革之所以是"划时代"的，就在于它具有转折性与全局性、根本性、长远性，需要对全面深化改革的"全面改革"、"深化改革"、"改革的总目标"从战略上进行"系统整体设计"。这样，强国建设、民族复兴，就使中国特色社会主义的发展逻辑由"全面发展"进一步走向"系统谋划"，把"系统谋划"历史必然地推到了前台。

基于中国特色社会主义建设历史演进的逻辑，习近平同志在党的十九届五中全会上首次提出坚持系统观念，进一步强调"系统观念是具有基础性的思想和工作方法"，把"坚持系统观念"作为"十四五"

① 习近平：《习近平谈治国理政》第三卷，外文出版社 2020 年版，第 178 页。

时期经济社会发展必须遵循的一个重要原则。这就为我国经济社会发展提供了基础性的方法论指引。

二、系统为基的战略辩证法是习近平新时代中国特色社会主义思想的哲学根基

社会存在决定社会意识。作为社会存在的新时代中国特色社会主义注重"系统谋划"的发展逻辑，反映在党的思想理论建构上，就必然坚持系统观念。所以，作为反映新时代中国特色社会主义发展逻辑的习近平新时代中国特色社会主义思想，也必须把坚持系统观念作为其世界观和方法论的一个核心内容。从党的二十大报告对"必须坚持系统观念"的论述可以看出，系统观念、系统思维与战略观念、战略思维本质相关，也与辩证观念、辩证思维本质相关，它们三者之间的关系，从学理哲理上可以理解为以系统为基的战略辩证法。系统注重各要素之间的关系，战略注重各种关系中的根本性、全局性、长远性、整体性关系，处理好这些关系都需要辩证法。

系统为基的战略辩证法体现战略思维、辩证思维和系统思维。战略思维，就是对具有根本性、全局性、长远性和整体性的问题、关系进行辩证分析、系统谋划的思维方式；辩证思维，就是注重矛盾分析，抓住系统和战略中的矛盾，尤其是主要矛盾，注重矛盾双方的相互作用，注重矛盾的双方统一，注重全面、联系和发展地看问题；系统思维，就是注重对系统各要素的关系、结构、功能做辩证思考和战略分析。战略辩证法要求并体现系统思维。战略是在把握事物的整体及其结构的基础上确立起来的，缺乏对事物整体及其结构的把握，就不会有战略思维，也不会有好的战略理论与实践。辩证法内在要求处理好整体与部分、结构与功能的关系，否则，就不是辩证思维和辩证法。

这样，从学理哲理上，可以把系统为基的战略辩证法理解为习近平新时代中国特色社会主义思想的哲学根基。一种科学体系若没有哲学基础就没有"根"。理解习近平新时代中国特色社会主义思想的科学体系，最为根本的，就是要理解其哲学根基，这一哲学根基，就是系统为基的战略辩证法。

（一）新时代中国特色社会主义思想在根本上直面的"哲学问题"

一种科学体系是否具有哲学上的原创性贡献，其前提要看它面对的是不是一个"哲学问题"。习近平同志指出，治国理政应具有问题意识，"要有强烈的问题意识，以重大问题为导向，抓住关键问题进一步研究思考，着力推动解决我国发展面临的一系列突出矛盾和问题"[①]。以习近平同志为核心的党中央治国理政所解决的问题很多，而具有哲学意义的问题，就是运用系统思维、战略思维和辩证思维，对全面建设社会主义现代化国家、实现中华民族伟大复兴这一根本性、全局性、长远性的战略问题，从根本上进行系统性的战略谋划。

这一"哲学问题"体现了中国社会主义现代化建设所呈现的"重点突破—全面发展—系统谋划"的历史演进逻辑。如前所述，在改革开放和社会主义现代化建设之初，我国经济社会发展在实践上相对注重"重点突破"，以经济建设为中心，把社会主义初级阶段的首要任务确定为解放和发展社会生产力。2007 年左右，我国经济社会发展的历史必然性，把"全面、协调、可持续"突出出来，江泽民同志提出的促进人的全面发展、胡锦涛同志提出的科学发展观，就是在重点突

---

① 中共中央文献研究室编：《十八大以来重要文献选编》（上），中央文献出版社 2014 年版，第 497 页。

破基础上，把"全面发展"问题突出出来。党的十八大以来，中国特色社会主义进入新时代，在注重经济社会全面发展的基础上，习近平同志进一步注重对实现中华民族伟大复兴进行系统为基的战略谋划，进行"整体设计"、"战略谋划"、"辩证思考"，其中蕴含的就是系统性、战略性、辩证性。这种以系统为基础作出的整体设计或战略谋划，是哲学上的谋划。它首先抓住新时代我国发展起来以后使大国成为强国的根本要素，再对根本要素进行系统性、整体性顶层设计，使之形成合理的结构并发挥合力或整体作用，从而解决好全面建设社会主义现代化国家、实现中华民族伟大复兴所蕴含的根本性、系统性、全局性、长远性、战略性问题。习近平同志强调，"理论创新只能从问题开始。从某种意义上说，理论创新的过程就是发现问题、筛选问题、研究问题、解决问题的过程"[1]，"问题就是时代的口号，是它表现自己精神状态的最实际的呼声"[2]。习近平新时代中国特色社会主义思想的世界观和方法论，一定意义上就是在解答上述具有哲学意义的问题过程中创立发展起来的。

（二）解决哲学意义上的问题形成新的"哲学观"

解决上述哲学意义上的问题需要从哲学层面进行，这就是以系统为基础作出战略谋划，由此便形成系统为基的战略辩证法这样一种哲学观。仅从哲学上讲，习近平新时代中国特色社会主义思想就是基于系统为基的战略辩证法创立发展起来的，它构成新时代中国特色社会主义思想的哲学根基，并在习近平新时代中国特色社会主义思想中得

---

[1] 习近平：《在哲学社会科学工作座谈会上的讲话》，人民出版社2016年版，第20页。

[2] 中共中央马克思恩格斯列宁斯大林著作编译局编译：《马克思恩格斯全集》第四十卷，人民出版社1982年版，第289–290页。

到充分而鲜明的体现和确证。

1. 新的历史方位具有战略意蕴

习近平新时代中国特色社会主义思想直面的是新时代新的历史方位，这是"承前启后、继往开来、在新的历史条件下继续夺取中国特色社会主义伟大胜利的时代，是决胜全面建成小康社会、进而全面建设社会主义现代化强国的时代，是全国各族人民团结奋斗、不断创造美好生活、逐步实现全体人民共同富裕的时代，是全体中华儿女勠力同心、奋力实现中华民族伟大复兴中国梦的时代，是我国日益走近世界舞台中央、不断为人类作出更大贡献的时代"①。这样的新时代具有"系统性"、"战略性"意蕴。习近平新时代中国特色社会主义思想也是在"两个大局"的时代背景下产生的。实现中华民族伟大复兴是"战略全局"，世界百年未有之大变局是具有"战略意蕴"的大变局。具有战略意蕴的历史方位和时代背景，需要运用系统思维、战略思维、辩证思维来思考，也需要运用战略辩证法来对强国建设、民族复兴做系统谋划。

2. 解答的时代课题和回答的根本问题具有战略意义

习近平新时代中国特色社会主义思想解答的时代课题，聚焦于新时代坚持和发展中国特色社会主义、建设社会主义现代化强国、建设长期执政的马克思主义政党，由此提出了一系列具有原创性的治国理政新理念新思想新战略。这三大时代课题都属于战略性课题，需要运用辩证思维从系统上、战略上进行破解。

习近平新时代中国特色社会主义思想回答的根本问题属于战略性问题。这一思想的体系主干，主要围绕强国建设、民族复兴，致力于

---

① 习近平：《决胜全面建成小康社会　夺取新时代中国特色社会主义伟大胜利——在中国共产党第十九次全国代表大会上的报告》，人民出版社 2017 年版，第 10—11 页。

解决人民生活"美好不美好"、国家和民族"强不强"、世界"太平不太平"、中国共产党自身"硬不硬"、马克思主义如何具有"生机活力"五大根本问题，解决这些问题需要运用辩证思维且从系统上进行战略谋划。习近平同志指出："面对快速变化的世界和中国，如果墨守成规、思想僵化，没有理论创新的勇气，不能科学回答中国之问、世界之问、人民之问、时代之问，不仅党和国家事业无法继续前进，马克思主义也会失去生命力、说服力。"①习近平同志所讲的中国共产党百年奋斗的五大历史意义，以及上述所讲的"四大之问"，在实质上都是直面这五大根本问题的，在强国建设、民族复兴进程中都具有战略意义，需要运用辩证思维从系统上进行战略思考和谋划。

习近平同志善于做战略谋划。他在福州工作期间，亲自主持制定了福州"3820"战略工程；在浙江工作期间，亲自主持制定了浙江"八八战略"；担任我们党的总书记以后，就提出实现中华民族伟大复兴这一"战略全局"。党的十八大以后，习近平同志更加注重运用战略思维、系统思维、辩证思维，对实现中华民族伟大复兴战略全局和世界百年未有之大变局进行系统性的战略谋划。

3. 习近平治国理政具有战略清醒、战略定力，注重战略应对，强调决不能在根本性问题上出现颠覆性错误

首先体现在"战略把控"上。就是在把控方向和目标上，无论东西南北风，咬定青山不放松，就是在根本政治方向问题上不能出现颠覆性错误，就是要坚定不移地坚持和发展中国特色社会主义，坚定不移地走中国道路。其次体现在"战略定力"上。即正确的政治方向确定之后，要坚定不移地坚守，这叫作"战略定力"。在治国理政实践

---

① 《党的二十大报告辅导读本》编写组编著：《党的二十大报告辅导读本》，人民出版社 2022 年版，第 207 页。

中，习近平同志注重对根本性、全局性、长远性、整体性问题进行战略判断和科学谋划，致力于解决影响我国发展全局的"命运性问题"。作为治理这么大国家的领路人，具有战略定力至关重要。只有具有战略定力，才能把控好政治大方向，也才能避免在根本性问题上出现颠覆性错误。最后体现在"战略谋划"上。习近平同志指出："战略问题是一个政党、一个国家的根本性问题。战略上判断得准确，战略上谋划得科学，战略上赢得主动，党和人民事业就大有希望。"

4.习近平新时代中国特色社会主义思想具有系统性、战略性和辩证性特质

习近平新时代中国特色社会主义思想关于中国式现代化、新发展理念、"五位一体"总体布局、"四个全面"战略布局、"两步走"的战略谋划、总体国家安全观、全面深化改革、推进国家治理体系和治理能力现代化、构建人类命运共同体等系列重要论述，都坚持系统观念，蕴含着战略辩证法。习近平同志对关系党和国家事业发展的一系列具有系统性、战略性和根本性的时代课题进行辩证思考和科学判断，提出一系列治国理政新战略。他所注重的构建以国内大循环为主体、国内国际双循环相互促进的新发展格局，打好关键核心技术攻坚战，实施区域协调发展战略，注重军队组织构架和力量体系重塑等，都是以系统为基的战略辩证法的具体体现。

（三）系统为基的战略辩证法创新发展马克思主义的"辩证哲学"

唯物主义辩证法具有总体性，贯穿整个马克思主义哲学及其历史发展进程中，这是共性。同时，这种辩证法在马克思主义哲学发展进程中，也呈现为不同的历史形态。

在马克思、恩格斯那里,唯物主义辩证法主要呈现为"历史辩证法"。他们最注重的是在历史领域实现哲学变革,由"上半截子"唯物主义发展到"下半截子"唯物主义,确立唯物主义在历史领域的权威,这只有借助唯物主义辩证法才有可能。因为这种辩证法能直接通达、走向现实世界和历史领域,在纷繁复杂的社会现象背后揭示其内在普遍联系、矛盾运动、发展过程及其一般规律。这从《德意志意识形态》到《路德维希·费尔巴哈和德国古典哲学的终结》可以看出来。

在列宁那里,唯物主义辩证法主要采取"认识辩证法"形态。列宁着力思考的是经济文化落后的俄国如何向社会主义过渡的道路问题,这需要充分认识完全不同于近代西欧社会的具有独特性的俄国国情。要做到这一点,首先要确定唯物主义认识路线,从客观实际出发认识俄国国情,还要运用辩证法处理其中的复杂关系。这就把唯物主义认识论和辩证法突出出来,他的《唯物主义与经验批判主义》、《哲学笔记》,就是唯物主义认识论的代表作。列宁指出:"辩证法也就是(黑格尔和)马克思主义的认识论。"①

在毛泽东同志那里,唯物主义辩证法主要呈现为"实践辩证法"。要解决农民占大多数的落后中国如何实现民族独立、人民解放,如何寻求建设社会主义的正确道路问题,就必须首先把马克思主义基本原理同中国具体实际相结合。这就涉及理论和实践、一般和个别、普遍和特殊、共性和个性之间的辩证关系。毛泽东同志的《实践论》、《矛盾论》两部哲学代表作,前者讲实践论,着重处理理论和实践的关系;后者讲矛盾论,着重处理一般和特殊、共性和个性的辩证关系。二者的有机统一,就是"实践辩证法"。邓小平同志、江泽民同志、胡锦涛

---

① 中共中央马克思恩格斯列宁斯大林著作编译局编译:《列宁全集》第五十五卷,人民出版社1990年版,第308页。

同志治国理政也特别注重唯物主义辩证法，同时在总体上也注重实践，由此也可以把他们的哲学思想总体上归为实践辩证法。

习近平新时代中国特色社会主义思想也坚持唯物主义辩证法，坚持历史辩证法、认识辩证法、实践辩证法，但更为鲜明的特质，就是注重系统为基的战略辩证法。其主要原因，就在于习近平同志在新时代强国建设、民族复兴进程中所面临的问题大多是系统性、战略性问题，需要运用辩证法来分析系统性和战略性问题。这是对马克思主义辩证哲学的一种具有总体性的原创性贡献。

三、运用系统观念推进强国建设、民族复兴

既然坚持系统观念体现中国特色社会主义的发展逻辑，系统为基的战略辩证法是习近平新时代中国特色社会主义思想的哲学根基，那就应当运用系统观念推进强国建设、民族复兴，运用系统观念、系统思维搞清楚强国建设、民族复兴"是什么"、"干什么"、"怎么干"。

（一）是什么：推进强国建设、民族复兴的思想方法之"道"

这是从"道"的层面来讲的，主要是弄清系统观念具有哪些丰富内涵。界定系统观念的理论内涵，是坚持系统观念的前提。

系统观念是一种基础观念。从表面来看，似乎任何事物都是杂乱无章的，但运用哲学理性思维看待事物，便会发现任何事物都是由各种要素构成的。在揭示事物各要素基础上，系统观念进一步要求揭示其中的根本要素，并运用其根本要素分析事物。面对复杂的社会历史，马克思抓住了其中的生产力、生产关系、经济基础、上层建筑四大根

本要素，并运用这四大根本要素分析社会历史。

系统观念是一种结构观念。在揭示构成事物的根本要素基础上，系统观念进一步要求分析这些根本要素之间的关系、顺序、比例，即结构。事物内部的结构至关重要，它影响事物的整体功能及其发挥。结构观念是系统观念的根本。要发挥好事物的功能，首要在于调整好结构。马克思、恩格斯认为，生产力决定生产关系，经济基础决定上层建筑，其中生产力起最终决定作用，同时，这四大要素的合力或交互作用也推动社会历史发展。

系统观念是一种整体观念。坚持系统观念，既要揭示事物的根本要素，又要调整理顺根本要素之间的关系、顺序、比例，使其相互配合，构成最佳的合理结构，其目的是充分发挥事物的整体功能，实现整体效应最大化，事物的各个根本要素最终是要服务于事物整体功能发挥的。整体观念是系统观念的核心，由此，要把事物各种根本要素置于事物的整体框架中进行谋划。

系统观念是一种战略观念。系统观念强调以整体眼光看事物。事物的整体性是在时间、空间、环境中呈现出来的。在时间上，系统观念要求跳出眼前从长远看眼前，正确看待眼前和长远的关系，从事物发展的历史长河中把握其完整性；在空间上，系统观念要求跳出局部从全局看局部，把握好局部和全局的关系，从事物的全局上把握其完整性；在外部环境上，系统观念要求跳出事物自身，把事物置于更为宽广的外部大环境中来把握，把握好事物自身与外部大环境的关系，从事物与外部大环境关系上把握其完整性。

系统观念是一种辩证观念。每一种事物作为一个系统，处在各种各样的关系中，诸如事物各要素之间的关系、事物的部分和整体的关系、事物发展的目前和长远的关系、事物之局部和全局的关系、事物和外部大环境的关系等。由此，需要运用辩证思维来理解，用发展眼光看待系统，避免孤立、静止、片面地看问题。

系统观念是一种秩序观念。事物内部的结构及其形成的整体不是杂乱无章的，而是通过内在合理的关系、顺序、比例表达出来的，这就呈现为一种秩序。其实，社会秩序的根基，就在于事物的合理结构所形成的秩序。

（二）干什么：推进强国建设、民族复兴之"术"

这是从"术"的层面来讲的，主要是弄清系统观念蕴含什么样的方法论。方法取决于问题的本性。就是说，系统性问题要运用系统方法来分析和解决，运用系统方法，就是为了更好地分析和解决系统性、整体性和战略性问题。

运用系统观念、系统思维和系统方法理解强国建设、民族复兴之术即方法和思路，就是首先要去认识、揭示和把握强国建设、民族复兴内部的各个基本要素。这些基本要素是构成强国建设、民族复兴之系统整体的细胞，正确认识这些基本要素，是理解和把握强国建设、民族复兴之系统整体的基础和前提。这就要求学会运用唯物主义辩证法关于主要矛盾的原理，善于抓住强国建设、民族复兴内部的基本点和重点，弄清强国建设、民族复兴主要由哪些基本要素构成。

其次，运用系统观念、系统思维和系统方法，需要进一步搞清楚构成强国建设、民族复兴各要素之间的顺序、比例、关系，即结构。强国建设、民族复兴内部的结构，就是由强国建设、民族复兴内部各要素之间的顺序、比例、关系构成的。

最后，运用系统观念、系统思维和系统方法，还需要调整好强国建设、民族复兴内部各要素之间的顺序、比例和关系，即调整好结构，使各要素发挥好对于整体而言的各自的作用，同时使各要素之间相互成就、相辅相成，目的是既发挥好各要素的作用，也发挥好各要素对于整体的作用，还要发挥好强国建设、民族复兴之系统整体的作用，使整体大于部分之和。

（三）怎么干：推进强国建设、民族复兴的工作方法之"行"

这是从"行"的层面来讲的，主要是简述如何运用系统观念、系统思维、系统方法来解决强国建设、民族复兴进程中的系统性、整体性和战略性问题。

1. 强国建设、民族复兴必须发挥系统观念的指引作用

系统观念是具有基础性的思想和工作方法，是其他思想和工作方法的基础。战略思维、历史思维、辩证思维、创新思维、法治思维、底线思维等，都以系统观念为基础。发挥科学思维的指引作用，不断提升运用系统观念、系统思维和系统方法的能力，就能够行之有效地化解强国建设、民族复兴进程中的各种风险挑战。在强国建设、民族复兴新实践新征程中，系统观念要求树立并运用战略思维、辩证思维，正确处理强国建设、民族复兴系统中各个要素及其现象和本质、目前和长远、局部和全局、部分和整体之间的关系，正确处理强国建设、民族复兴系统内外的关系。系统观念要求树立历史思维，在把握历史规律、认清历史趋势、总结历史经验、牢记历史教训中推进强国建设、民族复兴各项事业，以更好地走向未来。系统观念要求在强国建设、民族复兴进程中树立创新思维。把强国建设、民族复兴系统各要素构成一个合理结构是创新，调整好强国建设、民族复兴系统内各要素之间的结构并使其发挥好整体功能是创新，对强国建设、民族复兴系统

作出新的战略谋划也是创新。系统观念要求树立法治思维，需要法治来保证强国建设、民族复兴能规范运行，保证强国建设、民族复兴战略规范的顺利实施。系统观念也要求树立底线思维，要求在强国建设、民族复兴问题上，凡事从坏处准备，积极主动应对，努力争取最好结果，牢牢掌握主动权。

2. 在强国建设、民族复兴新实践新征程中必须坚持系统观念

统筹推进"五位一体"总体布局，是以习近平同志为核心的党中央坚持系统观念、系统思维、系统方法的集中体现。统筹推进"五位一体"是一项复杂的系统工程，涉及生产力、生产关系、经济基础和上层建筑，涉及党和国家工作全局，涉及经济社会发展各个领域、各个方面，需要把各方面联系起来分析、统筹起来谋划。这五个方面的建设是总体布局中的根本要素，也是强国建设、民族复兴进程中的根本要素。这五个根本要素是相互贯通、相互作用、相辅相成的关系，是一个有机的系统整体。这意味着要对经济、政治、文化、社会和生态文明建设进行系统理解和把握，不可割裂，理解其中"一种建设"，一定要结合其他"四种建设"。

协调推进"四个全面"战略布局是坚持系统观念、系统思维、系统方法的具体要求。协调推进"四个全面"战略布局是一项复杂的系统工程，同样涉及强国建设、民族复兴全局，涉及强国建设、民族复兴各个领域、各个方面，需要加强系统谋划。每一个"全面"都是战略布局中的根本要素，"四个全面"蕴含的四个根本要素相互贯通、相互作用、相辅相成，是一个有机的协调整体。这意味着要把"四个全面"看作一种协调推进的系统有机整体，理解其中一个"全面"，一定要结合其他三个全面。

强国建设、民族复兴是一项系统工程，所面临的问题都是系统

性问题。我们要紧紧围绕强国建设、民族复兴，运用系统观念来解答
"是什么"、"干什么"、"怎么干"的问题，要以系统观念分析问
题、解决问题，进而为前瞻性思考、全局性谋划、整体性推进强国建
设、民族复兴各项事业提供科学思想方法。其实质，就是为中华民族
谋复兴。它表明：作为一种思想力量的系统观念，需要为前瞻性思
考、全局性谋划、整体性推进强国建设、民族复兴各项事业发挥重要
作用。

第三节　为世界谋大同

这主要是紧紧围绕推动人类发展进步而"为世界谋大同"来阐述
如何发挥思想的"世界伟力"。

党和人民事业是人类进步的重要组成部分。一百多年来，党既为
中国人民谋幸福、为中华民族谋复兴，同时也注重以自强不息的奋斗
精神解决人类重大问题，推动人类发展进步。在为人类谋进步、为世
界谋大同问题上，思想依然发挥着强大伟力。[①] 这集中体现在：越是在
世界历史转折的紧要关头，就越需要科学理论引领；越要走好人类实
现现代化之路，就越需要中国式现代化理论指引；越要解决"大党独
有难题"，就越需要掌握习近平新时代中国特色社会主义思想。其实
质，就是从思想力量上为世界谋大同。

---

① 为人类谋进步和为世界谋大同既区别又统一。二者的区别在于，为人类谋进步
对应的是各个"民族"，它力求超越民族之间的"人"的个性差异，着重于各民族在
"人类"的共性上思考进步问题；为世界谋大同对应的是各个"国家"，它强调的是
各个国家要注重和平发展、合作共赢，前者注重人类共性，后者注重国家共性。二者
的统一性在于都着眼于"共性"、"共生"、"共进"、"共赢"。为世界谋大同是
为人类谋进步的基础和前提，所以这里着重讲为世界谋大同。

一、越是在世界历史转折关头越需要科学理论引领

历史发展总会遇到重大的紧要关头。在历史紧要关头，历史进程中总会出现转折、变革、更替、徘徊、调整、完善等现象和问题。

历史发展处在重大紧要关头，意味着历史发展处在不稳定不确定状态，一时还找不到实现目标的正确道路，这就需要一个政党或政府全力应对历史的转折、动荡、变革，且把握历史发展规律，掌握历史主动。

越是在历史发展的紧要关头，就越需要科学思想理论的引领。之所以如此，是因为客观上人们越是处在历史发展的紧要关头，就越会遭遇各种各样的矛盾难题、障碍阻力、迷茫困惑、风险挑战，这时科学思想理论的引领就显得越加重要。没有科学思想理论的引领，是不可能在历史发展的紧要关头把握历史规律、掌握历史主动的，实现历史发展的目标也会落空。

在世界历史转折关头，要充分发挥科学思想理论的引领作用。恩格斯指出："正像在 18 世纪的法国一样，在 19 世纪的德国，哲学革命也作了政治崩溃的前导。"[1] 更为重要的是，19 世纪马克思、恩格斯所创立的马克思主义不仅做了欧洲革命的前导，更是做了 20 世纪列宁领导的十月革命、中国共产党领导下的中国革命的前导。

进入 21 世纪，世界历史发展到了十分重要的转折关头。在这一世界历史转折关头，习近平同志提出的问题是："世界怎么了、我们怎么办？"回答这一问题，需要创新发展马克思主义。

今天，创新发展马克思主义所面临的实践基础及其典型样本，是

---

[1] 中共中央马克思恩格斯列宁斯大林著作编译局编译：《马克思恩格斯选集》第四卷，人民出版社 1995 年版，第 214 页。

"两个大局"背景下中国特色社会主义新时代和世界新走向，是世界社会主义运动中心转移到当代中国引起的根本变化。如何解释和处理"两个大局"背景下社会主义和资本主义、当代中国和世界的关系？如何以中国式现代化、人类文明新形态超越资本主义历史局限？解答这些问题，在世界社会主义发展史、马克思主义发展史上具有重要意义。

当今世界遭遇百年未有之大变局，实现中华民族伟大复兴是影响世界大变局的关键变量，西方资本主义国家陷入某种困境也是导致大变局的重要原因，这使世界发生了有利于社会主义的重大转变。[①]但这种大变局依然是处在社会主义与资本主义长期并存（"两制并存"）格局中的大变局，"变革"与"重构"构成大变局中的"时代特征"。如何在"两制并存"、"百年变局"、"变革重构"中正确处理中国与世界、社会主义与资本主义的关系，有效应对大变局中出现的世界性难题，迫切需要具有世界意义的理论创新成果来指引。

近代以来，西方资本主义国家借助市场、资本、科技、文化和军事五大所谓"优势"掌控世界，也生长出推动世界历史进步的西方文明。自 2008 年国际金融危机之后，世界经济长期低迷，集中体现为全球增长动能不足、全球经济治理滞后、全球发展失衡三大突出矛盾没有得到有效解决。资本主导的制度性缺陷和结构性矛盾，是导致上述困境的一个深层原因。资本的本性是借助"流动"、"流通"实现其价值增殖，当市场空间、流通渠道、资源、劳动力成本等"红利"被严重"限制"时，资本主义国家就会陷入某种困境。这主要体现在：一是经济困境。在西方某些发达国家，实体经济是推动其工业化、现

[①]《中国共产党第十九届中央委员会第六次全体会议文件汇编》，人民出版社2021年版，第 93 页。笔者认为，民族复兴、世界困境、新兴国家、科技革命、全球疫情等，是导致"大变局"的主要变量。

代化的主要力量。随着后工业社会来临及深化，金融资本开始膨胀，虚拟经济过度扩张，在虚拟经济繁荣的背后，泡沫经济却日趋严重，这在一定程度上增加了实体经济的风险，弱化了实体经济的资金和信用基础。二是政治困境。当国际金融危机导致的自由市场体系红利削减，以及滥用霸权所导致的政治动荡向西方社会传导时，精英政治和大众政治间的平衡就遭遇一定危机，既体现在因政治依附资本和"否决政治"①，使国家、政府的组织力、动员力、凝聚力、执行力削弱，也体现在因民粹主义兴起而使民众过度"自由"，陷入难以组织动员的境地，弱政府和散民众两大弱点显露出来了。②三是社会困境。社会福利制度不仅使西方社会背负财政负担，也使许多民众的创业精神减弱。③四是文化困境。西方文化有三大核心支柱：自由主义、资本至上、以两极对立世界观为哲学根基的"西方中心论"。自由主义的核心观点是，追求个人自由、权利是最符合自然秩序的，不可随意被剥夺。自由主义走向极端，就会追求个人自由扩张，进而导致"漠视政府"、"淡化集体"。自由主义蕴含"个人利己"的基因。"资本至上"意味着资本具有主导性，具有追逐增殖、自由扩张的本性，在增殖和扩张过程中不可避免地具有掠夺性，因而蕴含"扩张掠夺"的基因。"西方中心论"把整个世界分为西方和非西方"两极对立"的世

---

① "否决政治"，是美籍学者福山提出的一个概念。美国民主政治的基础性制度安排，对防范政治腐败、平衡多元利益、增强决策审慎发挥着积极作用。同时，这一制度安排需要付出牺牲效率的代价。近年来，由于美国民主党与共和党在政治立场上发生分化，且总统职位和国会两院往往由不同政党控制，结果使这种政党对立传导到政府机构层面，进而出现了"否决政治"。

② 韩庆祥、黄相怀：《资本主导与西方困局》，《光明日报》2016年9月28日，第13版。

③ 韩庆祥、黄相怀：《资本主导与西方困局》，《光明日报》2016年9月28日，第13版。

界：西方世界是主，是世界的中心，为整个世界制定标准，非西方世界是客，要向西方世界靠拢；西方世界统治非西方世界，非西方世界若不向西方标准看齐，西方世界就对其围堵打压、战略包围。"西方中心论"蕴含"对立冲突"的基因。"个人利己"、"扩张掠夺"、"对立冲突"的基因，会导致共同体意识瓦解与合作精神、道义精神、奋斗精神丧失，导致西方"话语营销"和"话语神话"瓦解。

世界向何处去？如何寻求世界发展的再生之路？世界历史发展处在了一个重要的转折关头。

我们党顺应世界大势和时代潮流，提出中国式现代化、建设中华民族现代文明、人类文明新形态和构建人类命运共同体这种具有世界意义的中国理论，提出发展 21 世纪马克思主义。特别是构建人类命运共同体理念，就是针对国际霸权主义横行而导致的全球创新动力不足、贫富差距扩大、全球治理滞后以及出现的"四大赤字"（发展赤字、和平赤字、治理赤字、信任赤字）而提出的。霸权主义横行会导致整个世界创新动力更加不足，贫富差距更加悬殊，全球治理更加滞后。不解决这些问题，将会阻碍实现社会主义现代化和中华民族伟大复兴的历史进程。习近平同志以大国担当的勇气和信心，勇于担负起重建世界秩序的使命和责任，提出了构建人类命运共同体这一具有战略意义和世界意义的理念，在此基础上又提出创新发展 21 世纪马克思主义，为解答世界之问和人类问题贡献了中国智慧、中国理论和中国方案，为人类发展进步注入了强大力量。

二、越要走好人类实现现代化之路就越需要中国式现代化理论指引

西方现代化以"普世"、自由、资本主导、"西方中心论"为支

柱，开创不出人类文明新形态。应当充分肯定，西方文化对推进人类文明进步和世界历史发展具有重要历史贡献。然而，正是基于这种贡献，西方国家在西方文化演进中，却逐渐将其转化为帝国"文明"，并建构起"西方中心论"的理论体系和话语体系。在这种建构中，因其哲学根基是"主客对立"，便蕴含着使帝国"文明"异化为野蛮的基因和逻辑。对此，威廉姆斯说："欧洲殖民国家和殖民扩张的衍生国家背后都有一个中心思想做支撑，即西方世界的文明、知识比非西方民族优越。这种优越感让西方世界产生救赎的使命感，一厢情愿地将自我理解的事实强加给非西方民族。"① 于是，就出现了世界上"文明的"民族或国家以"文明"之名不时并将继续对"不文明的"民族或国家采取极端措施。② 而这，在结果及其实质上就是反文明的野蛮，是远离"至善"的恶，它会把人类带向歧途和深渊。

中国式现代化能内生和创造出人类文明新形态，具有生成文明的基因，是文明、人类文明、人类文明新形态的生成基础。

中国式现代化的根本意义是全面推进中华民族伟大复兴，就世界而言，其最高成果就是创造人类文明新形态，它把"中国式现代化"提升到"人类文明"高度，为人类实现现代化提供了新的选择。

现代文明发源于现代化进程，中国式现代化的世界意义就是创造人类文明新形态这样一种文明范式。从哲学上讲，这意味着需要把中国式现代化提升到人类文明新形态这一高度来探究。

首先，中国特色社会主义"扬弃"传统中西传统文明，所创造的中国式现代化能内生以"主主平等普惠"为哲学根基和范式的人类文

① Robert A.Willams Jr.: *The American Indian in Western Legal Thought*: *The Discourses of Conquest*, New York: Oxford University Press, 1990: 6.

② [澳] 布雷特·鲍登：《文明的帝国：帝国观念的演化》，杜富祥、季澄、王程译，社会科学文献出版社 2020 年版，第 57 页。

明新形态，具有哲学逻辑。从哲学根基来阐释中国式现代化，它能内生出中华民族现代文明，创造人类文明和人类文明新形态，为人类文明进步作出贡献。中国式现代化的本质特征，是全体人民共同富裕的现代化，是物质文明和精神文明相协调的现代化，是人与自然和谐共生的现代化，是走和平发展道路的现代化，其哲学根基是"主主平等普惠"。全体人民共同富裕的现代化，意味着人人都是平等共享中国式现代化成果的主体，在享受中国式现代化成果与富裕上具有平等性和普惠性，即"平等富裕"；物质文明和精神文明相协调的现代化，意味着物质文明和精神文明齐头并进、平等发展、相互成就，在发展理念、安排和机会上具有平等性，即"发展平等"；人与自然和谐共生的现代化，意味着人与自然二者都是平等相处、平等交换物质和能量的主体，是平等关系、和谐关系、共生关系，而不是人类掠夺、征服、战胜自然的关系，即"共生平等"；走和平发展道路的现代化，意味着世界各国不论强弱大小，在主权、规则和机会上都应当是平等的，都是平等享有国家主权的"主体"，是和平发展、合作共赢关系，因而应平等相待，而不应实施霸凌主义、霸权主义，即"国家平等"。这里的"平等富裕"、"发展平等"、"共生平等"、"国家平等"指向"人类性"也具有"人类性"。显然，中国式现代化能内生出文明，内生出中华民族现代文明，内生出人类文明和人类文明新形态。简要来说，这种人类文明新形态，在历史时间上，是从工业文明发展出来的"生态文明"；在历史空间上，是扬弃西方文明、传承发展中华文明基础上的"和合普惠文明"；在经济社会发展方面，是超越物质主义膨胀的单向度文明的五大文明协调发展的"全要素文明"；在生产关系方面，是区别并高于资本主义"资本文明"的社会主义"人本文明"和中国特色社会主义"民本文明"。

其次，中国式现代化体现了人类文明演进的一般规律，具有历史逻辑。其中具有总体性的规律，就是马克思所讲的人的发展"三形态"，即：前资本主义社会，人的发展呈现为"人的依赖"；资本主义社会，人的发展呈现为"物的依赖基础上的人的独立"；未来理想社会，人的发展呈现为社会生产力全面发展和人的全面发展基础上的"自由个性"。马克思毕生批判资本主义社会的总问题，是资本占有劳动并控制社会的逻辑，实现人类解放、无产阶级解放和每个人自由而全面的发展。这一总问题既涉及社会主义文明取代资本主义文明的历史必然性，也是不同历史时期马克思主义者致力解决的带有规律性的问题——人类文明的走向。马克思从理论上为解决这一问题提供了根本路径，但仍需要后人从实践上破解。中国特色社会主义进入新时代，我们党致力于从总体和实践上破解这一问题，这主要是通过创造中国式现代化实现的。中国式现代化既超越了中华传统以家庭伦理为基点的伦理型文明，也超越了西方立足于市民社会的"物的依赖"基础上的"资本文明"，开创了既立足于人类社会，也立足于社会生产力全面发展和人的全面发展的社会主义的"人本文明"。

再次，中国式现代化具有内生人类文明的基因，是开创人类文明新形态的基础，具有现实逻辑。习近平同志指出："我们坚持和发展中国特色社会主义，推动物质文明、政治文明、精神文明、社会文明、生态文明协调发展，创造了中国式现代化新道路，创造了人类文明新形态。"[1] 这段重要论述的文本逻辑是：坚持和发展中国特色社会主义→物质文明、政治文明、精神文明、社会文明、生态文明协调发展→创造中国式现代化新道路，创造人类文明新形态。这实际上体现的是"因果

---

[1] 习近平：《在庆祝中国共产党成立 100 周年大会上的讲话》，人民出版社 2021 年版，第 13—14 页。

关系"的现实逻辑：坚持和发展中国特色社会主义的创新成果就是成功推进和拓展了中国式现代化→中国式现代化推动着物质文明、政治文明、精神文明、社会文明、生态文明协调发展→推动物质文明、政治文明、精神文明、社会文明、生态文明协调发展，便直接创造了人类文明新形态。这里，中国式现代化具有内生人类文明的基因，不宜离开中国现代化进程来谈论人类文明新形态。

最后，现代化发展从根本上就是人类文明形态演进的过程，是文明发展和转型的过程，具有生成逻辑。从学理上，中国式现代化是人类文明新形态的一种实现方式。一般通过特殊实现，特殊蕴含一般。走向人类文明的方式是多样的，中国式现代化可理解为是一种创造人类文明新形态的中国方式，对走向人类文明能作出具有世界意义的贡献，甚至一定意义上引领人类文明的走向。

三、越要解决"大党独有难题"就越需要思想引领

在党的二十大报告中，习近平同志原创性地提出了"大党独有难题"的重大命题。

"大党独有难题"，指的是要巩固马克思主义政党长期执政地位，一直要破解影响党和国家发展命运的根本问题，虽然不断取得重大成效，但始终未能从根本上得到真正解决，从而把"问题"变成了"难题"。

破解"大党独有难题"，是中国共产党人致力于长期探索和解决的一个重大课题。我们党作为世界上最大的马克思主义政党，大就要有大的样子，"大也有大的难处"。从"大也有大的难处"到"大党独有难题"，标志着我们党对长期执政问题的认识达到了新境界。面对百年大党如何建成世界强党、如何永葆青春活力进而保持长期执政这一根本问题，我们必须时刻保持解决大党独有难题的清醒与坚定，一以贯之推进

党的自我革命，一以贯之推进党的建设新的伟大工程，以党的自我革命引领社会革命。

"大党独有难题"何以成为难题？

一是我们党是世界上最大且长期执政的马克思主义政党。治理这样的大党，使其永葆青春活力，自然存在"大党独有难题"。

二是我国是世界上一个统一的多民族国家，国土面积大，人口规模大，民族较多，资源相对较少，各个地区发展极不平衡，国民素养差异较大，各种矛盾叠加。一个政党要把这样一个大国治理好谈何容易，也自然会面临"大党独有难题"。

三是在世界上肩负的初心使命最大。中国共产党一经诞生，就把为中国人民谋幸福、为中华民族谋复兴的初心使命扛在肩上。实现中华民族伟大复兴，是近代以来中华民族、中华儿女最伟大的梦想。这一梦想绝不是轻轻松松就可以实现的，会遇到一系列矛盾难题，付出极其艰辛的努力，这自然会成为"大党独有难题"。

四是在世界上要实现最高理想、最高纲领。中国共产党是具有远大追求和坚定信念的政党，它把实现共产主义作为最高理想、最高纲领，可谓任重而道远，征途中必会遇到风高浪急甚至惊涛骇浪的风险挑战、重大考验，也必然会遇到"大党独有难题"。

五是在世界上遇到的矛盾难题较多。我们国家传统的社会结构是政治力量相对比较大，社会力量相对比较小，基层参与国家、社会治理的积极性和能力水平还不够高。这就容易把矛盾上交，为党分忧不够。矛盾集中于党，也是"大党独有难题"。

六是在世界上诸多的人民群众诉求。我国有 14 亿多人口，随着我国经济社会发展，人民群众的诉求日趋增多。这意味着，资源和财富除以 14 亿，平均值就比较低，而矛盾和问题再乘以 14 亿，小问题就会变为大难题，小矛盾就会变成大矛盾。所以，中国共产党是世界上遇到矛盾、问题、难题众多的政党，会遇到"大党独有难题"。

七是在世界上遭受最严重的围堵打压。中国共产党是世界上最大的马克思主义政党，一些非马克思主义政党会对我们党提出各种挑战；中国共产党坚定不移走社会主义道路，一些走资本主义道路的政党和国家会给我们制造各种难题。

何谓"大党难题"？中国共产党拥有9804.1万名党员（截至2022年12月31日），是世界上最大的马克思主义政党。作为世界上最大的马克思主义政党，最值得关切的"难题"，就是习近平同志所提出的"六个如何始终"[①]，其中包括出现精神懈怠、能力不足、脱离群众、消极腐败等难题。

一是大党容易出现干事创业的精神懈怠问题。"精神懈怠"的危险位于"四种危险"之首。究其原因，是这一危险发生的源头与"思想认识"有关，它虽然看不见摸不着，但又时刻存在且影响深远。1945年，民主人士黄炎培在延安与毛泽东同志对话时深刻指出："大凡初聚时聚精会神，没有一事不用心，没有一人不卖力，也许那时艰难困苦，只有从万死中觅取一生。继而渐渐好转了，精神也就渐渐放下了。"[②]毛泽东同志也批判那个时候一些人"做一天和尚撞一天钟"，"明哲保身，但求无过"，"事不关己，高高挂起"。习近平同志在党史学习教育动员大会上指出："我们要清醒看到，我们党长

---

① 2023年1月9日，习近平总书记在二十届中央纪委二次全会上用"六个如何始终"高度概括了百年大党独有难题的主要内容。"六个如何始终"，即如何始终不忘初心、牢记使命，如何始终统一思想、统一意志、统一行动，如何始终具备强大的执政能力和领导水平，如何始终保持干事创业精神状态，如何始终能够及时发现和解决自身存在的问题，如何始终保持风清气正的政治生态。

② 习近平：《摆脱贫困》，福建人民出版社1992年版，第11页。

期执政，党员干部中容易出现承平日久、精神懈怠的心态。有的觉得现在已经可以好好喘口气、歇歇脚，做做安稳官、太平官了；有的觉得'船到码头车到站'，不思进取、庸政懒政混日子；有的为个人打算多了，患得患失、不敢担当却贪图名利、享受；有的习惯当'传声筒'、'中转站'，遇到困难绕着走、碰到难题往上交，缺乏攻坚克难的锐气和斗志。"①精神懈怠，最根本的，源于在思想上对初心使命认识不足。正因如此，我们党提出要以"不忘初心、牢记使命"，防范"四种危险"，经受"四大考验"等，来警惕精神懈怠的危险。这里，"硬在精神"，是解决党长期执政难题的一个重要法宝。

二是大党容易出现执政能力和领导水平不高即能力不足、活力不强问题。能力不足、活力不强是多方面的，但首要是执政能力、治理能力与领导水平不足。执政能力、治理能力与领导水平不足是一个事关党和国家发展全局的大问题。执政能力、治理能力与领导水平是决定政党、政权盛衰的一个根本因素。能力不足、活力不强，既源于一些领导干部重权力轻能力，也源于一些领导干部重背景重出身重关系轻能力，又源于有些领导干部善于投机取巧、投机钻营、拍马屁。如何使我们党的各项工作更好体现时代性、把握规律性、富于创造性，进而实现长期执政？关键是不断提高执政能力、治理能力与领导水平。然而，执政能力、治理能力与领导水平不会随着执政时间的延长而自动增长，执政时间越长，面临的考验就越大。在新民主主义革命时期毛泽东同志就指出："我们队伍里边有一种恐慌，不是经济恐慌，也不是政治恐慌，而是本领恐慌。"②我们党执政以后，如何不断提高执

① 习近平：《习近平谈治国理政》第四卷，外文出版社 2022 年版，第 515 页。
② 中共中央文献研究室编：《毛泽东文集》（第二卷），人民出版社 1993 年版，第 178 页。

政能力、治理能力与领导水平，也是十分关切的一个重大问题。所以，在改革开放和社会主义现代化建设过程中，我们党提出提高执政能力、治理能力与领导水平问题，强调大党要不断提高党科学执政、民主执政、依法执政水平。习近平同志反复强调要提高领导干部的"八种本领"、"七种能力"等。

三是大党容易出现脱离群众问题。我们党最大的优势是密切联系群众，我们党执政后最大的危险是脱离群众。一些领导干部脱离群众，源于当今在领导干部和人民群众之间隔着许多"墙"：只唯上不唯下之"墙"；行政机关难进之"墙"；背离为人民服务宗旨之"墙"；把服务关系、鱼水关系异化为管制关系、水火关系之"墙"；崇拜手中权力而轻视群众权利之"墙"；漠视群众监督对群众发号施令之"墙"；官级越高越难接近之"墙"；办事程序官僚化之"墙"；自诩高明、轻视群众之"墙"；等等。历史和实践证明，一个政党要想走得远，要具有源源不断的执政力量，进而成为引领世界发展潮流的政党，就必须走好群众路线。

四是大党因对权力难以真正监督易出现消极腐败问题。"腐败是危害党的生命力和战斗力的最大毒瘤。"[①] 消极腐败，根本上源自对权力缺乏制约和监督，权力没有在阳光下运行。大党要保持长期执政，就必须坚决打赢反腐败斗争攻坚战持久战，使反腐败斗争永远在路上。

这些难题不解决，中国共产党就难以担当起为人类谋进步、为世界谋大同的世界使命。

如何化解"大党独有难题"？

---

① 习近平：《高举中国特色社会主义伟大旗帜　为全面建设社会主义现代化国家而团结奋斗——在中国共产党第二十次全国代表大会上的报告》，人民出版社 2022 年版，第 69 页。

在党的二十大报告中，习近平同志站在党长期执政的高度，提醒全党同志"务必不忘初心、牢记使命，务必谦虚谨慎、艰苦奋斗，务必敢于斗争、善于斗争"①。这是有深刻考虑的。它表明：在总体上，中国共产党要保持长期执政，把国家治理好，使人民过上美好幸福生活，深得人民拥护，要为人类谋进步、为世界谋大同，就必须具有时刻保持解决大党独有难题的清醒和坚定，不断深化对共产党执政规律、社会主义建设规律、人类社会发展规律的认识，时刻做到"三个务必"。从"两个务必"到"三个务必"，变的是新的更高标准和更高要求，不变的是始终如一的清醒和坚定。"三个务必"，是从总体上破解"大党独有难题"的大思路。

就国内而言，解决"大党独有难题"，就需要以习近平同志关于党的建设的重要思想为指导，从思想上大力加强和改进党的建设。

解决"大党独有难题"，全党同志务必不忘初心、牢记使命。真正入心入脑入骨髓的初心、使命，能内生出真挚情怀、钢铁意志。只要"初心、使命"常在，就必然具有解决"大党独有难题"的浓厚情怀、坚定意志。我们党作为世界上最大的马克思主义执政党，要"不忘初心、牢记使命"，就必须牢记党的根本性质、根本立场、根本宗旨，始终把赢得人民拥护放在心中最高的位置；要"永不脱离群众，与群众有福同享、有难同当，有盐同咸、无盐同淡"，就必须铭记党的伟大使命、奋斗目标、中心任务，时时刻刻把伟大使命刻在心中、扛在肩上。在中国共产党建党百年之际，习近平同志响亮地提出了解决政党"老化"这一世界级的政党政治难题，告诫全党："我们要居

<hr />

① 习近平：《高举中国特色社会主义伟大旗帜　为全面建设社会主义现代化国家而团结奋斗——在中国共产党第二十次全国代表大会上的报告》，人民出版社 2022 年版，第 1 页。

安思危，时刻警惕我们这个百年大党会不会变得老态龙钟、疾病缠身。对党的历史上走过的弯路、经历的曲折不能健忘失忆，对中外政治史上那些安于现状、死于安乐的深刻教训不能健忘失忆；对自身存在的问题不能反应迟钝，处理动作慢腾腾、软绵绵，最终人亡政息！"①

解决"大党独有难题"，全党同志务必谦虚谨慎、艰苦奋斗。经过百年风雨洗礼和锤炼，中国共产党已经从建党之初只有 50 多名党员的小党，发展成为今天拥有 9804.1 万名党员、506.5 万个党的基层组织（截至 2022 年 12 月 31 日）的大党。党员数量和党的基层组织数量大幅增长，反映出我们党的规模体系之大、在中国和世界的形象之重、面向社会的吸引力和凝聚力之强，前所未有。党的百年奋斗取得了一系列重大成就。然而，大党之大，虽然以大格局、大胸怀、大担当彰显了自身的突出优势，但也因规模体系的庞大而容易使一些党员干部产生骄傲自满情绪。一旦骄傲自满，就会忘乎所以、缺乏清醒，许多问题都会接踵而至；相反，我们党只有时时刻刻谦虚谨慎、艰苦奋斗，才能真正咬定目标、迎难而上、踔厉奋发、越挫越勇、越险越进、勇毅前行、久久为功。正因如此，习近平同志在党的二十大报告中强调，"我们党作为世界上最大的马克思主义执政党，要始终赢得人民拥护、巩固长期执政地位，必须时刻保持解决大党独有难题的清醒和坚定"，要"全面加强党的思想建设，坚持用新时代中国特色社会主义思想统一思想、统一意志、统一行动，组织实施党的创新理论学习教育计划，建设马克思主义学习型政党。加强理想信念教育，引导全党牢记党的宗旨，解决好世界观、人生观、价值观这个总开关问题，自觉做共产主义远大理想和中国特色社会主义共同理想的坚定信仰者和忠实实

---

① 习近平：《习近平著作选读》第二卷，人民出版社 2023 年版，第 561 页。

践者"。①

解决"大党独有难题"，全党同志务必敢于斗争、善于斗争，勇于自我革命，坚持全面从严治党。只有不退缩，具有"明知山有虎偏向虎山行"的勇气和担当，才能真正迎难而上，积极破解难题，而不被难题所吓倒。推进伟大事业必须进行伟大斗争，因为前进路上必会遇到各种艰险挑战；实现伟大梦想也必须进行伟大斗争，因为前进路上是在踏着尖刀前进，要付出更为艰巨、更为艰苦的努力。

进行伟大斗争，首先要在自我革命上进行伟大斗争。诚如习近平同志所言："这么大一个党，处在执政地位、掌控执政资源，很容易在执政业绩光环的照耀下，出现忽略自身不足、忽视自身问题的现象，陷入'革别人命容易，革自己命难'的境地。没有什么外力能够打倒我们，能够打倒我们的只有我们自己。前途命运都掌握在自己手上。要兴党强党，保证党永葆生机活力，就必须实事求是认识和把握自己，以勇于自我革命精神打造和锤炼自己。"② 我们党历史这么长、规模这么大、执政这么久，如何跳出治乱兴衰的历史周期率？如何时刻保持解决"大党独有难题"的清醒和坚定？经过不懈努力，我们党找到了自我革命这一跳出治乱兴衰历史周期率的第二个答案，它有助于确保党永远不变质、不变色、不变味。自我革命，使党有了极强的自我纠错和修复能力，也使党时刻保持解决大党独有难题的清醒和坚定。

此外，要解决"大党独有难题"，全党同志务必发扬民主、注重法治。

就国际而言，解决"大党独有难题"，就要善于运用习近平新时

---

① 习近平：《习近平重要讲话单行本：2022 年合订本》，人民出版社 2023 年版，第 136，137–138 页。

② 习近平：《习近平著作选读》第一卷，人民出版社 2023 年版，第 578 页。

代中国特色社会主义思想尤其是习近平外交思想，学会并掌握与西方国家的相处之道，要弘扬和平、发展、公平、正义、民主、自由的全人类共同价值，倡导不同文明交流互鉴，积极携手共建人类命运共同体，促进人类文明发展。习近平同志指出："我们真诚呼吁，世界各国弘扬和平、发展、公平、正义、民主、自由的全人类共同价值，促进各国人民相知相亲，尊重世界文明多样性，以文明交流超越文明隔阂、文明互鉴超越文明冲突、文明共存超越文明优越，共同应对各种全球性挑战。"[①] 这一重要论述，为推动人类进步绘就了新坐标，为推动人类进步和世界大同注入了强大思想力量。

第一，要坚持平等相待、彼此尊重。中国式现代化、人类文明新形态、全人类共同价值、构建人类命运共同体等，都强调任何国家在主权上、机会上、规则上都是平等的，因而要彼此尊重、平等相处。只有这样，这个世界才是和谐稳定的。平等相待、彼此尊重，是各国之间的相处之道，是中国与西方国家的相处之道，当然更是西方国家与非西方世界各国的相处之道。

第二，加强互学互鉴、交流交融。文明因交流而多彩，文明因互鉴而丰富。各美其美，美人之美，美美与共，互学互鉴，交流交融，共同发展，既是中华文明与世界各国文明的相处之道，又是文明进步的基本路径，也是增进文明兴盛的不竭动力。中华文明蕴含着包容普惠的哲学精髓和灵魂，它倡导"有容乃大"、"多元一体"。在这种格局下形成的"家国观"、"中国观"、"天下观"、"包容观"等思想观念，为加强互学互鉴、交流交融提供了中国智慧。

---

① 习近平：《高举中国特色社会主义伟大旗帜 为全面建设社会主义现代化国家而团结奋斗——在中国共产党第二十次全国代表大会上的报告》，人民出版社 2022 年版，第 63 页。

第三，倡导开放包容、美美与共。中国式现代化所内生并创造出的人类文明新形态，展示出一种人类文明的未来前景。这个前景，就是人类文明新形态所展示的一种大格局中的人类文明新形态，是一种开放包容、美美与共、和而不同的人类文明新形态。作为这样一种人类文明新形态，蕴含着各国之间的相处之道，那就是倡导开放包容、美美与共。由此，各国之间要坚持开放包容、美美与共的相处之道。

第四，促进和平共处、和谐共生。"人类命运共同体"伟大构想，深刻凝练了和平发展、合作共赢、共建共治的治理逻辑和哲学理念。文明共存、和平共处、平等共商、合作共建、公平共享、互利共赢，是这一伟大构想的核心思想。唯有坚持共商共建共享的全球治理理念，维护多边主义，才能最终实现全世界人民"共同治理"的美好愿景。在未来国际关系的发展中，培育国家之间共生共和的思想、机制和文化，对于摆脱传统对抗式政治至关重要。这就需要各国共同克服国内对抗式制度和国际对抗式阵营政治的弱点，寻求好的政治协商机制，推进国际政治的进步转化，从而过渡到更高的人类政治实践新形态。

第四节　为中国共产党谋强大

这里主要是围绕"打铁必须自身硬"，把党员干部的思想、工作和职责摆进去，真正从思想上解决好广大党员、领导干部的党性锻炼、理想信念、思想境界、看家本领、理论思维问题，使我们的党员干部硬在政治、硬在信念、硬在境界、硬在能力、硬在思想，进而把中国共产党建设得更加坚强有力。其实质，就是为中国共产党谋强大。这里着力阐述如何发挥思想的"党建伟力"。习近平同志指出："只有把自己的思想摆进去、把工作摆进去、把职责摆进去，才能真切感悟到科学理论的真理力量和实践伟力。"①

一、加强党性锻炼——关键在政治

党性，是指中国共产党和中国共产党党员固有的本性。党性锻炼，是指中国共产党和中国共产党党员要按照党的性质和本质要求行事，增强党的先进性和纯洁性，在思想上、行动上自觉地按党性原则办事，其实质，就是党员在思想上的自我教育、自我修炼、自我改造、自我完善。

加强党性锻炼，一是锻造中国共产党人的特质，二是时刻不忘党的初心。

（一）锻造中国共产党人的特质

1. 中国共产党具有迎难而上、越挫越勇、越险越进、勇于奋斗的基因、特质和品格

中国共产党在成立、发展、壮大的历史进程中，必然遇到宏大目标和曲折道路之间的矛盾关系。中国共产党自成立那天起，就义无反顾地肩负起实现中华民族伟大复兴的历史重任。实现这一宏大历史重任的道路是十分曲折的，中国共产党人也历经这样或那样的困苦、艰险、磨难和挑战。中国共产党人在一开始拥有的资源、条件是有限的，力量也较为薄弱，随着中国共产党的不断发展壮大，它所肩负的历史重任也与时俱增。在这种情境下，中国共产党人要完成其宏大的历史重任，就必须迎难而上。从本质来看，中国共产党就是凭借"斗争"、"奋斗"的本质特征登上中国历史舞台的。

---

① 习近平：《在二十届中央政治局第四次集体学习时的讲话》，《求是》2023年第10期。

从宏大战略目标看，中国共产党诞生之初，面临着民族独立和人民解放双重目标，要实现这种目标，就必须以"革命斗争"、"勇于奋斗"的思想和精神来消灭旧制度。新中国成立后，我们要建立社会主义社会，确保人民当家作主，为此，就必须以迎难而上、勇于奋斗的思想意识和精神状态进行社会主义革命和建设。1978 年开启的改革开放是一次新的社会革命，为了解放生产力，发展生产力，消灭剥削，消除两极分化，最终达到共同富裕，就必须以迎难而上、越挫越勇、越险越进、勇于奋斗的思想意识和精神状态，对不适应生产力发展要求的生产关系、不适应经济基础的上层建筑进行变革。在新时代，在我国发展起来以后，我们党所遇到的矛盾难题、障碍阻力、风险挑战会更多更大更严峻，可谓我们所打的"铁"更加坚硬，然而，我们自身还不是很"硬"。因而，要全面建成社会主义现代化强国，实现中华民族伟大复兴，中国共产党就必须继续保持越挫越勇、越险越进、勇于奋斗的思想、特质和品格。

我们党在带领人民推进社会革命的历史进程中，总是自觉主动地把一系列重大挑战、重大风险、重大阻力、重大矛盾作为自我革命的"大熔炉"，总是在道路更为曲折之处迸发出磅礴力量。新时代新征程，在强国建设、民族复兴实践进程中，我们党正是以这样的精神品格，迎来从站起来、富起来到强起来的伟大飞跃。

2. 紧紧围绕"打铁必须自身硬"，依靠中国之治来克服各种艰难险阻

党的十八大以来，以习近平同志为核心的党中央紧紧围绕"打铁必须自身硬"，依靠我们党"自身硬"，依靠中国之治，依靠广大人民群众，来克服各种艰难险阻。

一是依靠党"自身硬"来克服各种艰难险阻。我们党从思想意识

上坚持为中国人民谋幸福、为中华民族谋复兴，强调"不忘初心、牢记使命"；从思想认识上坚持中国共产党的性质和本质，即中国共产党是中国工人阶级的先锋队，同时也是中国人民和中华民族的先锋队；从思想觉悟上坚持中国共产党的根本立场和价值取向，就是以人民为中心；从思想理论上坚持中国共产党的政治发展道路，把党的领导、人民当家作主、依法治国有机统一起来；从思想高度上坚持党的精神品格，勇于自我革命，加强对权力运行的制约和监督；从思想水平上坚持党的建设的主线，致力于把中国共产党建设成既具有先进性又具有执政能力的政党；从思想态度上坚持永不懈怠的精神状态和一往无前的奋斗姿态；从思想政治上坚持责任担当，为民族担当、为人民担当、为党担当；从思想志向上坚持为实现理想目标而奋斗终身的远大志向；从思想境界上坚持加强对党员干部进行马克思主义教育，使党员干部掌握马克思主义世界观和方法论这一"看家本领"。这十个方面，目的在于从思想高度使中国共产党人硬在政治、硬在信念、硬在精神、硬在能力、硬在作风、硬在纯洁、硬在担当、硬在思想，从而有效应对各种风险挑战。

二是依靠制度优势和治理效能来克服各种艰难险阻。当今，我们党正致力于把制度优势更好地转化为国家治理效能，提升国家治理能力，创造中国之治奇迹。以制度优势和治理效能为核心内容的中国之治，必将有助于应对并克服各种风险挑战。

三是依靠党领导人民汇聚起风雨无阻的磅礴伟力来克服各种艰难险阻。人民群众中蕴藏着丰富的经验和智慧，人民群众是我们力量的源泉。历史和实践证明，每当在应对重大风险挑战的关键时刻，我们党总是紧紧依靠人民群众渡过难关，取得胜利。离开广大人民群众，不仅一事无成，而且难以有效应对各种风险挑战。

（二）时刻不忘初心

"不忘初心、继续前进"，主要是针对中国共产党成立时的追求、当今一些党员干部的现状和奔向未来继续前进所需要的品格而提出的。

"不忘初心"是一个思想问题。

一是不忘本质。中国共产党以全心全意为人民服务为宗旨和初心。坚持不忘初心，就是要从思想意识和认识上强调人民立场是中国共产党的根本政治立场，是马克思主义政党区别于其他政党的显著标志；就是要尊重人民主体地位，发展好、维护好、实现好最广大人民的根本利益。

二是不忘本来。"本来"，是指事物及其产生、发展的本源、来源和背景。"不忘初心"，就是从思想意识和认识上不忘中国共产党诞生和发展历程中所处的曲折、苦难和"赶考"的客观历史环境。一百多年来，中国人民和中华民族走过的历程，是中国共产党用鲜血和汗水写就的。因此，必须牢记我们党艰苦奋斗的历史，在不断克服困难中奋勇前进。

三是不忘品格。"品格"，是由"本质"、"本来"决定的主体的内在品质、品行、格局以及思想境界、精神追求、精神风貌、精神标识，是决定主体发展轨迹、方式和状态的内在思想基因。既然中国共产党面对的是曲折、苦难和"赶考"的客观历史环境，要战胜苦难、发展壮大、走向胜利，就必须从思想上认识到必须善于学习并提升能力，必须以实现国家富强、民族振兴、人民幸福为己任，必须懂规矩守纪律，必须凝心聚力、攻坚克难，必须艰苦奋斗、不怕牺牲、敢于担当，必须迎难而上、越挫越勇，必须信念坚定、思想纯洁、追求崇高，必须联系群众依靠人民，必须实事求是、与时俱进。这就是中国共产党人的思想品格。

四是不忘初衷。"初衷",涉及"出发点",就是干事业从什么出发、为什么出发。就中国共产党成立的初衷和目的来讲,一是坚定马克思主义信仰,二是改变中国人民和中华民族的命运,三是实现国家富强、民族振兴、人民幸福,四是为实现共产主义远大理想而奋斗。"不忘初心",就是不忘坚定马克思主义信仰,不忘实现国家富强民族振兴人民幸福的奋斗目标,不忘共产主义远大理想。

二、坚定理想信念——关键在信仰

一个国家、社会的分裂,首先是从思想解体开始的,即一些人丧失了理想信念。丧失理想信念有以下原因:一是受不良思潮和思想影响比较大,接受不良的思想观念比较多。二是没有接触社会,对社会不了解,无法形成正确的世界观和方法论,对许多事情缺乏正确判断力。三是有激情,但这种激情不能被正确思想引导,反而被利用,容易走向极端。四是一些人在现实社会中面临较大的人生压力,心中的问题、难题、困惑比较多,认为理想信念有些缥缈。

理想信念的坚定来自思想理论的坚定,思想力量见之于武装头脑、凝心铸魂且坚定理想信念。中国共产党人的理想信念,是建立在马克思主义科学真理的基础上的。要解决一些人理想信念动摇或丧失的问题,其重要途径之一,就是严格按照党中央要求,坚持不懈地加强思想政治建设,坚持不懈地传播马克思主义理论,坚持不懈地培育和弘扬社会主义核心价值观,坚持不懈地培根铸魂、立德树人,坚持不懈地讲清楚西方错误思潮及其思想危害,坚持不懈地培育优良党风和学风,从而使党员干部树立正确的世界观和方法论,具有辨别是非善恶的能力、坚定政治立场、政治方向、政治信念。

（一）"要素论"：回答"是什么"

习近平同志指出："我们共产党人的根本，就是对马克思主义的信仰，对共产主义和社会主义的信念，对党和人民的忠诚。"[①]习近平同志关于共产党人理想信念内涵的阐释，包括以下基本要素：一是"马克思主义"。中国共产党是以马克思主义为指导的无产阶级政党。共产党人的理想信念首先表现为对马克思主义的政治信仰，坚信马克思主义的科学性和真理性。二是"共产主义"。共产主义是共产党人的最高理想、最终奋斗目标。共产党人以共产主义为理想信念，就是以实现无产阶级和整个人类解放为信仰。三是"中国特色社会主义"。理想信念既包括共产主义远大理想，又包括中国特色社会主义共同理想。要坚定不移地走中国特色社会主义道路，不走"封闭僵化的老路"，也不走"改旗易帜的邪路"。四是"中国共产党"。理想信念也涉及党性原则，涉及党员干部对党的忠诚、对党的领导的拥护。五是"人民"。全心全意为人民服务是党的根本宗旨，也是党永不动摇的信仰，坚定理想信念，就是始终把人民放在心中最高的位置。六是"道德信念和精神境界"。理想信念还包括一般意义上的个人修养、道德情操、精神境界等。

关于理想信念的衡量标准，习近平同志指出："革命理想高于天。没有远大理想，不是合格的共产党员；离开现实工作而空谈远大理想，也不是合格的共产党员。衡量一名共产党员、一名领导干部是否具有共产主义远大理想，是有客观标准的，那就要看他能否坚持全心全意为人民服务的根本宗旨，能否吃苦在前、享受在后，能否勤奋工作、

---

① 中共中央文献研究室编：《十八大以来重要文献选编》（中），中央文献出版社 2016 年版，第 676 页。

235

廉洁奉公，能否为理想而奋不顾身去拼搏、去奋斗、去献出自己的全部精力乃至生命。一切迷惘迟疑的观点，一切及时行乐的思想，一切贪图私利的行为，一切无所作为的作风，都是与此格格不入的。"①总结起来，至少包括以下六个方面：践行党的宗旨、具有政治定力、正确处理好吃苦和享乐的关系、勤勉与廉洁、勇于担当、拒绝诱惑。

（二）"功能论"：回答"为什么"

理想信念关乎执政党的生死存亡。对于一个政党而言，理想信念是其核心要素，决定它的生死存亡。习近平同志明确指出："理想信念动摇是最危险的动摇，理想信念滑坡是最危险的滑坡。一个政党的衰落，往往从理想信念的丧失或缺失开始。"② 这个问题解决不好，必然会影响党的执政地位。能否坚定理想信念，是决定我们党前途命运的关键。对于执政党而言，不仅自身要坚定理想信念，而且要将执政党的理想信念转化为社会的主流价值观，成为民众接受的主流意识形态。意识形态阵地丢失，理想信念动摇，会给执政党带来"无可挽回的历史性错误"。理想信念关乎国家和民族的前途命运，对一个国家、一个民族具有极其重要的意义。

理想信念关乎共产党人、党员干部的安身立命。习近平同志多次强调，"革命理想高于天"，"信仰的力量是无穷的"。坚定理想信念，坚守共产党人精神追求，始终是共产党人安身立命的根本。"理想信念是共产党人精神上的'钙'，理想信念坚定，骨头就硬；没有理想信念，或理想信念不坚定，精神上就会'缺钙'，就会得'软骨

---

① 习近平：《习近平谈治国理政》第一卷，外文出版社 2018 年版，第 23—24 页。
② 习近平：《在庆祝中国共产党成立 95 周年大会上的讲话》，人民出版社 2016年版，第 10 页。

病'"①，就会导致政治上变质、经济上贪婪、道德上堕落、生活上腐化。

理想信念关乎党员、干部的健康成长。从个体角度来看，理想信念、道德修养、价值观在党员、干部成长过程中起着极其重要的作用。正如习近平同志所说的，价值观养成，"这就像穿衣服扣扣子一样，如果第一粒扣子扣错了，剩余的扣子都会扣错。人生的扣子从一开始就要扣好"②。每个共产党人都应该把理想信念、价值观这一人生的扣子扣好。

（三）"方法论"：回答"怎么做"

"怎么做"，就是如何解决当前理想信念等方面存在的诸多问题。

一要抓好思想理论建设，掌握历史唯物主义世界观和方法论。思想理论上清醒，政治上才能坚定；思想一滑坡，理想就倒塌。一些党员、干部之所以理想信念出现问题，关键还是世界观即思想观念、思想立场出了问题。③历史唯物主义观点不牢固，导致一些党员、干部不能用正确的立场、观点和方法观察世界，不能认识到事物的本质、主流和发展趋势，进而不能建构、培植自己的精神家园。解决理想信念缺失的问题，需要加强思想理论学习，打牢历史唯物主义根基。第一，学习马克思主义经典著作，掌握马克思主义基本理论，用科学理论武装头脑。"坚定的理想信念，必须建立在对马克思主义的深刻理

---

① 习近平：《习近平谈治国理政》第一卷，外文出版社 2018 年版，第 414 页。

② 中共中央文献研究室编：《十八大以来重要文献选编》（中），中央文献出版社 2016 年版，第 6 页。

③ 中共中央文献研究室编：《十八大以来重要文献选编》（上），中央文献出版社 2014 年版，第 116 页。

解之上，建立在对历史规律的深刻把握之上。"①第二，学习马克思主义中国化时代化成果。"全党要深入学习马克思列宁主义、毛泽东思想、邓小平理论、'三个代表'重要思想、科学发展观，深入学习党的十八大以来党中央治国理政新理念新思想新战略，不断提高马克思主义思想觉悟和理论水平，保持对远大理想和奋斗目标的清醒认知和执着追求。"②第三，学习和掌握马克思主义立场、观点和方法。毛泽东同志提出："如果我们党有一百个至二百个系统地而不是零碎地、实际地而不是空洞地学会了马克思列宁主义的同志，就会大大提高我们党的战斗力量。""2013年3月1日，习近平同志在《依靠学习走向未来》中指出，只有学懂了马克思列宁主义，领会了马克思主义立场、观点、方法，才能认识和准确地把握'三大规律'，才能坚定理想信念。"③2023年6月28日，习近平同志在全国组织工作会议上强调："干部要勤于学、敏于思，认真学习马克思主义理论特别是中国特色社会主义理论体系，掌握贯穿其中的立场、观点、方法，提高战略思维、创新思维、辩证思维、底线思维能力，正确判断形势，始终保持政治上的清醒和坚定。"④

二要抓好"三观"教育，始终保持共产党人的本色。"要抓好党性教育和党性修养，教育引导广大党员、干部牢固树立正确的世界观、权力观、事业观，始终站稳政治立场，不断增强宗旨意识，弘扬党的

---

① 习近平：《在庆祝中国共产党成立95周年大会上的讲话》，人民出版社2016年版，第11页。

② 习近平：《在庆祝中国共产党成立95周年大会上的讲话》，人民出版社2016年版，第11-12页。

③ 《做不忘初心、牢记始命的新时代党员》编写组编著：《做不忘初心、牢记始命的新时代党员》，人民出版社2019年版，第164页。

④ 2023年6月28日，习近平在全国组织工作会议上的讲话。

光荣传统和优良作风。"① 要通过学习党的历史，弘扬党的优良传统和作风，从中国革命历史中汲取思想力量。要向榜样学习，尤其是学习革命先烈和革命领袖的坚定信念和人格风范。每一位党员、领导干部要加强自我学习、自我锤炼、自我修炼，坚持政治定力，抵制各种诱惑；在学习中增强党的意识，对党忠诚，增强政治活力，在各种社会思潮、各种诱惑面前真正经受住考验。

三要抓好道德建设，彰显共产党人的人格力量。从坚定理想信念角度来看，抓好道德建设有两点比较重要：一是处理好"公"与"私"的关系。一些党员、干部以权谋私、贪赃枉法、生活腐化，根源就在于一个"私"字。党员、干部要讲党性、重品行、作表率，关键在于做到大公无私、公而忘私。二是自觉净化"生活圈"、"交际圈"、"朋友圈"，培养高尚道德情操和健康生活情趣。总之，崇高的理想信念需要道德建设的支撑，每位党员、领导干部都要在"老老实实做人"、"干干净净做事"中彰显共产党人的人格力量。

四要实干兴邦，将"顶天"的理想和"立地"的行动统一起来。既要志存高远，又要脚踏实地，为实现党在现阶段的基本纲领扎扎实实做好每一项工作，为实现我们的理想目标添砖加瓦。勤勉地为党工作、实实在在为人民群众办好事办实事，就是理想目标明确、信念坚定的具体体现。

五要强化理想信念的体制机制保障。革命理想和严明纪律是马克思主义政党的本质特征，也是其政治优势所在。从思想建党角度看，坚定理想信念不能停留在"说教"层面，需要纪律规矩这样的"硬约束"，需要体制机制等方面的支撑与保障。2015 年 10 月，中央政治局

---

① 中共中央纪律检查委员会、中共中央文献研究室编：《习近平关于党风廉政建设和反腐败斗争论述摘编》，中国方正出版社、中央文献出版社 2015 年版，第 141 页。

会议审议通过的《中国共产党廉洁自律准则》（以下简称《准则》），就体现了思想建党与制度建党、以德治党与依规治党相统一的指导思想。认真遵守和坚决贯彻《准则》，就能体现用党规党纪支撑理想信念、用体制机制保障思想道德建设的原则。

（四）"认识论"：回答"如何深化"

要深化对共产党执政规律的认识。"打铁必须自身硬"，其中表达了对共产党执政规律的认识，坚持党的全面领导是坚持和发展中国特色社会主义的必由之路，全面从严治党是党永葆生机活力、走好新的赶考之路的必由之路，进行伟大斗争、推进伟大事业、实现伟大梦想，必须推进伟大工程，是这一规律性认识的核心内容。思想建党是中国共产党的政治优势，也是共产党执政规律的基本要求，它彰显思想的力量。做好意识形态工作是遵循共产党执政规律的重要内容。主流意识形态要掌握话语权，核心是价值信仰、理想目标能获得民众认同。坚定理想信念，实现中华民族伟大复兴中国梦，就是为了增强意识形态的凝聚力和吸引力。中国梦是一个"富有感召力的奋斗目标"，它凝聚了几代中华儿女的夙愿，符合民族和人民的整体利益。中国共产党以中国梦这一"最大公约数"凝聚人心，汇聚正能量，有效提升了执政党的整合力和引导力。坚定理想信念，巩固全党全国人民团结奋斗的共同思想基础，是中国共产党能够有效执政的关键。

要深化对社会主义建设规律的认识。坚持"动力机制、平衡机制和治理机制"有机统一，集中表达了对社会主义建设规律的认识，中国特色社会主义是实现中华民族伟大复兴的必由之路，团结奋斗是中国人民创造历史伟业的必由之路，贯彻新发展理念是新时代我国发展壮大的必由之路，在解放和发展社会生产力基础上推进国家治理体系和治理能力现代化是充分发挥社会主义优越性的必由之路，是这一规律性认识的核心内容。由此，一是要深化对"目标导向"的认识。中国特色社会主义建设所追求的目标，既包括高度发达的物质文明，注重物质方面的发展，也包括高度发达的精神文明，注重人本身的发展。二是要深化对"动力机制"的认识。要认识到思想理论、理想信念的力量在革命、建设和改革的不同历史时期发挥着巨大的作用。要通过理想信念来解决精神懈怠、凝聚人心、攻坚克难等方面的问题，最大限度地调动人民的积极性，为中国特色社会主义建设注入强大的动力源。

要深化对人类社会发展规律的认识。"中国共产党人的理想信念，建立在马克思主义科学真理的基础之上，建立在马克思主义揭示的人类社会发展规律的基础之上。"[1] 针对共产主义"渺茫论"、"虚无缥缈论"等论调，习近平同志以唯物主义历史观审视社会发展趋势，鲜明指出："马克思、恩格斯关于资本主义社会基本矛盾的分析没有过时，关于资本主义必然消亡、社会主义必然胜利的历史唯物主义观点也没有过时。这是社会历史发展不可逆转的总趋势。"[2] 同时，他也强调："必须认识到，实现共产主义是一个非常漫长的历史过程，我们必须立足党在现阶段的奋斗目标，脚踏实地推进我们的事业。"[3] 习近平同志的这些重要论述，实际上是将"两个必然"和"两个决不会"的基本原理"中国化"。习近平同志关于既不忘共产主义远大理想，又

---

[1] 习近平：《习近平谈治国理政》第二卷，人民出版社 2017 年版，第 50 页。

[2] 习近平：《关于坚持和发展中国特色社会主义的几个问题》，《求是》2019 年第 7 期。

[3] 中共中央文献研究室编：《十八大以来重要文献选编》（上），中央文献出版社 2014 年版，第 115–116 页。

立足党在现阶段的奋斗目标的重要论述，既是基于唯物主义历史观基本原理、人类社会发展规律得出的正确结论，又是对人类社会发展规律的丰富和深化。

三、提升思想境界——关键在能力

（一）领导干部做好工作的"看家本领"

所谓"看家本领"，就是做好工作所具有的"两把刷子"，亦即基本功。党员、干部如何提高自己的"看家本领"？注重学习且在思想上注重学习，是一条重要途径。

第一，学习马克思主义经典著作。学习马克思主义，要注重学习马克思主义经典著作。马克思主义经典著作作为人类文明的瑰宝，体现着经典作家所汲取的人类过去和现在的丰富思想成果，以及攀登科学理论高峰的不懈追求和艰辛历程；马克思主义的基本原理及其立场、观点、方法都蕴含在马克思主义的经典著作中，它不仅经住了历史检验，而且在指引着中国共产党所领导的社会主义建设。为了解决中国革命、建设、改革问题，就要向马克思主义经典著作请教。马克思主义理论素养是领导干部的必备素质，是保持政治坚定的思想基础。要想成为合格的领导干部，要提高领导干部的理论素养，就必须学习马克思主义经典著作。

第二，学习马克思主义立场观点方法。立场方法至关重要。看问题，如果立场方法错了，观点和结果就必然出错。有些人看问题比较偏激，首要问题出在立场和方法上。立场，就是人民大众立场；方法，主要是唯物辩证的方法、实事求是的方法、群众路线的方法。

把思想方法搞对头，既能增强工作的全面性、系统性、战略性和创造性，也能不断开创工作新局面。

第三，学习马克思主义哲学。要具有理论思维，就必须学习哲学，尤其是马克思主义哲学。习近平同志特别强调领导干部要学习马克思主义哲学。《习近平谈治国理政》一、二、三、四卷，就是一部充满哲学思维和方法的著作，是运用马克思主义哲学方法分析问题、解决问题的典范，因而是提升领导干部理论思维水平的教科书。可以说，只有了解习近平同志的重要哲学思想，才能真正读懂他的其他思想。习近平同志指出，领导干部无论从事什么工作，最紧要的是掌握科学的世界观和方法论，把思想方法搞对头，这能增强工作的全面性、系统性、战略性和创造性，也能不断开创工作新局面。《习近平党校十九讲》强调："今天，领导干部要正确判断形势，科学分析我国发展面临的机遇和挑战，全面看待前进道路上的主流和支流、出现的矛盾和问题，在错综复杂的世界变化面前保持清醒头脑，坚定理想信念，离不开马克思主义哲学的指导。到中央党校学习的高中级领导干部，要掌握辩证思维、战略思维、创新思维。"[1]

第四，学习党的基本理论特别是马克思主义中国化时代化的最新成果。习近平同志强调，领导干部进党校，最重要的是学习党的基本理论，学习党的路线方针政策，学习党的优良传统和优良作风，以提高其理论素养，养成宽阔的胸襟和眼界、高尚的思想情趣、艰苦朴素的生活作风，学习和掌握理论的深度，直接影响甚至决定着一个领导干部的政治敏感程度、思维视野广度和思想境界高度。[2]

第五，学习历史，学习一切人类优秀文明成果。历史是最好的教科书，以史为鉴可以知兴替。习近平同志指出，领导干部学习和了解

---

[1] 韩庆祥：《领导干部修炼内功的"心学"》，《学习时报》2016年4月25日。
[2] 韩庆祥：《领导干部修炼内功的"心学"》，《学习时报》2016年4月25日。

历史，不仅可以拓宽知识面，吸收前人在修身处世、治国理政等方面的经验和智慧，而且可以清晰地认识社会历史发展规律。历史知识丰富了，眼界和胸襟就可以大为开阔，精神境界就可以大为提高，思维层次和领导水平就可以提升到一个新境界①，"要深入学习中国近现代史和中共党史，深入学习世界近现代史和马克思主义发展史"②。在学习历史时要注意总结、借鉴历史经验，从中汲取有益于加强修养、做好工作的智慧，加深对中国国情的认识。

第六，学习履行职责所需要的经济、法律、科技、文化、国际等方面的知识，使自己真正成为内行领导。

第七，学习做人做事做官的道理，学习做好工作所需要的领导工作方法。凡事要求真务实，敢于担当，要做到讲实话、说实情、出实招、办实事、求实效；要注重实干、苦干、真干、巧干；要廉洁自律，以淡泊之心对待个人名利和权位，以敬畏之心对待肩负的职责和人民事业。③

（二）领导干部补钙加油的"能量站"

领导干部为什么要学？主要是为了破解精神懈怠、能力不足、脱离群众、消极腐败"四种危险"，是为了应对严峻挑战，改造主观世界，修炼内心世界，提升思想境界和思想方法，培养忠诚、担当、干净且胜任工作的领导干部。

中国共产党依靠学习走到今天，也必须依靠学习走向未来，学习是我们党夺取革命、建设、改革胜利的一大法宝。领导干部的学习水

---

① 韩庆祥：《领导干部修炼内功的"心学"》，《学习时报》2016年4月25日。

② 2008年5月13日，习近平在中共中央党校2008年春季学期第二批进修班暨师资班开学典礼上的讲话。

③ 洪向华主编：《领导干部新文风》，人民出版社2017年版，第142页。

平，在很大程度上决定着工作水平和领导水平。领导干部到党校学习，可在精神上"补补钙"，在知识上"充充电"，在能力上"加加油"。习近平同志从知识变化迅速因而需要加强能力提升角度阐述了学习的重要性："当今时代，知识更新周期大大缩短，各种新知识、新情况、新事物层出不穷。有人研究过，18世纪以前，知识更新速度为90年左右翻一番；20世纪90年代以来，知识更新加速到3至5年翻一番。近50年来，人类社会创造的知识比过去3000年的总和还要多。还有人说，在农耕时代，一个人读几年书，就可以用一辈子；在工业经济时代，一个人读十几年书，才够用一辈子；到了知识经济时代，一个人必须学习一辈子，才能跟上时代前进的脚步。"①

习近平同志还指出，领导干部加强学习，具有以下四方面的意义：一是有助于统一思想认识，提高政治修养，自觉与党中央保持一致，做忠诚、担当、干净的领导干部。二是有助于解决理想信念和思想作风问题并提升思想境界。三是有助于保持党的纯洁性和先进性。四是有助于提高分析和解决问题的本领。发展起来以后的问题不会比不发展时的问题少，在这种发展进程中，会产生更多更复杂的问题。要解决好这些问题，唯一的途径就是加强学习，增强我们自己的本领。

（三）领导干部武装头脑的"教科书"

领导干部如何学习？习近平同志强调要联系改造客观世界和主观世界的实际加强学习。方式决定效果，学习方式不对，就会事倍功半。

一要明确学习目的。要遵循"学马列要精、要管用"的原则。"学习的目的全在于运用，领导干部加强学习，根本目的是增强工作本领、

---

① 2013年3月1日，习近平在中央党校建校80周年庆祝大会暨2013年春季学期开学典礼上的讲话。

提高解决实际问题的水平。"①

二要端正学习态度。习近平同志强调领导干部一定要"认识现代领导活动与读书学习的密切关系，深刻认识领导干部的读书学习水平在很大程度上决定着工作水平和领导水平，真正把读书学习当成一种生活态度、一种工作责任、一种精神追求"②，持之以恒地学下去。

三要掌握科学的学习方法。要联系改造客观世界和主观世界来学，重点解决理想信念和本领恐慌问题；也要带着问题来学，把研究和解决重大现实问题作为学习的出发点，坚持用科学理论研究新情况新问题；又要在干中学，结合工作需要来学习，"坚持干什么学什么、缺什么补什么，有针对性地学习掌握做好领导工作、履行岗位职责所必备的各种知识"③。

四、领悟思想精髓——关键在理论

新时代新征程推进强国建设、民族复兴，要充分发挥思想的力量，就首先要理解和掌握习近平新时代中国特色社会主义思想的科学体系及其思想精髓、思想灵魂，用党的最新理论创新成果武装全党，为强国建设、民族复兴提供科学的世界观和方法论。用党的创新理论武装全党，组织是"形"，思想理论是"魂"，是精髓。习近平同志指出，年轻干部"要胜任领导工作，需要掌握的本领是很多的。最根本的本领是理论素养。马克思主义立场、观点、方法是做好一切工作的看家本领，是指导我们认识世界、改造世界的强大思想武器。党员干部一定要加强理论学习、厚实理论功底"，"自觉运用新时代党的创新理

---

① 2009 年 5 月 13 日，习近平在中央党校进修班暨专题研讨班开学典礼上的讲话。
② 韩庆祥：《领导干部修炼内功的"心学"》，《学习时报》2016 年 4 月 25 日。
③ 韩庆祥：《领导干部修炼内功的"心学"》，《学习时报》2016 年 4 月 25 日。

论观察新形势、研究新情况、解决新问题，使各项工作朝着正确方向、按照客观规律推进"。[①]

（一）掌握习近平新时代中国特色社会主义思想之科学体系的方法论

习近平同志在第二十届中央政治局第六次集体学习时强调，推进理论的体系化、学理化，是理论创新的内在要求和重要途径。这不仅是党的理论创新的内在要求，也表明理论界对党的创新理论的研究要进入一个新的阶段、层次和水平，向新的高度和深度提升。体系化注重理论观点之间的逻辑结构、总体框架及其构成的完整性、完备性，学理化注重思想挖掘的深入化、话语表达的学理化、内容阐释的学理化、精髓概括的学理化、理论建构的逻辑化，且深入挖掘政治命题和论断背后的道理学理哲理。体系化内在要求学理化，学理化服务于体系化。严格按照中央关于"体系化、学理化"的要求，在研究和表述中既要知其言更要知其义，既要知其然更要知其所以然，既要知其语更要知其道；严格同中央精神对表并在尊重"文本原意"的前提下，力求以学理化方式，深入且精准挖掘相关重大政治命题和论断背后的道理学理哲理，且上升到科学体系高度、深入到学理层面。

一是基于习近平治国理政实践来把握其科学体系的板块结构、内在逻辑和总体框架。实践是理论之源。恩格斯指出，我们的理论"是一种历史的产物，它在不同的时代具有完全不同的形式，同时具有完全不同的内容"[②]。这意味着首先要搞清楚习近平治国理政实践及其所

---

① 2022年3月1日，习近平在2022年春季学期中央党校（国家行政学院）中青年干部培训班开班式上的讲话。

② 中共中央马克思恩格斯列宁斯大林著作编译局编译：《马克思恩格斯选集》第三卷，人民出版社2012年版，第873页。

处的时间、空间、条件，即"历史方位"。马克思指出，每个时代总有属于它自己的问题，而"问题就是公开的、无畏的、左右一切个人的时代声音。问题就是时代的口号，是它表现自己精神状态的最实际的呼声"①。每个时代只能提出它能解决的问题，提出它能完成的任务。习近平治国理政实践所直面并解决的时代性问题、完成的历史任务、实现的"奋斗目标"之核心，就是强国建设、民族复兴，集中解决"大而不强"、"即强未强"的问题。解决时代课题、完成历史任务，实现奋斗目标，既要运用"哲学方法"，也要采取具体路径和方略，即"总体方略"，还要为之提供必要的"全面保障"。最为关键的，是更需要有一个强大的"领导主体"。

二是从比喻意义上理解科学体系的板块结构、内在逻辑和总体框架。这可从把握"一棵参天大树"的板块结构入手。一棵参天大树，首先要搞清楚它是"在什么时候、什么地方、什么条件下开始栽的"，这好比是科学体系所在的"历史方位"；其次要搞清楚这棵大树的"根深不深、实不实、牢不牢"，这好比是科学体系的"哲学根基"；再次要搞清楚这棵大树的"主干高不高、粗不粗"，这好比是科学体系的"体系主干"；接下来要搞清楚这棵大树主干上长出来的"枝干多不多、旺不旺、茂不茂"，这好比是科学体系的"体系枝干"；再接下来要搞清楚这棵大树"所需要的环境、维护和保障"，这好比是科学体系中的所谓"全面保障"；之后还要进一步搞清楚负责这棵大树管理、栽培、浇水、施肥、扎根、开花、结果、收获的"主体"，这好比是科学体系中的所谓"领导主体"；最后还要搞清楚这棵大树以及"枝干上结的是什么果实，果实大不大、多不多、好不好"，这好

① 中共中央马克思恩格斯列宁斯大林著作编译局编译：《马克思恩格斯全集》第四十卷，人民出版社1982年版，第289—290页。

比是科学体系的"原创贡献"。

基于上述分析，习近平新时代中国特色社会主义思想科学体系的总框架是：历史方位→哲学根基→体系主干→体系枝干→全面保障→领导主体。

（二）把握习近平新时代中国特色社会主义思想的科学体系

1.历史方位

新时代，我国发展起来以后，两个大局、社会主要矛盾、大国成为强国和以中国式现代化全面推进强国建设、民族复兴，构成习近平新时代中国特色社会主义思想对历史方位判断的基本框架。

历史方位就是关于历史发展的位置，主要回答"由何而来"、"现在何处"的问题，这就是习近平治国理政实践的"时代定位"问题。

可以从中华民族发展、科学社会主义发展、中国特色社会主义发展三个不同维度，对习近平治国理政实践所处的历史方位进行确定：一是中国特色社会主义进入新时代，中华民族迎来了从站起来、富起来到强起来的伟大飞跃，站在了实现强起来新的历史起点上。二是社会主义由低谷到高潮，站在了焕发强大生机活力的新的历史起点上。三是中国特色社会主义开创了中国式现代化，站在了为解决人类问题贡献中国智慧和中国方案的新的历史起点上。

2.哲学根基

理论的学理化、"时代、实践、文本、理论的根据"、系统为基的战略辩证法，是把握习近平新时代中国特色社会主义思想哲学根基的基本要素。

习近平同志强调，推进理论的体系化、学理化，是理论创新的内在要求和重要途径。马克思主义之所以影响深远，在于其以深刻的学理揭示人类社会发展的真理性、以完备的体系论证其理论的科学性。习近平新时代中国特色社会主义思想的发展是一个不断丰富拓展并不断体系化、学理化的过程。^①这段话意味深长，表明对习近平新时代中国特色社会主义思想的研究要向纵深推进，即继续推进理论创新，向理论的学理化阐释、学术化表达、体系化建构推进，体系化内在要求学理化、学术化，学理化阐释、学术化表达、体系化建构内在要求必须深入揭示习近平新时代中国特色社会主义思想的哲学根基，没有哲学根基的理论根本谈不上体系化、学理化，没有哲学的体系就没有"根"。在这个意义上，建构习近平新时代中国特色社会主义思想的科学体系，对这一科学体系进行学理化阐释和学术化表达，最有纵深最为根本最为厚重的，就是理解其中蕴含的哲学根基。要从学理上加以分析、提炼和概括，就是"系统为基的战略辩证法"。

系统为基的战略辩证法，是指在系统性实践和战略性谋划中运用辩证法，把辩证法运用于系统性实践和战略性谋划，在战略中有系统辩证法，在系统辩证法中有战略思维。"坚持系统观念"就是这一战略思维的集中呈现。系统为基的战略辩证法，反映了中国特色社会主义的历史逻辑，体现了习近平治国理政实践的本质特征，表达了习近平同志相关重要论述中的思想，呈现了习近平新时代中国特色社会主义思想的本质特征，有其历史依据、实践依据、文本依据和理论依据。^②

---

① 习近平：《不断深化对党的理论创新的规律性认识 在新时代新征程上取得更为丰硕的理论创新成果》，《人民日报》2023 年 7 月 2 日。

② 韩庆祥：《以学理方式把握习近平新时代中国特色社会主义思想的科学体系》，《马克思主义研究》2023 年第 9 期。

3. 体系主干

哲学根基、时代课题、社会主要矛盾、"四大之问"、历史意义、主要内容和"五为五谋"，是把握习近平新时代中国特色社会主义思想体系主干的基本路径。

扎根于"根基"的是树干，植根于哲学根基的是体系主干，体系主干都是扎根于哲学根基上的，没有离开哲学根基的体系主干。这一体系主干承上启下，既扎根于哲学根基之上，又长出体系枝干。

第一，从哲学根基提升概括。哲学根基具有根本性，是提炼体系主干的第一个根据。其中最为关键的，就是要理解和把握其中蕴含的系统性、整体性、全局性、根本性、战略性问题。

第二，从时代课题提升概括。时代课题管根本、管全局、管整体、管长远，具有系统性和战略性，能成为提炼体系主干的第二个依据。习近平同志就新时代坚持和发展什么样的中国特色社会主义、怎样坚持和发展中国特色社会主义，建设什么样的社会主义现代化强国、怎样建设社会主义现代化强国，建设什么样的长期执政的马克思主义政党、怎样建设长期执政的马克思主义政党等重大时代课题进行深邃思考和科学判断，提出了一系列原创性的治国理政新理念新思想新战略。在这些重大时代课题中蕴含着系统性、战略性、辩证性问题，也蕴含着为中华民族谋复兴、为中国共产党谋强大、为马克思主义谋生机的精神。

第三，从社会主要矛盾提升概括。社会主要矛盾具有战略性，即全局性、根本性和长远性，能成为提炼体系主干的第三个依据。新时代的社会主要矛盾，是人民日益增长的美好生活需要和不平衡不充分的发展之间的矛盾。"人民日益增长的美好生活需要"，主要是解决人民生活"好不好"的问题，其实质是为中国人民谋幸福；"不平衡不充分的发展"，主要是解决国家和民族"强不强"的问题，其实质是为中华民族谋复兴。

第四，从"四大之问"提升概括。"四大之问"具有系统性、整体性、全局性、根本性，亦即具有战略性，涉及党和国家事业的整体、全局、根本和战略，能成为提炼体系主干的第四个依据。《习近平谈治国理政》第四卷"出版说明"中强调："习近平在领导党和人民应变局、开新局的伟大实践中，坚持解放思想、实事求是、守正创新，对关系新时代党和国家事业发展的一系列重大理论和实践问题进行新的深邃思考和科学判断，提出了一系列原创性的治国理政新理念新思想新战略，进一步科学回答了中国之问、世界之问、人民之问、时代之问。"① "中国之问"之根本，就是解决国家和民族"强不强"的问题，是为中华民族谋复兴；"世界之问"之核心，就是解决"世界和平不和平"或"世界向何处去"的问题，是为世界谋大同；"人民之问"之关键，就是解决人民生活"美好不美好"的问题，是为中国人民谋幸福；"时代之问"与"新时代及其时代特征"和"时代课题"本质相关，其内核涉及如何谱写马克思主义中国化时代化新篇章、如何为马克思主义谋生机。

第五，从历史意义提升概括。这里讲的历史意义，是中国共产党百年奋斗的历史意义。党的十九届六中全会通过的《决议》，是用大历史观，从党史、新中国史、改革开放史、社会主义发展史、中华民族发展史、人类发展史这种宽广、长远、整体、纵深视野，来分析和揭示中国共产党百年奋斗的伟大历史意义，其历史意义能成为提炼体系主干的第五个依据。它所讲到的伟大历史意义，是分别从"中国人民"、"中华民族"、"马克思主义"、"世界历史"、"中国共产

_____

① 习近平：《习近平谈治国理政》第四卷，外文出版社 2022 年版，出版说明。

党"五大根本主题来讲的。深读文本可以明确看出，其核心内容分别讲的是"中国人民对美好生活的向往"、"中华民族向世界展现的是一派欣欣向荣的气象"、"马克思主义中国化时代化不断取得成功，使马克思主义以崭新形象展现在世界上"。其实质，就是为中国人民谋幸福，为中华民族谋复兴，为世界谋大同，为中国共产党谋强大，为马克思主义谋生机。

第六，从主要内容提升概括。主要内容具有涵盖性、根本性、核心性、直接性，能成为提炼体系主干的第六个依据。习近平新时代中国特色社会主义思想的主要内容可概括为"十个明确"、"十四个坚持"、"十三个方面成就"。"十四个坚持"中的第二个坚持第八个坚持第九个坚持、第十一个坚持第十二个坚持、第十三个坚持、第一个坚持第十四个坚持，本质上分别讲的是为中国人民谋幸福、为中华民族谋复兴、为世界谋大同、为中国共产党谋强大。尤其是"十个明确"，属于习近平新时代中国特色社会主义思想的根本观点，其中第三个明确、第二个明确、第九个明确、第一个明确和第十个明确，就分别讲到了"人民"、"中华民族"、"世界"和"中国共产党"，从更为本质和深层的意义上加以提升，其实质就是为中国人民谋幸福、为中华民族谋复兴、为世界谋大同、为中国共产党谋强大。就是说，习近平新时代中国特色社会主义思想的主要内容，也与为中国人民谋幸福、为中华民族谋复兴、为世界谋大同、为中国共产党谋强大息息相关，这一思想体系的内核，就是为中国人民谋幸福、为中华民族谋复兴、为世界谋大同、为中国共产党谋强大。

从上述分析中可以提炼概括出体系主干，这就是：为中国人民谋幸福、为中华民族谋复兴、为世界谋大同、为中国共产党谋强大、为马克思主义谋生机。

4.体系枝干

"新发展理念"、"两大布局"、"战略安排",是理解和把握习近平新时代中国特色社会主义思想体系枝干的基本逻辑。

从逻辑上讲,体系之所以成为体系,要旨就在"体"和"系"要完备,整体逻辑要自洽。其中,核心在"体",即要有主体或主干结构,"主干"内生出各种"枝干";"系",附着于"体",是从"体"生长出"枝干",它要"枝叶繁茂"。把握习近平新时代中国特色社会主义思想的科学体系,同样如此。

从学理逻辑上,如果说"五为五谋"是习近平新时代中国特色社会主义思想的体系主干,那么"新发展理念"、"两大布局"和"战略安排"等,就是从"五为五谋"生长出来的体系枝干之核心内容,也可概括为"总体方略"。

5.全面保障

党的二十大报告强调,国家安全是民族复兴的根基,社会稳定是国家强盛的前提。没有国家安全,哪来强国建设、民族复兴?这显然是从保障角度讲的。因此,必须统筹好发展和安全两件大事,一是就国内而言谈国家安全,坚持总体国家安全观,推进国家安全体系和能力现代化,坚决维护国家安全和社会稳定。二是就国际而言的国家安全,核心是走和平发展道路,推动构建人类命运共同体,在坚定维护世界和平与发展中谋求自身发展,又以自身发展更好维护世界和平与发展、促进世界和平与发展。"中国坚持对话协商,推动建设一个持久和平的世界;坚持共建共享,推动建设一个普遍安全的世界;坚持合作共赢,推动建设一个共同繁荣的世界;坚持交流互鉴,推动建设一个开放包容的世界;坚持绿色低碳,推动建设一个清洁美丽的世界。"①坚持总体国家安全观、构建人类命运共同体，其实质就是为"五为五谋"提供全面保障。

6. 领导主体

坚持党的全面领导和全面从严治党相统一，是理解和把握领导主体的核心要素。

治国先治党，党兴才能国强。习近平同志在学习贯彻习近平新时代中国特色社会主义思想主题教育工作会议上强调，"共同把党锻造成一块攻无不克、战无不胜的坚硬钢铁"②。就是说，作为打"铁"的核心主体的中国共产党人必须要硬。这种硬，就是要在坚持党的全面领导和全面从严治党相统一的基础上，硬在政治、硬在信念、硬在精神、硬在能力、硬在作风、硬在纯洁、硬在担当、硬在忠诚、硬在思想等。硬在政治，就是加强党性锻炼，增强"四个意识"、坚定"四个自信"、做到"两个维护"；硬在信念，就是坚定理想信念；硬在精神，就是要始终做到踔厉奋发、勇毅前行、团结奋斗；硬在能力，就是党和国家事业要求领导干部所具备的能力和本领要过硬；硬在作风，就是要时时刻刻密切联系群众，坚持走群众路线，不能脱离群众；硬在纯洁，就是要始终保持自身廉洁、风清气正；硬在担当，就是要敢于负责，不能得过且过、事不关己高高挂起；硬在忠诚，就是对党忠诚，反对做"两面人"；硬在思想，就是不断提高思想认识、思想水平、思想境界、思想觉悟。只有这样具有真正"硬"的领导主体，才能真正带领广大人民群众进行伟大斗争、推进伟大事业、实现伟大

---

① 习近平：《高举中国特色社会主义伟大旗帜　为全面建设社会主义现代化国家而团结奋斗——在中国共产党第二十次全国代表大会上的报告》，人民出版社 2022 年版，第 62—63 页。

② 习近平：《在学习贯彻习近平新时代中国特色社会主义思想主题教育工作会议上的讲话》，人民出版社 2023 年版，第 4 页。

梦想。

（三）把握习近平新时代中国特色社会主义思想的哲学精髓

学马列要精、要管用。要管用，前提是把握其思想精髓。

要深入理解和把握习近平新时代中国特色社会主义思想，就必须认识和把握其精髓。精髓，是指事物的内核和精要，统摄事物的整体。所谓思想精髓，是指这一思想体系各个基本观点中的内核、核心和要义。在此意义上，思想精髓，就是一个科学理论体系得以建构的立场、观点和方法。

1. 习近平新时代中国特色社会主义思想的哲学精髓

习近平新时代中国特色社会主义思想的哲学精髓，可简要概括为"守正创新、实事求是、人民中心、知行合一"。

守正创新，侧重于总体维度。守正创新，体现了马克思主义唯物辩证法的要求，其实质讲的是对待马克思主义的科学态度。我们从事的是前无古人的伟大事业，守正才能不迷失方向、不犯颠覆性错误，创新才能把握时代、引领时代。守正与创新相辅相成，体现了"变"与"不变"、继承与发展、原则性与创造性的辩证统一。新征程上继续推进实践基础上的理论创新，要悟透守正创新的丰富内涵，把守正创新的要求落到实处；要坚持马克思主义基本原理不动摇，坚持党的全面领导不动摇，坚持中国特色社会主义不动摇；要进一步推进"两个结合"，准确把握时代大势，紧跟时代步伐，以满腔热忱对待一切新生事物，不断扩展认识的广度和深度，以新的实践不断为理论发展注入新活力，以与时俱进的理论更好指导新的实践。

实事求是，侧重于事实维度。实事求是，是对辩证唯物主义和历史唯物主义的高度概括，贯穿于唯物辩证法、实践认识论、价值论和唯物史观之中。实事求是主要体现为从客观实际出发，从社会存在出发，从我国现在的社会物质条件的总和出发，从我国基本国情和发展要求出发，加强对我国现时代、现阶段新要求新特征新情况的科学研判。

人民中心，侧重于价值维度。人民中心，是马克思主义价值观的生动表达，是中国特色社会主义本质的内在要求，是中国共产党的最高价值遵循。习近平同志强调指出："坚持不忘初心、继续前进，就要坚信党的根基在人民、党的力量在人民，坚持一切为了人民、一切依靠人民，充分发挥广大人民群众积极性、主动性、创造性，不断把为人民造福事业推向前进。人民立场是中国共产党的根本政治立场，是马克思主义政党区别于其他政党的显著标志。"①

知行合一，侧重于实践维度。只有坚持实事求是和人民中心的有机统一，才能达到对事物真正的"知"，而"知"的目的在于"行"。马克思主义是科学性与实践性的有机统一。科学性，强调的是知，即对事物的本质、发展规律、历史逻辑的真理性认识，使主观世界能更好地认识客观世界；实践性，强调的是行，即通过实践，在改造主观世界的同时更好地改造客观世界。习近平同志多次强调在"知"的前提下的刚性执行力，认为"知"是基础、是前提，"行"是重点、是关键，必须以"知"促"行"、以"行"促"知"，做到知行合一。

2. 习近平新时代中国特色社会主义思想哲学精髓的时代特征

"守正创新、实事求是、人民中心、知行合一"四者之间并非任意选择和组合，而是具有严谨清晰的内在逻辑，体现了多个维度的有

①　习近平：《在庆祝中国共产党成立95周年大会上的讲话》，人民出版社2016年版，第18页。

机统一。首先，体现了合规律性与合目的性的统一，这是马克思主义哲学最为根本的世界观和方法论；其次，体现了认识世界与改造世界的统一，这是马克思主义哲学的根本功能；最后，体现了历史逻辑与现实逻辑的统一，这是马克思主义哲学最根本的时间逻辑。把守正创新、实事求是、人民中心、知行合一作为哲学精髓，既可以深入理解习近平新时代中国特色社会主义思想对马克思主义中国化时代化已有理论成果一脉相承的内在统一关系，也可以凸显习近平新时代中国特色社会主义思想与时俱进的时代特征，从而体现出习近平同志推进理论创新之历史逻辑与现实逻辑的统一。

3. 习近平新时代中国特色社会主义思想哲学精髓的重要意义

把"守正创新、实事求是、人民中心、知行合一"作为习近平新时代中国特色社会主义思想的哲学精髓，不仅具有重要的历史价值，也具有重要的理论价值和实践价值。

就历史价值而言，习近平新时代中国特色社会主义思想之所以能成为马克思主义中国化时代化最新成果，是对中国特色社会主义理论体系的突破性发展，其根本原因之一在于它以"守正创新、实事求是、人民中心、知行合一"为哲学精髓。"守正创新、实事求是、人民中心、知行合一"内在要求把握中国特色社会主义进入新时代的历史必然性及其新发展新要求，这就使习近平新时代中国特色社会主义思想具有鲜明的历史逻辑。

就理论价值而言，习近平新时代中国特色社会主义思想是一个系统完整的科学体系，具有严谨的理论逻辑与系统的理论框架，而无论是理论逻辑还是理论框架，都贯穿着"守正创新、实事求是、人民中心、知行合一"的哲学精髓，这就使习近平新时代中国特色社会主义思想具有哲学高度和深度。只有具有哲学高度和深度，才能更好地理解和把握习近平新时代中国特色社会主义思想的深刻性、逻辑性、系统性、创新性和前瞻性，真正彰显其理论价值和时代意义。

就实践价值而言，党的十八大以来的实践创新，实际上就是"守正创新、实事求是、人民中心、知行合一"这一哲学精髓的体现。

特别需要说明的是，作为习近平新时代中国特色社会主义思想的世界观和方法论的"六个必须坚持"，也属于这一思想的哲学精髓，然而这属于广义上的，而作为哲学精髓的"守正创新、实事求是、人民中心、知行合一"，则是贯穿于"六个必须坚持"中的内核和灵魂，是狭义上的，"六个必须坚持"是"守正创新、实事求是、人民中心、知行合一"的内在要求。

第五节　为马克思主义谋生机

思想具有力量，而马克思主义是人类历史上最具影响力的思想。所以，必须永续保持马克思主义的生机活力。要做到这一点，就需要坚持和运用好"两个结合"。"两个结合"是永葆马克思主义焕发生机活力的根本原因和基本经验，它不仅形成新的文化生命体，铸牢了道路根基，又让当代中国马克思主义、21世纪马克思主义展现出蓬勃生机和旺盛活力。其实质，就是为马克思主义谋生机。

这里着力阐述的是如何发挥思想的"创新伟力"。

一、不断推进理论创新

（一）把理论创新置于实现强起来的应有位置

前有所述，没有物质世界的强大，一个国家发展就缺乏坚实的物质基础；没有精神世界的强大，一个国家发展就缺乏灵魂，其物质强大也不会持久。

世界上一些强大的国家，如英、法、德、日、美、俄等，在思想理论上大多具有建树。这些国家也涌现出不少思想家、理论家，他们的思想理论也对世界产生重大影响。

当今我国已进入发展起来以后使大国成为强国的历史方位。这意味着我国在物质方面强大起来的同时，还需要在精神方面强大起来。精神方面的强大主要体现在"文化强国"。"文化强国"的核心，是具有原创性、标识性、代表性的中国理论、中国思想，涌现出一批杰出的哲学家、经济学家、政治家、文学家、艺术家、社会学家，呼唤理论家、思想家①，且在此基础上建设中华民族现代文明。习近平同志指出："一个国家、一个民族不能没有灵魂。文化文艺工作、哲学社会科学工作就属于培根铸魂的工作。"②一个逐步强大的中国，必须在理论上强起来，在思想上站起来，不仅要为世界贡献更多的物质产品，也要为解决人类问题贡献更多的中国智慧、中国理论、中国思想、中国方案，从而彰显中国理论的力量。

（二）全面把握推进理论创新的"四个需要"

既然思想理论力量如此重要，那就要自觉主动地构建中国理论。

第一，需要以习近平新时代中国特色社会主义思想为理论基础和主要思想来源。习近平新时代中国特色社会主义思想是对新时代新历

① 韩庆祥：《论"中国理论"——理论中国与理论力量》，《理论与改革》2019年第4期。
② 《习近平在看望参加政协会议的文艺界社科界委员时强调　坚定文化自信把握时代脉搏聆听时代声音　坚持以精品奉献人民用明德引领风尚》，《人民日报》2019年3月5日。

史方位及其实践发展新要求的全面理解和深入把握，是对中国特色社会主义的坚持和发展，是当代中国马克思主义、21世纪马克思主义的最新成果，是实现中华民族伟大复兴的行动指南。

第二，需要理清"六大逻辑"。哲学社会科学工作者要接地气，就是要走出"象牙塔"，深入实际、深入人民群众进行调查研究，全面深入理解和把握近代以来中国发展的历史逻辑，理解和把握中国共产党成立发展壮大的历史逻辑，理解和把握新中国成立70多年以来发展的历史逻辑，理解和把握40多年我国改革开放和社会主义现代化建设的历史逻辑，理解和把握党的十八大以来中国特色社会主义进入新时代的发展逻辑，进而理解上述"逻辑"所蕴含的中国人民的奋斗逻辑，从而把中国历史、中国现实与中国问题搞清楚，把中国奇迹背后的中国道路、中国理论、中国制度、中国文化之优势搞清楚，把好中国脉、开好中国方。

第三，需要具有广阔的视野，贯通中西，面向未来。历史是最好的教科书，也是最好的清醒剂。因而，要具有历史思维，从中国的历史、文化、传统中寻找血脉、基因和源流，也要汲取一切人类优秀文明成果，还要把握时代发展趋势。这叫作不忘本来、吸收外来、面向未来。

第四，需要基于中国式现代化。中国奇迹发源于中国式现代化，中国式现代化是中国理论的发源地或实践基础，我们要从中国奇迹的背后揭示出中国式现代化的优势，从中国式现代化中发掘中国奇迹的密码，且基于中国式现代化来构建中国理论。

二、推进"两个结合"把握理论创新规律

"两个结合"，是推进理论创新的基本规律。

（一）为什么必须坚持"结合"

从理论和实践来说，不断推进马克思主义中国化时代化，是中国共产党百年奋斗历程必须着力解决的根本问题。习近平同志在庆祝中国共产党成立 100 周年大会上的讲话（以下简称"七一"重要讲话）中指出，"以史为鉴、开创未来，必须继续推进马克思主义中国化"，必须"坚持把马克思主义基本原理同中国具体实际相结合、同中华优秀传统文化相结合"①（以下简称"两个结合"）。这一重要论断深化了对马克思主义中国化时代化的认识，体现了对"两个结合"及二者关系的深刻认知，表达了对中国具体实际和中华优秀传统文化及二者关系的深入理解。

1. 马克思主义经典作家特别强调"结合"

马克思主义本质上是一种源于实践又回到实践以指导实践、改变现存世界的理论，是注重"事物自身"之内在联系、矛盾运动、发展过程且从中生长出的理论，因而本质上是基于时代和实践而发展着的马克思主义，离开时代、实践和现实，就显示不出其思想的力量。它摒弃把马克思主义理论作为一种"公式"、"标签"、"套语"来剪裁任何事物的教条主义。马克思、恩格斯都坚决反对教条主义地对待马克思主义理论。在《共产党宣言》1872 年德文版序言中，他们指出："这些原理的实际运用，正如《宣言》中所说的，随时随地都要以当时的历史条件为转移，所以第二章末尾提出的那些革命措施根本没有特别的意义。"②《共产党宣言》一般原理的实际运用因历史条件的不

---

① 习近平：《在庆祝中国共产党成立 100 周年大会上的讲话》，人民出版社 2021 年版，第 12、13 页。

② 中共中央马克思恩格斯列宁斯大林著作编译局编译：《马克思恩格斯选集》第一卷，人民出版社 2012 年版，第 376 页。

同而不同，这是《共产党宣言》和其序言反复强调的。列宁也郑重其事地指出："这些原理的应用具体地说，在英国不同于法国，在法国不同于德国，在德国又不同于俄国。"① 同理，这些原理的应用，在中国既不同于西欧，也不同于俄国，因为中国国情具有鲜明的特殊性，所以毛泽东同志强调，马克思主义必须中国化。这就表达了马克思主义经典作家对《共产党宣言》基本原理的运用所坚持的态度和方法。

2. 经验教训启迪我们必须注重"结合"

只有注重马克思主义基本原理同中国具体实际相结合，才能克服教条主义，避免狭隘经验主义，进而解决好中国问题。

在新民主主义革命时期，我们党反对把马克思主义教条化。针对在中国革命问题上的教条主义，毛泽东同志发表了《实践论》、《矛盾论》，强调理论与实践相结合、普遍与特殊相结合，着重阐述了理论和实践（知和行）、普遍和特殊（共性和个性）的辩证关系，指出关于共性和个性的关系，是事物矛盾的精髓，不懂得它，就等于抛弃辩证法。毛泽东同志在《矛盾论》中，在坚持矛盾具有普遍性的前提下，着重从五个方面谈论矛盾的特殊性。这两部著作，为马克思主义基本原理同中国具体实际相结合奠定了坚实的哲学基础。

在社会主义革命和建设时期，我们党强调走自己的路。在新中国成立初期，"苏联式社会主义"对我们党产生较大影响。经过一段时间的实践，我们发现它不完全适合中国国情。中国共产党人经过认真反思和总结，深刻认识到中国社会主义建设必须"走自己的路"。于是，毛泽东同志根据当时中国的具体实际，发表了《论十大关系》，确定了中国建设社会主义必须处理好的十大关系。《论十大关系》是

① 中共中央马克思恩格斯列宁斯大林著作编译局编：《列宁选集》第一卷，人民出版社 1995 年版，第 274–275 页。

确定我国社会主义建设"走自己的路"的理论基础和基本内容。

1978年，我国开启改革开放和社会主义现代化建设新时期。当初我国改革开放面临的最大阻力，是"左"的思潮和倾向。其本质特征，就是从本本找答案，从语录找结论，从权威找出路。这种从本本出发的教条主义阻碍我国改革开放和社会主义现代化建设。不冲破这重阻力，就迈不开改革开放和社会主义现代化建设新步伐。针对这种倾向，邓小平同志发表了《解放思想，实事求是，团结一致向前看》这篇精要之作。其实质，就是力求打破本本主义、教条主义束缚，确立并坚持解放思想、实事求是的党的思想路线，注重从中国具体实际出发认识中国国情。要而言之，就是要把马克思主义基本原理同中国具体实际相结合。

（二）怎样理解"两个结合"

谈"结合"，究竟"结合"什么，强调"结合"的实质又是什么，"结合"会产生何种成果？有研究表明，马克思主义中国化时代化有三层含义，即马克思主义基本原理同中国具体实际相结合，包括同中国实践、中国历史传统、中华传统文化相结合三个基本方面。有些专家指出，马克思主义中国化时代化包括两层含义，即马克思主义基本原理同中国具体实际相结合、同时代特征相结合，集中表现为实践性和时代性。这表明，我国理论界已经提出马克思主义基本原理要"结合"中国具体实际、中国历史传统、中华传统文化的内涵，其中包括马克思主义基本原理"两个结合"的元素。

中国具体实际是中国"历史传统"的当代呈现，"时代特征"也蕴含在中国具体实际之中，就是说，从"中国具体实际"中可以分析出中国的"历史传统"和"时代特征"，而且，影响中国以及中国具体实际的基因是中华传统文化，中华传统文化是中华民族的根脉，是中国人一切行为的底蕴。

马克思主义中国化具有"中国化"、"化中国"、"理论成果"三个根本维度和三个内涵，三者既区别又联系。由此，可从下述三个层面理解习近平同志所提出的"两个结合"的内涵及其实质。

1. 马克思主义基本原理同中华优秀传统文化相结合，使马克思主义在中国落地、扎根，成为中国的，此可谓"中国化"

其一，马克思主义基本原理同中华优秀传统文化相结合，具有结合的现实性。中华优秀传统文化的精髓是强调世界大同、协和万邦、兼济天下、和衷共济、民为邦本，马克思主义在本质上追求人类解放、以人民为本、共同富裕、社会和谐、每个人自由而全面的发展等。因此，马克思主义思想精髓同中华优秀传统文化精神相通，且成为马克思主义基本原理在中国落地生根的文化基础。

其二，马克思主义基本原理同中华优秀传统文化相结合，具有结合的必要性。一是马克思主义具有满足中国发展需要的实际功能。仅靠中华优秀传统文化解决不了近代以来中国"向何处去"这一根本问题，也解决不了新时代强国建设、民族复兴问题。历史和实践经验表明，只有运用马克思主义的立场、观点、方法，并同中国具体实际相结合、同中华优秀传统文化相结合，才能解决这一问题。二是实现伟大梦想的迫切需要。实现中华民族伟大复兴，迫切需要把广大人民群众团结凝聚起来。中华优秀传统文化具有这种功能，它是中华民族共有的精神根脉、精神家园和精神纽带。

其三，马克思主义基本原理同中华优秀传统文化相结合，还要确定结合的正确路径，即确定马克思主义在中国的具体实现方式。具体来说，就要使马克思主义基本原理具有中国式体现，使马克思主义方法论获得中国式运用，使马克思主义话语拥有中国式表达。"实事求是"，既是马克思主义基本原理的中国式体现，也是马克思主义方法论的中国式运用，还是马克思主义话语的中国式表达。马克思主义的一条基本原理，是强调物质决定精神、社会存在决定社会意识，其中国式体现就是实事求是；马克思主义的一条基本方法论，是一切从客观实际出发，其中国式运用也是实事求是；辩证唯物主义基本原理的话语表达是客观存在决定主观意识，其中国式表达还是实事求是。

2. 马克思主义基本原理同中国具体实际相结合，使马克思主义在中国开花、结果，此可谓"化中国"

不能把"两个结合"割裂开来。马克思主义基本原理同中国具体实际相结合更具根本性，它是"第二个结合"的基础和前提。其内涵及实质可从两方面来理解。

其一，从"化什么"看。这里的"化"，既指使基本原理化为某种结果的一种努力和过程，也指使基本原理具有某种状态。马克思主义基本原理同中国具体实际相结合，就是"化基本原理"与"化具体实际"的有机统一。

"化基本原理"，绝不是消解马克思主义及其基本原理，而是马克思主义基本原理要同中国具体实际相结合，即立足中国历史方位、直面社会主要矛盾，解决中国问题，使马克思主义成为具有中国风格的中国化马克思主义。这是用"中国具体实际"转化马克思主义基本原理，确定其在中国的具体实现方式，马克思主义基本原理是化的"主题内容"，中国具体实际是化的"实现方式"；马克思主义基本原理与中国化马克思主义是化的"主体"，中国实践、中国现实是化的"客体"。

"化中国"，就是用马克思主义基本原理与中国化时代化的马克思主义武装全党，解决中国面临的社会主要矛盾和根本问题，改造中国现实社会，推动中国社会进步和人的全面发展，使中国化马克思主义成为中国共产党执政的理论基础和中国人民的精神武器。

其二，从"马克思主义根本作用"看。坚持马克思主义基本原理同中国具体实际相结合，是因为马克思主义对满足国家发展需要、解决中国社会主要矛盾和根本问题具有十分重要的作用，中国需要用马克思主义之"矢"射中国之"的"。这就是习近平总书记2021年"七一"重要讲话所讲的"中国共产党为什么能，中国特色社会主义为什么好，归根到底是因为马克思主义行！"

3. "两个结合"是开辟马克思主义中国化时代化新境界进而创新发展马克思主义，让当代中国马克思主义、21世纪马克思主义展现强大真理力量的根本路径

这是针对把马克思主义教条化倾向，强调马克思主义要与时俱进，要通过"两个结合"推进马克思主义创新发展，用中国化时代化的马克思主义指导中国实践。

在运用马克思主义解决中国社会主要矛盾和根本问题的过程中，需要解决的一个重要课题，就是防止把马克思主义教条化。在中国革命、建设和改革历史进程中，不同程度上存在着把马克思主义教条化的倾向。教条主义是马克思主义中国化时代化的大敌，是马克思主义基本原理同中国具体实际相结合、同中华优秀传统文化相结合的障碍，给中国革命、建设和改革带来了严重危害，其教训极为深刻。这就要求我们在运用马克思主义立场、观点、方法解决中国社会主要矛盾和根本问题的进程中，必须反对把马克思主义教条化的倾向，不断推进马克思主义中国化时代化，坚持马克思主义基本原理同中国具体实际相结合、同中华优秀传统文化相结合，并创新中国化时代化的马克思

主义，发挥中国化时代化的马克思主义在解决中国社会主要矛盾和根本问题中的重要作用。

当今世界正处于新的动荡变革期，中国特色社会主义进入新时代，新形势新问题层出不穷。如何解决好中国式现代化进程中出现的各种矛盾和问题，为实现中华民族伟大复兴铺平道路？当代中国马克思主义、21世纪马克思主义应当作出积极回应。我们需要通过推进马克思主义基本原理同中国具体实际相结合、同中华优秀传统文化相结合，来创新发展当代中国马克思主义、21世纪马克思主义。21世纪马克思主义实质上就是一种解释21世纪世界的科学理论体系。

（三）如何推进"两个结合"

1. 需要总结推进马克思主义基本原理"两个结合"的重要经验，揭示结合的规律

"两个结合"不是简单"拼盘"，它是推进理论创新的基本经验，是对党的理论创新的规律性认识，因而需要认识总结。

马克思主义基本原理"两个结合"的经验可概括为"四个着眼于"：以分析解决中国问题为中心，着眼于从历史发展阶段与社会主要矛盾，来把握中国国情；着眼于从正确处理中国革命、建设和改革进程中出现的矛盾关系，来把握中国历史经验；着眼于从符合历史规律且有利于社会进步和人的发展，来把握中华优秀传统文化；着眼于从时间、空间和条件出发，来把握中国实践发展要求。

从目的看，推进马克思主义基本原理"两个结合"的过程，实质上就是以解决中国问题为中心的过程。为了解决中国革命、建设、改革中的重大问题，确有推进"两个结合"的必要。

从总体看，推进"两个结合"首先要把握中国国情，中国国情在

根本上可从历史发展阶段与社会主要矛盾来理解，不同历史发展阶段及其社会主要矛盾蕴含着不同的中国问题。

从历史看，推进"两个结合"需要做到"三个必须"，即必须把握好正确的政治方向，必须坚持解放思想、实事求是的思想路线，必须确立判断"两个结合"成效的根本标准。

从推进"两个结合"的历史进程看，必须正确处理中国革命、建设和改革进程中出现的系列矛盾关系，推动理论和实践不断发展。

从传统看，在推进"两个结合"进程中，必须考虑结合的"根脉"问题，即如何汲取中华优秀传统文化的积极因素，并进行创造性转化和创新性发展。

从实践发展进程看，中国共产党人着眼于从不同历史方位、社会主要矛盾、解决的根本问题、完成的首要任务出发，来把握中国实践发展新要求，进而推进"两个结合"。

推进"两个结合"，实际上是推进马克思主义中国化时代化的一条基本规律，它揭示了马克思主义中国化时代化的"历史"、"现实"、"理论"三个根本环节，建立起了"历史"、"现实"、"理论"之间的本质联系，实现了三者有机统一。

2. 需要把握中国具体实际的根本，确定结合点

推进马克思主义基本原理同中国具体实际相结合、同中华优秀传统文化相结合的方式，最为根本的就是厘清"中国具体实际"的内涵，这涉及确定"结合点"的问题。

究竟什么是"中国具体实际"？"结合点"到底是什么？对此，不能知其然而不知其所以然。这是需要进一步厘清的重要问题。不然，对"中国具体实际"和"结合点"的理解就会陷入人云亦云的境地。理解和把握"中国具体实际"，需要从"历史方位"、"社会主要矛

盾"、"根本问题"、"中国道路"四个核心要素入手。

首先是"历史方位",这是"中国具体实际"的时空维度。任何一种具体实际,都是一定历史时间中的实际,也是特定空间中的实际。中国的具体实际与美国的具体实际有很大差异,新民主主义革命时期的具体实际同改革开放和社会主义现代化建设新时期的具体实际也有所不同。

其次是"社会主要矛盾",这是"中国具体实际"的本质维度。社会主要矛盾,表达的是一个社会的总体需求状况和供给状况及其供给满足需求的状况。一个社会的社会主要矛盾状况,是判断一个国家基本国情、社会整体状况,以及由此而制定路线方针政策的主要依据之一。理解和把握"中国具体实际",就必须把一定历史方位中的社会主要矛盾状况作为一个核心要素。

再次是"根本问题",这是"中国具体实际"的时代维度。科学解答时代"问题"是马克思主义出场的基本路径,创造性地回答时代课题是马克思主义发展的动力源。马克思主义之所以能够在中国大地落地、扎根、开花、结果,最重要的是因为它契合了中国解决主要矛盾和根本问题的迫切需要。中国共产党人在不同时期面临的"时代课题",都与不同时期的社会主要矛盾及其所蕴含的"根本问题"直接相关。马克思主义基本原理同中国具体实际相结合,其首要目的,就是破解一定历史方位中的社会主要矛盾及其所蕴含的根本问题,就是运用马克思主义立场、观点、方法,来解决我们党所面临的根本问题或现实问题。

最后是"中国道路",这是"中国具体实际"的实践维度。破解社会主要矛盾,解决中国问题,关键在于找到一条正确的中国道路。"中国道路"的核心,既包括奋斗目标,也包括实现奋斗目标的实践方略。作为奋斗目标，它是解决社会主要矛盾和根本问题的一种方向性表达；作为实践方略，它是解决社会主要矛盾和根本问题的根本方式。中国道路，就是直奔解决社会主要矛盾和根本问题而去的。比如，中国式现代化新道路，就是直奔解决人民日益增长的美好生活需要和不平衡不充分的发展之间的社会主要矛盾而去的。

谈到中国道路，就涉及"两个结合"与中国式现代化道路之间的关系。坚持并推进"两个结合"的目的之一，既是寻求破解中国社会主要矛盾和根本问题的正确道路，也是为了使中国道路具有中华优秀传统文化基因，使其有助于解决中国社会主要矛盾和根本问题。所以，坚持并推进"两个结合"与中国式现代化道路，本质上是同一问题的两个侧面，既要在创造中国式现代化道路进程中不断推进马克思主义中国化时代化及其"两个结合"，进而不断推进马克思主义中国化时代化及其"两个结合"，也要紧紧围绕创造中国式现代化道路来进行。

3. 需要提炼中华优秀传统文化的精髓，寻求结合方式

首先，中华优秀传统文化是中国人理解马克思主义基本原理的"起点"，是推进马克思主义中国化时代化的思想资源，它使马克思主义中国化时代化具有民族根基与文化根脉。

马克思主义基本原理同中华优秀传统文化相结合，是马克思主义中国化时代化的题中应有之义。中华优秀传统文化是中国人理解马克思主义基本原理的起点，其优秀成分更是马克思主义中国化时代化过程中不断得到丰富与发展的沃土。马克思主义基本原理同中华优秀传统文化相结合，不仅要系统梳理中华优秀传统文化遗产，更要研究对其进行创造性转化和创新性发展进而推进马克思主义中国化时代化的方式。只有这样，马克思主义基本原理才会真正具有民族根基与文化根脉，才能真正做到马克思主义基本原理同中华优秀传统文化相结合。

其次，可以从中华优秀传统文化中寻求结合方式，既对其精华实行创造性转化和创新性发展，又运用马克思主义立场、观点、方法克服其历史局限，以丰富和发展马克思主义。

如何处理好马克思主义基本原理同中华优秀传统文化的关系，是一个焦点问题。如果马克思主义基本原理不同中华优秀传统文化相结合，马克思主义就不会成为中国的，中国化时代化的马克思主义就会失去中华优秀传统文化之根，而仅谈中华优秀传统文化复兴，中国化时代化的马克思主义又难以获得自己的超越性和时代性。我们既要弘扬中华优秀传统文化，使马克思主义在中国落地、扎根，还要超越中华传统文化的历史局限，运用马克思主义对其实现创造性转化和创新性发展。要进一步立足当代中国和世界的发展，运用马克思主义立场、观点、方法，对中华优秀传统文化进行深入发掘和提炼，重构一种真正面向现代化、面向世界、面向未来的中国式现代化的文化形态。与此同时，也要使马克思主义更深层地融入中华优秀传统文化之中，从而具有深厚的中华文化底蕴，具有更鲜活的时代表达方式，具有鲜明的时代特色。

最后，让马克思主义讲"中国话语"。要使马克思主义基本原理在中国落地、扎根、开花、结果，就需要让马克思主义讲"中国话语"，以便中国人理解、把握和接受。马克思主义关于辩证唯物主义的基本原理，在中国来讲就是实事求是；关于人民群众是历史创造者的原理，在中国来讲就是以人民为中心；关于民主的基本原理，在中国来讲就是积极发展全过程人民民主；马克思主义的中国化表达，主要就是党的创新理论。

三、领会"'第二个结合'是又一次的思想解放"

习近平同志在文化传承发展座谈会上指出："'第二个结合'是又一次的思想解放，让我们能够在更广阔的文化空间中，充分运用中华优秀传统文化的宝贵资源，探索面向未来的理论和制度创新。"①这一重要论述含金量高，具有丰富的解释学价值和重大意义，为理解和把握"又一次的思想解放"提供了空间、思路和框架。

在这一重要论述中，每一个词句都有其深意。"更广阔的文化空间"，指的是"又一次的思想解放"的"问题域"，涉及与中华优秀传统文化相关的问题空间，主要包括中华优秀传统文化与中国具体实际的关系，中华优秀传统文化与马克思主义的关系，中华优秀传统文化与中国道路、中国理论、中国制度的关系，中华优秀传统文化与中国式现代化的关系，中华优秀传统文化与中华民族现代文明的关系，中国式现代化与西方现代化的关系，中华优秀传统文化、中国式现代化、中华民族现代文明与人类文明新形态的关系，等等；"充分运用中华优秀传统文化的宝贵资源"，谈的是这次思想解放的立足点、主线、路径，需要围绕中华优秀传统文化和中华民族现代文明及其时代价值、世界意义来把握；"探索"，意味着对"又一次的思想解放"可以从学理上做进一步思考和探究；"面向未来的理论和制度创新"，是说"又一次的思想解放"，既是面向未来的创新，又是聚焦中国理论和中国制度的创新，当然也涉及中国道路问题；"又一次的思想解放"，要求厘清思想解放的对象、内容和范围，是在哪个方面、哪个意义上的思想解放，与以往我们党所讲的思想解放有何不同。在我们党的历史上，既有"从把马克思主义教条化的思想禁锢中解放出来"，

---

① 习近平：《在文化传承发展座谈会上的讲话》，人民出版社 2023 年版，第 8 页。

又有"从把传统社会主义观教条化的思想禁锢中解放出来"。

基于上述对词句的简要分析，结合习近平同志相关重要论述，再理解话语背后的"道"，"又一次的思想解放"在总体上是围绕"中华优秀传统文化"、"新的文化生命体"、"中国式现代化的文化形态"、"中华民族现代文明"的时代地位和世界意义来理解的，是文化观和文明观重大转变意义上的思想解放，是从对待中华优秀传统文化的文化虚无主义和对西方现代化迷思的"西方中心论"中解放出来。

（一）在中国具体实际与中华优秀传统文化关系认识上的思想解放

"又一次的思想解放"，就是从过去对中国具体实际与中华优秀传统文化关系的传统认识中解放出来，在新时代确立中华优秀传统文化对于中国具体实际而言的相对独立性及其特殊意义。

这种思想解放主要体现在对中国具体实际与中华优秀传统文化关系的认识上。

过去人们往往认为中国具体实际包含了中华优秀传统文化，所以只讲马克思主义同中国具体实际相结合就够了，而"第二个结合"使我们深刻认识到中国具体实际和中华优秀传统文化的关系，其与"中国具体实际"内涵的历史演进直接相关。中国具体实际不同，对马克思主义与中华优秀传统文化的历史意义之认识也就不同。

在新民主主义革命时期，中国具体实际，主要是为推翻"三座大山"进而实现"民族独立、人民解放"探寻新民主主义革命的道路。"独立"、"解放"、"革命"是主导话语，它自然要求从马克思主义基本原理中寻求思想资源。因为马克思、恩格斯创立的马克思主义被理解为关于"阶级斗争"、"无产阶级革命"、"社会主义革命"

的学说，而在中华传统文化中基本找不到关于这些问题的思想资源。正如前面我引用的毛泽东同志所说的话："有三本书特别深地铭刻在我的心中，建立起我对马克思主义的信仰。我一旦接受了马克思主义对历史的正确解释以后，我对马克思主义的信仰就没有动摇过。这三本书是《共产党宣言》，陈望道译，这是用中文出版的第一本马克思主义的书；《阶级斗争》，考茨基著；《社会主义史》，柯卡普著。"

在社会主义革命和建设时期，中国具体实际，主要是进行社会主义革命，推进社会主义建设，探索农民人口占绝大多数的落后中国建设社会主义的道路，其中"社会主义革命和建设"是核心话语。当时，在如何建设社会主义的问题上，人们最关切的，就是走传统苏联式的社会主义道路，还是把马克思主义基本原理同中国具体实际相结合，寻求一条符合中国国情的社会主义道路？在当时历史条件下，人们通常认为，不论选择哪一条道路，似乎都不大可能从中华优秀传统文化中获得根本启迪。

在改革开放和社会主义现代化建设新时期，党面临的主要任务亦即中国具体实际是，"继续探索中国建设社会主义的正确道路，解放和发展社会生产力，使人民摆脱贫困、尽快富裕起来"[①]。其主导话语是"社会主义现代化"和"解放和发展社会生产力"。"改革开放"、"社会主义现代化"、"解放和发展社会生产力"、"解决落后的社会生产"、"摆脱贫困、尽快富起来"这些频频出现的话语，自然使人们更多从马克思主义经典著作以及西方现代化理论中寻找相关思想资源，相对注重马克思主义关于实践和理论的关系、生产力和生产关系的关系、经济基础和上层建筑的关系、社会主义和资本主义的关系，以及经济发展与社会发展、人的发展的关系等方面的思想资源，而中

---

① 习近平：《习近平谈治国理政》第四卷，外文出版社 2022 年版，第 25 页。

华传统文化则缺乏"现代化"、"解放和发展社会生产力"的思想资源。

这样，在上述三个历史时期，就相对注重马克思主义基本原理、中国具体实际及其二者的结合问题，而对中华传统文化的关切相对不够。

中国特色社会主义进入新时代，中国具体实际的内涵发生了较大变化。全面建成小康社会、全面建成社会主义现代化强国，解决人民日益增长的美好生活需要和不平衡不充分的发展之间的矛盾，丰富人民精神世界、增强人民精神力量，迎来从站起来、富起来到强起来的伟大飞跃，实现中华民族伟大复兴等，构成新时代中国具体实际的丰富内涵。这样的中国具体实际，内在要求高度重视中华优秀传统文化。因为"现代化强国"、"强起来"、"民族复兴"包括文化复兴和文化强国，强调文化复兴、文化强国，就必须坚定文化自信，拥有思想文化主体性，使中华优秀传统文化通过创造性转化、创新性发展而"强起来"，进而适合中国式现代化与强国建设、民族复兴的需要；"人民美好生活"的要求，使中华优秀传统文化中具有的民为邦本、为政以德、天人合一等宝贵思想焕发新的生机；建设"强大的中国共产党"的要求，使中华优秀传统文化中具有的为政以德、任人唯贤、厚德载物的思想资源重新得到重视；追求"世界和平"的要求，使中华优秀传统文化中关于天下为公、讲信修睦、亲仁善邻、协和万邦、兼济天下、世界大同、美美与共等价值理念又有了用武之地。这就是说，这些思想资源和文化基因可以为"现代化强国"、"强起来"、"民族复兴"、"人民美好生活"、"强大的中国共产党"、"世界和平"提供思想支撑。更何况，新时代中国式现代化，也内在要求丰富人民精神世界，建设文化强国。

在这种情况下，我们不仅把"中华优秀传统文化"从"中国具体实际"中相对独立出来，把它看作"根脉"，而且把马克思主义基本原理、中国具体实际和中华优秀传统文化三者看作相互成就的关系，使中华优秀传统文化在马克思主义"中国化"和"化中国"的过程中发挥特殊作用。由此，"中华优秀传统文化具有相对独立性和特殊意义"、把"中华优秀传统文化"从"中国具体实际"中相对独立出来、"中华优秀传统文化是根脉"，就是我们在"中国具体实际"与"中华优秀传统文化"关系认识上的思想解放。

（二）在马克思主义与中华优秀传统文化关系认识上的思想解放

"又一次的思想解放"，就是从对马克思主义与中华优秀传统文化关系的片面、肤浅认识中解放出来，从历史虚无主义、文化虚无主义的思想禁锢中解放出来，强调马克思主义与中华优秀传统文化是相互契合、相辅相成、相互成就的关系，马克思主义是"魂脉"，中华优秀传统文化是"根脉"，二者结合充分彰显了我们在思想文化上的主体性。

这种思想解放主要体现在对马克思主义和中华优秀传统文化关系的理解上。

过去，在马克思主义与中华优秀传统文化的关系认识上有两种观点。一种观点认为，马克思主义与中华优秀传统文化是"主从关系"，马克思主义是"主"，中华优秀传统文化是"从"，即中华优秀传统文化从属于马克思主义。另一种观点认为，马克思主义是关于阶级斗争和无产阶级革命的学说，中华优秀传统文化主要是关于和合的主张，二者具有质的不同；或者认为马克思主义是外来文化，它与中华优秀传统文化是两种不同的理论谱系，二者是格格不入的。上述理解在不同程度上是对马克思主义与中华优秀传统文化的误读，结果使人们通常重马克思主义而轻中华优秀传统文化，对中华优秀传统文化采取历史虚无主义和文化虚无主义的态度。

马克思主义是我们党立党立国、兴党兴国的根本指导思想，在理解和把握马克思主义与中华优秀传统文化的关系上必须始终坚持，但也不能由此就轻视中华优秀传统文化。习近平同志在文化传承发展座谈会上的重要讲话，对马克思主义与中华优秀传统文化的关系给出了一种新的理解，使我们在马克思主义与中华优秀传统文化关系的认识上获得了思想解放。

首先，"第二个结合"破除了只重视马克思主义而贬低中华优秀传统文化的思想观念，在不断推进马克思主义中国化时代化进程中，注重把马克思主义看作"魂脉"，把中华优秀传统文化看作"根脉"。魂脉，即思想文化的灵魂、核心、命脉；根脉，即思想文化的根本、源泉和血脉。这样的论断有其深意：把中华优秀传统文化看作"根脉"，与"魂脉"并提，就提升了中华优秀传统文化在推进马克思主义中国化时代化、推进理论创新中的时代地位和作用，从而巩固了我们党在这一过程中的文化主体性。所谓"文化主体性"，就是破除对西方思想文化和"西方中心论"的膜拜，重估并确立中华优秀传统文化的时代价值和世界意义，既为推进马克思主义中国化时代化提供根脉支撑，也为推进中国式现代化提供根脉支持，在此基础上构建中国式现代化的文化形态和中华民族现代文明，为创造人类文明新形态贡献中国思想和文化，从而确立中国式现代化、中华民族现代文明在思想文化上的主体性权威。

其次，"第二个结合"破除了马克思主义与中华优秀传统文化二者具有质的不同甚至格格不入的思想观念，强调二者虽然时代背景不同、解决问题不同、思想方法不同、思想来源不同、理论观点不同、思维方式不同，但彼此在价值追求、回答重大时代课题和理论气质上也存在高度契合性。中华优秀传统文化蕴含的天下为公、民为邦本、为政以德、革故鼎新、任人唯贤、天人合一、自强不息、厚德载物、讲信修睦、亲仁善邻等，是中国人民在长期生产生活中积累的宇宙观、天下观、社会观、道德观的重要体现，同科学社会主义价值观主张具有高度契合性。在宇宙观上，马克思主义强调"人与自然和谐共生"，中华优秀传统文化主张"天人合一"；在天下观上，马克思主义强调"自由人的联合体"，中华优秀传统文化主张"协和万邦"、"兼济天下"、"世界大同"、"讲信修睦"、"亲仁善邻"；在社会观上，马克思主义强调矛盾的同一性和斗争性的辩证关系，中华优秀传统文化主张"和而不同"；等等。不仅如此，马克思主义和中华优秀传统文化在服务于强国建设、民族复兴问题上，也具有一定的契合性，即都从不同角度为强国建设、民族复兴提供思想资源、理论支持和文化基础。

最后，"第二个结合"破除了马克思主义与中华优秀传统文化互不相干的思想观念，强调马克思主义与中华优秀传统文化是相互成就的。一方面，"中华优秀传统文化充实了马克思主义的文化生命，推动马克思主义不断实现中国化时代化的新飞跃，显示出日益鲜明的中国风格与中国气派，使中国化马克思主义成为中华文化和中国精神的时代精华"；另一方面，"马克思主义把先进的思想理论带到中国，以真理之光激活了中华文明的基因，引领中国走进现代世界，推动了中华文明的生命更新和现代转型"，"实现了从传统到现代的跨越，发展出中华文明的现代形态"。[①] 就是说，中华优秀传统文化使马克思

---

① 习近平：《在文化传承发展座谈会上的讲话》，人民出版社 2023 年版，第 6 页。

主义中国化，涵养了马克思主义，使来自异国他乡的马克思主义得以扎根于中华优秀传统文化的沃土，在中国开花、结果，根深叶茂，这就为马克思主义中国化既提供文化支撑，也拓展新的天地，还赋予新的内涵和广阔的发展空间，令其呈现出强大生命力；马克思主义则激活了中华优秀传统文化的基因，使中华优秀传统文化和中华文明在现代文明中得以创造性转化和创新性发展，并赋予新的时代内涵，不断焕发出新的时代价值。总之，"'第二个结合'让马克思主义成为中国的，中华优秀传统文化成为现代的，让经由'结合'而形成的新文化成为中国式现代化的文化形态"①，它既使马克思主义深刻改变了中国，也使中国极大丰富和发展了马克思主义。

（三）在中华优秀传统文化与中国道路、中国理论、中国制度关系认识上的思想解放

"又一次的思想解放"，就是从对中华优秀传统文化与中国道路、中国理论、中国制度关系的片面认识中解放出来，注重从中华优秀传统文化、从"第二个结合"维度来理解中国道路、中国理论、中国制度的"根脉"及其创新空间和创新方向。

这一次思想解放体现在"守正和创新"的关系上，就是在坚持守正的前提下，从"第二个结合"中找到了中国道路、中国理论、中国制度新的创新空间、创新源泉和创新方向。

过去，对中国道路、中国理论、中国制度，比较注重从马克思主义、中国具体实际及二者结合的角度出发，探讨其理论和现实根据。虽然在谈到坚定文化自信时，强调文化是更基础更广泛更深厚的自信，但从中华优秀传统文化、从"第二个结合"的角度来理解中国道路、

---

① 习近平：《在文化传承发展座谈会上的讲话》，人民出版社 2023 年版，第 6 页。

中国理论、中国制度的"根脉"及其创新空间、创新方向，从总体上做得还不够。

习近平同志从巩固文化主体性的高度，特别强调中华优秀传统文化对中国道路、中国理论、中国制度所具有的意义。他指出，"第二个结合"，"让我们能够在更广阔的文化空间中，充分运用中华优秀传统文化的宝贵资源，探索面向未来的理论和制度创新"。深入分析这一重要论述，其深意就是可以从中华优秀传统文化、从马克思主义基本原理同中华优秀传统文化的结合中，探索中国理论、中国制度乃至中国道路的创新空间和创新方向。关于中国道路，"第二个结合"筑牢了道路根基。习近平同志指出，"我们的社会主义为什么不一样？为什么能够生机勃勃、充满活力？关键就在于中国特色"，"在中国特色社会主义新时代，党和国家的事业之所以取得了历史性成就、发生了历史性变革，一个重要原因就是我们坚持了'两个结合'"。[1]中国特色社会主义是在马克思主义指导下走出来的，也是从五千多年中华文明史中走出来的；"'第二个结合'让中国特色社会主义道路有了更加宏阔深远的历史纵深，拓展了中国特色社会主义道路的文化根基"[2]。这里，中国特色社会主义道路的"中国特色"、"充满活力"、"重大变革"乃至"世界意义"，都与中华优秀传统文化、中华文明相关。这显然告诉我们，要从中华优秀传统文化、中华文明方面来探索中国道路的创新空间和创新方向。关于中国理论，过去我们也从马克思主义基本原理同中国具体实际相结合方面谈得比较多，从中华优秀传统文化，尤其从"第二个结合"方面谈得相对比较少。强调中华优秀传统文化、"第二个结合"给我们的启示就是，还要从中

---

① 习近平：《在文化传承发展座谈会上的讲话》，人民出版社2023年版，第7页。
② 习近平：《在文化传承发展座谈会上的讲话》，人民出版社2023年版，第7页。

华优秀传统文化，尤其从"第二个结合"方面来探索中国理论的"根脉"支撑与创新空间、创新方向，如中国化时代化的马克思主义、中国式现代化理论，不仅有马克思主义理论支撑，也有中华优秀传统文化的"根脉"，这种"根脉"赋予中国理论创新以主动性，甚至可以探索中国理论创新的新方向。关于中国制度，过去也是比较多地从马克思主义基本原理、中国具体实际及其二者的结合中寻求创新依据，从中华优秀传统文化，尤其从"第二个结合"方面来探索创新的依据、空间和方向相对比较少。强调中华优秀传统文化和"第二个结合"，给我们的重要启示就是，可以进一步从中华优秀传统文化，尤其从"第二个结合"方面探索中国制度的"根脉"与创新依据、创新空间、创新方向。

（四）在中华优秀传统文化与中国式现代化关系认识上的思想解放

"又一次的思想解放"，就是从对中华优秀传统文化与中国式现代化关系的片面、僵化认识中解放出来，揭示中华优秀传统文化与中国式现代化的内在本质联系，深刻认识"第二个结合"使我们确立了中国式现代化的文化形态。

这种思想解放主要体现在对"传统—现代"关系的理解上。

过去，在对待中华优秀传统文化、中华文明与中国式现代化关系问题上存在一些误解。一些人把"传统—现代"的解释框架作为一种公式，认为传统和现代是相悖的，中华优秀传统文化与中国式现代化是"此消彼长"、"势不两立"的断裂关系。在他们看来，中华文化、中华文明都是传统的，因而是落后的、缺乏生机活力的，与现代化格格不入，是中国实现现代化的包袱，阻碍了中国现代化的发展，而现代化则是文明进步、充满生机活力的。正因如此，党的十八大之前，一些人对中国式现代化的理解，大多从马克思主义及西方现代化中寻找思想资源和理论根据。

习近平同志对"第二个结合"之重大意义的阐释，推动了对中华优秀传统文化与中国式现代化关系认识上的思想解放。

需要从马克思主义基本原理、中国具体实际、中华优秀传统文化三者的结合上理解和把握中国式现代化，尤其突出中华优秀传统文化、"第二个结合"对中国式现代化的意义，即从中华优秀传统文化和"第二个结合"中寻求中国式现代化的"根脉"依据和思想资源，进而从中华优秀传统文化和"第二个结合"中寻找中国式现代化的创新空间——中国式现代化的文化形态。这就是说，中国式现代化的本质特征、文化形态，一定意义上是由中华优秀传统文化和"第二个结合"定义的，而且这种本质特征、文化形态具有世界意义，它以世界大同、兼济天下、协和万邦、和而不同的文明区别并高于西方资本掠夺、殖民扩张的"帝国文明"，为人类实现现代化提供具有光明前景的新的选择。这表明我们党把握了推进和拓展中国式现代化的主动性。

依据"第二个结合"，中华优秀传统文化与中国式现代化不是彼此割裂的关系，而是相互成就、相互促进的关系。一般来讲，传统和现代化之间存在三种关系：一是相互否定关系。有些传统是现代化的障碍，如封建的官本位观念和专制制度，会导致现代化的某种停滞。二是相互肯定关系。有些传统具有优秀、合理的成分，既构成传统和现代连续的纽带，也成为体现中国特色的底层逻辑和现代化的"根脉"依据，如中华优秀传统文化中的宇宙观、天下观、社会观、道德观，及其所要求的天下为公、民为邦本、为政以德、革故鼎新、任人唯贤、天人合一、自强不息、厚德载物、讲信修睦、亲仁善邻等，就是如此。三是相互契合、相互成就关系。现代化可以从中华优秀传统文化、中华文明中的优秀因素中汲取智慧和寻求资源，为现代化注入营养，使现代化有"根"，进而根深叶茂；现代化也可以激活中华优秀传统文化、中华文明中的优秀因素，使"死"的"活"起来，为传统注入动力且焕发新的生机活力。如"天下为公"就与"全体人民共同富裕的现代化"相关，"天人合一"就与"人与自然和谐共生的现代化"相融，"讲信修睦、亲仁善邻"就与"走和平发展道路的现代化"相通。

"第二个结合"解构了"传统—现代"二分法的思维方式和解释框架，对中华优秀传统文化与中国式现代化的关系给出全新的理解，且把二者看作彼此契合、相互交融、相互塑造、相互成就、相互促进的成长关系，认为中华优秀传统文化积淀着中华民族最深层的精神追求，代表着中华民族独特的精神标识，中华文明具有连续性、创新性、统一性、包容性、和平性，因而在推进和拓展中国式现代化历史进程中是不可或缺的，可以为建设中国式现代化的文化形态、建设中华民族现代文明提供文化基础；同时认为中国式现代化也使中华优秀传统文化、中华文明彰显出时代价值和世界意义。习近平同志指出，"中国式现代化是赓续古老文明的现代化，而不是消灭古老文明的现代化"①，"如果没有中华五千年文明，哪里有什么中国特色？如果不是中国特色，哪有我们今天这么成功的中国特色社会主义道路？"②这就使我们找到了中国式现代化的文化形态及其世界意义的文明依据，因而推动了对中华优秀传统文化与中国式现代化关系认识上的思想解放。

---

① 习近平：《在文化传承发展座谈会上的讲话》，人民出版社2023年版，第7页。
② 习近平：《习近平谈治国理政》第四卷，外文出版社2022年版，第315页。

（五）在中华优秀传统文化与中华民族现代文明关系认识上的思想解放

"又一次的思想解放"，就是从对中华优秀传统文化和中华民族现代文明关系的极端认识中解放出来，建立起中华优秀传统文化和中华民族现代文明以及文化和文明的内在本质关系，深刻认识到"第二个结合"能创造出一种有机统一的新的文化生命体、新的文明形态。

这种思想解放体现在对中华优秀传统文化和中华民族现代文明关系的理解上。

过去，一些人往往隔断中华优秀传统文化与中华民族现代文明的联系，轻视中华优秀传统文化，认为中华优秀传统文化是建设中华民族现代文明的障碍，因而不注重从中华优秀传统文化中寻求建设中华民族现代文明的思想资源、"根脉"基础和成长依据。"第二个结合"打破了这种极端的思想认识。

首先，"第二个结合"强调，马克思主义基本原理同中华优秀传统文化相结合，"造就了一个有机统一的新的文化生命体"，既"发展出中华文明的现代形态"，也使"形成的新文化成为中国式现代化的文化形态"。[①]这种理解坚持了守正创新的方法论原则，科学揭示了中华文明与中华民族现代文明之间的关系。它建立起中华优秀传统文化与中华民族现代文明之间的"根脉"关系，这是守正基础上的连续性，同时又强调中华民族现代文明既来源于中华优秀传统文化、中华文明，又高于中华优秀传统文化、中华文明，它是通过马克思主义同中华优秀传统文化相结合，通过对中华优秀传统文化的创造性转化、创新性发展而实现的新飞跃——形成一种新的文化生命体，即中国式

---

① 习近平：《在文化传承发展座谈会上的讲话》，人民出版社2023年版，第6页。

现代化的文化形态、中华民族现代文明与习近平文化思想，这是创新性①。这种中国式现代化的文化形态、中华民族现代文明与习近平文化思想之所以能成为一种新的形态，就是因为它既区别又高于西方那种以资本主导和殖民扩张为特征的"文明"，使中国式现代化的文化形态、中华民族现代文明朝着中华优秀传统文化所蕴含且符合时代潮流的和而不同、协和万邦、兼济天下、世界大同、讲信修睦、亲仁善邻的方向发展。显然，中国式现代化的文化形态、中华民族现代文明与习近平文化思想注重从中华优秀传统文化、中华文明中汲取思想资源和"根脉"支撑；中华优秀传统文化、中华文明也为中国式现代化的文化形态、中华民族现代文明的创新发展指明了新的方向和思路，为中国式现代化的文化形态、中华民族现代文明的创新提供了宽广空间，还使我们掌握了建设中华民族现代文明这一新时代新的文化使命上的主动性。

其次，与"传统文化和现代文明"相关的问题是，以往人们较多地注重文化和文明之间的共通性，常把文化和文明等同或混同起来。这主要有两种情况：一是回避使用文明概念，让文化承载太多意义，把本是文明的让文化来承载。二是让文明概念承载太多意义，把文明当作一个筐，什么都往里面装。今天，厘清文明和文化的相对区别具有特别重要的意义。习近平同志关于"第二个结合"的重要论述，揭示了中华优秀传统文化和中华民族现代文明之间的本质关系，注重中华优秀传统文化的中华民族现代文明指向。这样做的深意，就是把文化和文明相对区别开来，并把文化提升到文明的高度，注重文化的积

---

① 新的文化生命体之"新"是马克思主义和中华优秀传统文化相结合而造就出来的新的文化形态，其中的"文化生命"，是正在成长的、充满青春活力的、具有光明前景和世界意义的文化鲜活体；其中的"体"，既指系统整体，又指"中体西用"、"西体中用"中所讲的"体"。

极的文明维度和文明指向（文化之善），这为厘清文明和文化的区别指明了方向。把文化和文明相对区别开来乃当务之急，它既能分别深化对文化和文明问题的认识，也能推进在文化和文明问题研究上的创新突破，因而具有重要的学理价值和时代意义。

（六）在中国式现代化与西方现代化关系认识上的思想解放

"又一次的思想解放"，就是从对中国式现代化与西方现代化的扭曲对比中解放出来，从历史被动性中解放出来，强调面对实现中华民族伟大复兴战略全局和世界百年未有之大变局，在应对世界新的动荡变革和不稳定不确定的世界方面，中国式现代化既能掌握历史主动，又具有高于并优越于西方现代化的显著优势，能为人类实现现代化提供具有光明前景的新的选择，因而应确立中国式现代化的权威。

这种思想解放主要体现在对现代化维度的"中国和西方""被动和主动"关系的认知上。

过去，在中国式现代化与西方现代化比较关系问题上存在一些误解。一些人认为"西强我弱"，西方现代化优于中国式现代化，它是进步的、走在时代前列的，甚至是唯一的，站在了人类实现现代化的制高点上，因而对西方现代化顶礼膜拜，奉为圭臬，强调中国必须走这样一条道路。这将使中国被动地成为西方现代化理论的跑马场，置中国于"世界失我"的境地。

我们不能否认在一定历史阶段西方现代化及其蕴含的西方文明对世界历史的积极推动作用。西方开启的现代化运动极大地推动了社会生产力的发展，促进民族历史转变为世界历史，推进了人类文明发展。这是西方现代化、西方文明之"善"。马克思、恩格斯在《共产党宣言》中指出："资产阶级在它的不到一百年的阶级统治中所创造的生产力，比过去一切世代创造的全部生产力还要多，还要大。"然而在近代，中华民族却长期在精神上处于被动，中国人的精神、思想和文化常常被置于"东方从属于西方"的框架中来理解。

中国共产党成立以后，我们一改过去的历史被动为历史主动。尤其是中国特色社会主义进入新时代，我们在实现现代化问题上发生了根本转变。"第二个结合"昭示我们，需要重新审视中国式现代化、西方现代化及二者各自的时代价值和世界意义。应当认识到，新中国成立特别是改革开放以来，我们找到了一条实现社会主义现代化、实现中华民族伟大复兴的正确道路，创造了经济快速发展奇迹和社会长期稳定奇迹。基于这种奇迹，也由于新时代使大国成为强国即实现强起来的内在需求，我们必须重新审视中国式现代化，认识到中国式现代化不是从西方现代化理论中推演出来的，而是马克思主义基本原理同中国具体实际相结合、同中华优秀传统文化相结合的重大成果。中国式现代化所创造的人类文明新形态，体现了科学社会主义的先进本质，植根于中华优秀传统文化之中，借鉴吸收了一切人类优秀文明成果，代表着人类文明进步和发展的方向，展现了不同于西方现代化的崭新图景。中国式现代化与西方现代化具有本质区别，打破了世界对西方现代化的迷思，使我们掌握了中国式现代化的主动性，能为人类实现现代化提供新的选择，从而出现了"世界有我"乃至"世界向我"的景象。

（七）在对中华优秀传统文化、中国式现代化、中华民族现代文明与人类文明新形态关系认识上的思想解放

这一问题与上述第六个问题相关，但也有明显区别。其相关，都

指向"国内和国外"的关系；其区别，在于第六个问题侧重于谈论现代化维度的"中国和西方"的关系，而这一问题则侧重于谈论文明维度的"中国和世界"的关系。

在这里，"又一次的思想解放"，就是从对西方现代化、西方文化、西方文明的过度崇拜和迷思中解放出来，从"西方中心论"的思想禁锢中解放出来，深刻认识到一旦把西方文化提升为一元"帝国文明"，就蕴含着野蛮的基因，无法开辟出人类文明新形态，而中华优秀传统文化、中国式现代化、中华民族现代文明却对创造人类文明新形态具有时代价值和世界意义，能开创出人类文明新形态。

这种思想解放主要体现在对文明维度的"中国和世界"关系的理解上。

过去，在对待西方现代化、西方文化、西方文明问题上存在某种误读。一些人把"中国—世界"二分法作为一种分析框架，认为西方现代化高于中国现代化，西方文化、西方文明高于中华文化、中华文明，它代表着人类文明发展的方向，站在了世界历史和人类文明的制高点上，而中华传统文化、中华文明是"传统"的，有许多糟粕，与人类文明无涉。

应当清醒且深刻地看到，西方现代化及其蕴含的西方文化、西方文明在进一步推进的历史进程中，借西方现代化的先发优势，便把西方文化提升为一元"帝国文明"，由此就蕴含了野蛮的基因。其手法是：把世界唯"西"化，把西方唯"一"化，把唯一"统一"化，把统一"统治"化，进而滋生出"西方中心论"。"西方中心论"的实质，就是"把进步化为中心，把特殊说成普遍，把西方当成世界，把文化等同文明，把西方文明提升为帝国文明，把西方文明看作单数文明，把现代化等于西方化"。"西方中心论"的哲学根基，是"主客对立"、"主统治客"。由此，西方现代化及其"西方中心论"内生不出"人类文明"，反而内生出反人类文明的"野蛮"。① 因为"主客对立"、"主统治客"哲学范式蕴含的是"帝国文明"的一元文明观：任何国家、民族都应沿着西方所确定的"同一道路"前进，朝着西方确定的具有"同一性的至善至美的理想目标"迈进，那些具有文明优越感的所谓西方"高尚民族"站在了人类文明发展的制高点上，不仅具有掌握解释世界如何运转、历史如何进步的话语权，而且应当文明开化所谓"野蛮、愚昧的非文明民族"，这是"他我"民族、国家裁定、改变"非文明国家、民族"的"教化"过程。这样的文明具有一元性、评判性、改变性和统治性，是"单数"一元文明。依据这种文明观，它把整个世界分为西方世界和非西方世界，认为西方世界是"主"，文明只属于西方，非西方世界是"客"，处于"蒙昧、野蛮状态"，因而应客随主便、主统治客，如果客不随主便，不接受"主"的统治，就要对"客"围堵打压，甚至运用暴力、发动战争。

进一步来说，建立在"主客对立"哲学基础上的西方式现代化，以两极分化、物质主义膨胀的单向度发展、掠夺自然资源和殖民主义扩张为本质特征：在社会财富分配上，它把资本（资本家）看作"主"，把劳动（工人）看作"客"，奉行资本占有劳动并控制社会的"资本逻辑"，这种逻辑必然导致两极分化；在物质文明和精神文明关系上，它伸张的是物质主义膨胀的单向度发展，因而便出现物欲横流、精神萎靡的社会现象，使物质文明和精神文明的发展出现不协调；在人与自然的关系上，它把人看作改造和征服自然的主人（主），把自然看作人类征服和改造的对象（客），因而便无止境地向自然索取甚至破坏自然；在世界各国之间的关系上，它把西方国家看作

---

① 韩庆祥：《中国式现代化的哲学逻辑》，《中国社会科学》2023 年第 7 期。

"主"，把非西方国家看作"客"，因而西方一些国家走的是通过战争、殖民、掠夺等方式实现现代化的道路。这显然是西方现代化、西方文化、西方文明之"恶"，开不出人类文明之花，开创不出人类文明新形态。

哲学是文明活的灵魂。"第二个结合"使我们重新从哲学上理解和把握中华优秀传统文化、中华文明的世界意义，看到其所注重的"天下为公、民为邦本、为政以德、任人唯贤、天人合一、厚德载物、讲信修睦、亲仁善邻"，注重的"修身齐家治国平天下"，注重的"仁义礼智信、温良恭俭让"，是一种化物为善、化人为善、与人为善、德行天下的文明，是以"文"化"人"（注重"化人"）的文明，是注重协和万邦、兼济天下、世界大同、人类进步的文明，是注重平等普惠的文明。中国式现代化正是在激活这种文化和文明基因的过程中，在注重创造性转化和创新性发展中，创造出了中华民族现代文明。显然，这种中华优秀传统文化、中国式现代化、中华民族现代文明因其哲学根基是注重人人平等普惠，符合人类文明发展的走向，因而它从应然走向实然的意义上区别并高于西方现代化、西方文明，从而开创出人类文明新形态。

从学理上深入且展开来说，中国式现代化的本质特征，是全体人民共同富裕的现代化，是物质文明和精神文明相协调的现代化，是人与自然和谐共生的现代化，是走和平发展道路的现代化。根据习近平同志关于"道理学理哲理"的相关重要论述，从学理上深入揭示和提升中国式现代化的哲学根基，窃以为就是"主主平等普惠"。"主主平等普惠"，是相对于主统治客而言的，是指它摒弃主客对立、主统治客的哲学范式，不仅把人人都看作主体，具有主体性，而且强调人人都应当是平等的主体，主体之间是平等关系，具有平等性；它还强调主体际的普惠性，即共享发展、共同富裕、和谐共生、合作共赢。这样看来，中国式现代化内生出的人类文明新形态高于西方文明，为人类文明发展指明了新的方向，开辟了新的道路。如前所述，这种文明，在历史时间上，是从基于"物的依赖"的工业文明走出来的"生态文明"；在历史空间上，是在整合西方文明、中华文明、建设中华民族现代文明基础上的"和合普惠文明"；在经济社会发展上，是超越物质主义膨胀的单向度发展的五大文明协调发展的"全要素文明"；在生产关系上，是区别并高于资本主义"资本文明"的社会主义"人本文明"和中国特色社会主义"民本文明"。

总之，"'第二个结合'是又一次的思想解放"是具有标识性的重大论断，是文化观、文明观意义上最基本最深沉最持久的思想解放，进而是对中华优秀传统文化、中国式现代化的文化形态、中华民族现代文明、新的文化生命体的时代价值和世界意义进行重新评估（"重估价值"）。在这种重估中，要正确看待中华传统文化和西方文化，既不能妄自菲薄，全盘否定中华传统文化，顶礼膜拜西方文化，也不能狂妄自大，认为中华传统文化都是精华，现成地拿过来就可以解决中国问题，而对西方文化予以全盘否定。其实质，就是破除"西方中心论"和"文化虚无主义"的思想禁锢，确立中国式现代化、中华民族现代文明和新的文化生命体的权威，进一步巩固文化主体性。

从上述七个角度出发探讨相关问题，并不是说"又一次的思想解放"具有七种含义，而是说在"又一次的思想解放"上，这七个角度构成一个有机整体，需要进行完整的理解和把握。

结　语

习近平同志指出："这是一个需要理论而且一定能够产生理论的时代，这是一个需要思想而且一定能够产生思想的时代。我们不能辜负了这个时代。自古以来，我国知识分子就有'为天地立心，为生民立命，为往圣继绝学，为万世开太平'的志向和传统，一切有理想、有抱负的哲学社会科学工作者都应当立时代之潮头、通古今之变化、发思想之先声。"

思想具有强大伟力。中国共产党为什么能，中国特色社会主义为什么好，归根到底是马克思主义行、中国化时代化的马克思主义行。马克思主义、中国化时代化的马克思主义是一种科学思想体系，具有兴党强国伟力，强国建设、民族复兴离不开马克思主义、中国化时代化的马克思主义这一科学思想的引领，新时代新征程，更加彰显马克思主义、中国化时代化的马克思主义这一思想伟力。

思想是时代的先声，这是一个需要思想的时代。新时代新征程，胸怀"两个大局、做好自己的事情"，需要注重思想的力量。中国共产党的历史就是一部党的思想理论引领的历史，巩固党长期执政需要思想基础，我们既要坚持马克思主义在意识形态领域的指导地位，又要用马克思主义提升党治国理政的能力；强国建设、民族复兴需要思想引领，实现强起来需要思想强起来，建设文化强国需要思想指引，实现人民美好生活需要思想滋养；把握历史主动需要马克思主义，拥有历史主动精神需要马克思主义理论指导，总结历史经验需要哲学思维，谋大局、应变局、开新局需要创新思维；凝聚民心民力需要思想武装，破除思想僵化需要思想武器，解决思想分化问题需要统一思想，团结奋斗需要共同思想基础；解答"四大之问"需要中国理论，"中国之问"之解、"世界之问"之义、"人民之问"之答、"时代之问"之析，都需要理论思维，需要运用正确的思想理论。历史表明，社会大变革时代，一定是思想有所作为、大展宏图、绽放思想之花的时代。

哲学社会科学是人们认识世界、改造世界的重要工具，是推动历史发展和社会进步的重要力量。这种力量可从诸多方面彰显出来。第一，思想具有认识世界、改变世界的推动力量。马克思主义深刻影响了世界发展的趋势和格局，中国化时代化的马克思主义改变了中国人民的前途命运，习近平新时代中国特色社会主义思想为解决中国问题和世界问题贡献了思想智慧和力量。第二，思想具有顺应时代、把握趋势的引领力量。思想不仅引领历史发展，也引领实践发展，还引领时代发展。人类社会每一次重大跃进，人类文明每一次重大发展，都离不开思想做先导。第三，思想具有抓住根本、奠定基础的支撑力量。思想为党执政提供了理论支撑，为国家发展提供了思想支持，为人民美好生活提供了精神支柱。第四，思想具有增强本领、滋养智慧的提升力量。这主要体现为哲学思想、哲学思维的作用。求实思维要求从客观实际出发，实践思维要求掌握合理的实践方法，辩证思维要求全面联系发展地处理问题，社会结构思维、历史过程思维要求做好战略谋划。第五，思想具有守护民心、汇聚民智的凝聚力量。解放思想能激发思想活力，统一思想能汇聚磅礴合力，守护民心能凝聚团队力量。

新时代新征程需要彰显思想的力量，可以从致力于"五为五谋"

入手：一是为中国人民谋幸福。即把人民当作主体，依靠人民；把人民当作目标，为了人民；把人民当作尺度，人民至上；把人民当作根基，扎根人民。二是为中华民族谋复兴。这需要坚持系统观念。系统观念体现中国特色社会主义的发展逻辑，系统为基的战略辩证法是习近平新时代中国特色社会主义思想的哲学根基，需要运用系统观念助推强国建设、民族复兴。三是为世界谋大同。越是在世界历史转折关头，越需要科学理论引领，越要走好人类实现现代化之路，越需要中国式现代化理论指引，越要解决"大党独有难题"，越需要掌握习近平新时代中国特色社会主义思想。四是为中国共产党谋强大。加强党性锻炼关键在政治，坚定理想信念关键在信仰，提升思想境界关键在能力，领悟思想精髓关键在理论。五是为马克思主义谋生机。这涉及通过"两个结合"推进党的理论创新并巩固文化主体性问题。只有通过"两个结合"，才能正确回答时代和实践提出的重大问题，才能始终保持马克思主义的蓬勃生机和旺盛活力。"两个结合"是推进党的理论创新的基本规律和根本要求。就是说，要始终保持马克思主义的蓬勃生机和旺盛活力，就需要在坚持守正的前提下，不断推进理论创新，而要不断推进理论创新，就必须注重推进"两个结合"。要深刻领会"第二个结合"既是又一次的思想解放，又造就了一个有机统一的新的文化生命体。

科学的思想之所以具有强大伟力，从根本上在于它是对历史发展规律、时代发展趋势、实践发展要求、人民美好愿望的正确反映；反过来，它又以"能动性"的"反作用"的力量指引历史、时代和实践的发展。这可以从世界文明中心的转移看出来。古代，世界最早的文明中心在东方，尤其在中国。近代，由于宗教改革、文艺复兴、启蒙运动、工业革命、科技革命等，世界文明的中心就历史性地转移到欧洲。由此，就兴起了"欧洲中心主义"，随后又进一步拓展为西方中心主义，产生了"西方中心论"。作为一种思想体系及其思潮，"西方中心论"在整个世界产生了广泛而深远的影响。马克思的伟大之处，就在于他在思想认识上不断清算自己以前的哲学信仰，不断进行自我批判、自我超越、自我完善、自我发展，不断推进理论创新，所以晚年马克思超越了青年马克思关于历史发展道路的一些思想认识，开始从思想意识上强调并关注历史发展道路的多样性，尤其是东方社会历史发展道路的多样性问题。这当然也与俄国民粹派维·伊·查苏里奇给马克思写信，向马克思请教，同马克思讨论俄国农村公社能否跨越资本主义"卡夫丁峡谷"而向社会主义过渡问题有关。那时，马克思给予的谨慎回答是，俄国农村公社如果能充分吸收资本主义发展的一切"积极成果"，同时又能避免资本主义发展的"灾难性后果"，就可以不通过资本主义的"卡夫丁峡谷"，而向社会主义过渡。显然，这种过渡是有条件的。但不管怎么说，这表明马克思已经从思想上开启了对历史发展道路多样性的思考。如果说马克思、恩格斯把社会主义由空想变为科学，列宁则是把科学社会主义由理论变成现实。这种现实，就是列宁领导的十月社会主义革命，在世界上建立了第一个社会主义国家和制度。需关注的是，俄国是在一个小农经济占优势的经济文化落后国家建设社会主义。所以，列宁晚年从理论和实践上集中思考的根本问题就是：经济文化落后的俄国向社会主义过渡的道路问题。这种思考形成的思想有两个根本点：一是列宁对社会主义的整个看法从根本上改变了。二是列宁认为一切民族都将走向社会主义，这是不可避免的，但是一切民族的走法却不会完全一样。显然，是列宁开启了对历史发展道路多样性的实践，开始走出了"使农村从属于城市，使未开化、半开化的国家从属于文明的国家，使农民的民族从属于资产阶级的民族，使东方从属于西方"的框架。要言之，历史发展道路多样性的实践真正发端于列宁，它在思想理论上为中国"走自己的路"提供了"俄国样本"。现代化运动是西方开启的，它将整个世界卷入其中，也对中国产生强烈冲击，实现现代化是世界各国共同的命运。1840年以后，近代中国开始一次次被动式的防御性的回应：洋务运动从器物层面进行回应，戊戌变法从局部政治制度层面进行回应，辛亥革命从推翻封建君主专制制度层面进行回应，五四运动从文化层面进行回应。这四次回应不仅是被动防御性的，而且一定意义上受"西方中心论"影响，没有真正走出"自己的路"。十月革命一声炮响，给中国送来了马克思列宁主义。马克思列宁主义同中国工人运动相结合，1921年诞生了中国共产党。这是中国历史乃至世界历史上的一个伟大事件。中国共产党诞生之后，一改过去被动防御性的回应为积极主动应对，从选择马克思列宁主义作为指导思想、选择中国共产党作为领导力量、选择正确中国道路作为解决中国问题的必由之路等三个方面，开始掌握了在中国建设现代化的历史主动。之后，我们党确定了"走自己的路"，推进现代化道路问题上的"自主性成长"。改革开放以后，我们党赋予"走自己的路"以时代内涵，从"走自己的路"中开创出"中国特色社会主义道路"，推进了在现代化道路问题上的"内涵式成长"。中国特色社会主义进入新时代，我们党进一步把中国特色社会主义道路置于世界历史这种大历史观、大历史场景中进行思考，在与西方现代化的比较和竞跑中，又走出了"中国式现代化新道路"，进一步彰显了"中国特色社会主义道路"的世界历史意义，进一步推进现代化道路问题上的"世界性成长"。之后，我们党又进一步从"中国式现代化新道路"中成功推进和拓展出"中国式现代化"，赋予"中国式现代化新道路"以更为宽广、更为深远的意义，进而推进了在现代化道路问题上的"理论性成长"。中国式现代化，不仅打破了所谓"自古华山一条路"的那种对西方现代化、"西方中心论"的迷思，开创出"条条大路通罗马"的新的现代化景观，改变着世界现代化的版图，而且为人类实现现代化提供了新的选择，还使科学社会主义理论和实践由西方走向东方中国，并在21世纪中国焕发强大生机活力，使中国特色社会主义走向世界，彰显其世界意义。概言之，基于中国式现代化实践的生成，中国式现代化走出了一条由"世界失我"到"世界有我"再走向"世界向我"的历史演进逻辑，使新时代的中国走出了"东方从属于西方"的框架，破解了"古今中西之争"，为构建中国自主知识体系奠定了坚实的根基，确立并巩固了中国的文化主体性、思想主体性，也使我们真正明确一个道理：一切道路、理论、制度、文化之争，归根到底是某种思想"主体性"之争。

拿破仑曾经说过，世界上有两种力量，即利剑和思想，从长远而论，利剑总是败在思想手下。又说，中国是一只沉睡的雄狮，当沉睡的狮子再次醒来时，就会震撼整个世界。这两句话具有内在关联：对中华民族而言，思想力量至关重要，中华民族这只沉睡的雄狮一旦醒来，就会震撼世界，这只雄狮的醒来，主要是指人在思想上的觉醒。我们的祖先在《公羊传》中说："庙之言貌也，思想仪貌而事之。"其意为庙堂之高、国家之大，没有思想只能是没有根基的空中楼阁。此两者是对思想力量的有力诠释。人与动物的本质区别，首要在于人的类特性，即具有思维能力和自由自觉的活动，其次在于社会关系的总和；人与人之间在格局、境界等方面的差异，就在于处于不同社会关系中所形成的不同思想观念。"自由自觉"的活动不同于"自发"活动，它是直接受思想观念支配的。动物只看到它眼前所能看到的周围的自然界或生物世界，因为它不会思想，而人类却能思考远远超出眼前世界的更为宽广的世界，能通过符号构建一个思想文化世界，能理解和把握这样的世界。人类是靠其思想超越且高于动物的。凡是与人的自由自觉活动有关的人化世界，都与人的思想观念有关，因而人的思想力量是巨大的。

我是专门从事理论研究、学术研究的，也担任了一些领导职务。2018 年离开领导岗位后，我更是全力以赴、集中精力、心无旁骛、专心致志地从事理论研究、学术研究，把理论研究、学术研究当作一种事业。近年来，为积极响应习近平同志关于知识分子"不能辜负了这个时代"、"发思想之先声"的殷切期望，我利用好 60 岁以后这一"学术黄金期"，专门而系统地研究世界上"两种力量"中的一种力量，即思想的力量，把研究思想的力量作为自己的"根据地"、"责任田"，夜以继日，潜心研究，深度耕犁，先后撰写了《思想的力量》、《感悟思想的伟力》、《领悟理论的伟力》、《思想是时代的声音》、《论"中国理论"——理论中国与理论力量》、《善于用思想的力量治国理政》、《努力激发思想的力量》、《哲学思维与治国理政》、《以哲学之思传递时代之光》、《努力把马克思主义哲学作为自己的看家本领》、《论马克思开辟的哲学道路》等理论读物，特别是在与全国思政课教师进行学术交流的过程中，具有了撰写《领悟思想的力量》的动因，也形成了撰写的核心理念、基本思路、总体框架和主要内容。本书就是着力于从历史逻辑、实践逻辑、世界逻辑、理论逻辑和哲学逻辑入手，来阐述思想力量的集成之作和精心之作，力求把鲜活的思想讲鲜活，把彻底的理论讲彻底。

然而我深知，"领悟思想的力量"是一个非常严肃的主题，要求非常严肃地对待。在选题策划、捕捉问题、确定分析方法、概括阐释观点、全面深入论证、对历史和现实的把握、重要讲话和重要文献史料的运用、对各种学术观点的甄别、话语表述和语言表达、逻辑结构、谋篇布局、注释引证等方面，都需要作者严阵以待、认真对待，保持一种严谨踏实的学风；需要作者从章到节再到目、从每一自然段到每一句话再到每一个字、从标点符号到注释再到参考文献，都要字斟句酌、精雕细刻、认真打磨；需要作者把政治话语、学理话语和大众话语结合起来，把历史、现实和理论结合起来，把内容质量、表现形式和语言表述结合起来，把问题意识、分析框架、创新观点、深入论证结合起来，把立足中国和放眼世界结合起来，始终具有一种做学问的灵性和灵气。在本书的创作过程中，我也确实竭尽心力、用尽全力去这样做。然而，由于水平所限，难免存在这样或那样的问题。我一定会把读者的鼓励和指教，作为进一步完善的动力！

本书从选题策划到框架结构，从内容到形式，从写作到完善，全方位地得到了吉林人民出版社的鼎力支持，在此表示衷心的感谢！

图书在版编目（CIP）数据

领悟思想的力量 / 韩庆祥著 . -- 长春 : 吉林人民
出版社 , 2023.12
ISBN 978-7-206-20774-7

Ⅰ . ①领… Ⅱ . ①韩… Ⅲ . ①马克思主义—发展—研
究—中国 Ⅳ . ① D61

中国国家版本馆 CIP 数据核字 (2023) 第 239007 号

出 品 人 : 常　宏
选题策划 : 吴文阁　陆　雨
责任编辑 : 刘　学　王　丹
特邀审校 : 吴永彤
封面设计 : 杨　鑫

领悟思想的力量
LINGWU SIXIANG DE LILIANG

著　者 : 韩庆祥
出版发行 : 吉林人民出版社 (长春市人民大街 7548 号　邮政编码 : 130022)
咨询电话 : 0431-85378007
印　　刷 : 吉林省吉广国际广告股份有限公司
开　　本 : 720mm×1000mm　　　　　　1/16
印　　张 : 19.25　　　　　　字　　数 : 230 千字
标准书号 : ISBN 978-7-206-20774-7
版　　次 : 2023 年 12 月第 1 版　　　印　　次 : 2024 年 4 月第 2 次印刷
定　　价 : 56.00 元